编委会

主　编：彭菊华

副主编：谢　莹　苏美妮

委　员：刘　琛　彭流萤　万　丽
　　　　王笑笑　肖　芃　杨　莉
　　　　张　琦　周清平

影视传媒类专业"十四五"规划教材

21世纪广播电视专业实用教材

广播电视写作教程

彭菊华 ◎ 主编　　/第三版/

 中国传媒大学出版社
·北京·

第三版修订说明

这本书是湖南大学新闻传播与影视艺术学院广播电视编导专业教师和业界人士合作的成果。

全书由主编提出编写方案,并最后统稿。各章初稿的撰稿人是:第一章,彭菊华;第二章,谢莹、万丽、刘琛;第三章,张琦;第四章,杨莉;第五章,王笑笑;第六章,周清平、张琦;第七章,周清平;第八章,彭流萤;第九章,彭流萤;第十章,苏美妮;第十一章,彭菊华。肖苨教授曾提供资料,谢莹兼任编写工作秘书。

本书由中国传媒大学出版社于2011年6月出版第一版,2016年11月推出第二版,出版以来,得到广大读者的认可,先后发行数万册,被许多高校相关专业选为本科生教材和硕士研究生修业参考读物。

为充分体现广播电视理论与实践与时俱进的显著特点,及时满足读者的新需求,本书再度修订。修订秉持原来"金针度人""以道驭术""授人以渔"的编写宗旨,采纳多种善言,重新斟酌全书总体架构及理论观点,绝大部分章节换上了新案例,并做了文字上若干订正,使全书的阐述更加圆通和新颖,从而更具实用性。

新任副主编谢莹副院长对本次修订出力甚多。

在此,特向本书的责任编辑和广大读者表示深深的谢意!

彭菊华

2021年7月于长沙

第二版修订说明

　　本教材自2011年6月出版以来,得到了众多读者的喜爱和行家的肯定,不少大学采用为本科生教材和研究生参考读物,许多业界人士及广播电视专业艺考生视之为必读书,多次重印,充分证实了本书的实用价值。但6年来,广播电视实务发生了很多新变化,广播电视理论探索亦产生了一批新成果,教材也需要与时俱进,吐故纳新。所以,我们应出版社之约对本书进行此次修订。

　　本次修订秉持原著编写宗旨,坚持面向广播电视写作的当下实际,深入浅出地阐述科学道理,以道驭术,力求"金针度人""授人以渔"。主要变动有三:一是增加了第十一章"广播电视学术写作",使全书体例和应用功能更加完备;二是扩充了相关章节的理论知识点,使所述更加准确、全面、系统;三是更换了部分案例,增强了全书的时新性。

　　著书也属遗憾的艺术,都在追求尽善尽美,实际效果却难如人愿。我们衷心期待读者朋友们喜爱本书,并不吝赐教,使之更趋完善。

彭菊华
2016年12月

目录 Contents

第一章　广播电视写作概说　/ 1
第一节　文章写作和广播电视写作　/ 1
第二节　广播电视写作的节目文稿和媒体文稿　/ 5
第三节　广播电视写作的"本文"撰稿　/ 11

第二章　广播电视新闻写作　/ 15
第一节　广播电视新闻写作概述　/ 15
第二节　广播电视消息写作　/ 25
第三节　广播电视深度报道写作　/ 33
第四节　广播电视新闻评论写作　/ 38

第三章　广播文艺节目文本写作　/ 45
第一节　广播文艺节目概述　/ 45
第二节　广播综艺节目文本写作　/ 52
第三节　广播专题性文艺节目文本写作　/ 58

第四章　电视综艺节目文本写作　/ 73
第一节　电视综艺节目概述　/ 73
第二节　电视综艺节目的构思　/ 78
第三节　电视综艺节目台本写作　/ 82

第五章　电视纪录片文本写作　/ 94

第一节　电视纪录片概述　/ 94

第二节　电视纪录片蓝本写作　/ 101

第三节　电视纪录片解说词写作　/ 110

第六章　广播电视短剧写作　/ 119

第一节　广播电视短剧写作概述　/ 119

第二节　广播短剧写作　/ 121

第三节　电视短剧写作　/ 132

第七章　广播电视主持人节目台本写作　/ 141

第一节　广播电视主持人节目概述　/ 141

第二节　电视主持人节目台本写作　/ 146

第八章　广播电视策划文案写作　/ 153

第一节　广播电视策划及文案写作概述　/ 153

第二节　广播电视频道策划书写作　/ 160

第三节　广播电视节目策划书写作　/ 165

第九章　广播电视媒介经营文本写作　/ 172

第一节　广播电视媒介经营活动与写作　/ 172

第二节　广播电视市场文书写作　/ 175

第三节　广播电视营销宣传写作　/ 178

第四节　广播电视广告写作　/ 193

第十章　广播电视文秘写作　/ 201

第一节　广播电视文秘写作概述　/ 201

第二节　广播电视公务文书写作　/ 209

第三节　广播电视事务文书写作　/ 214

第四节　广播电视公关文书写作　/ 222

第十一章　广播电视学术写作　/ 227
　　第一节　广播电视学术研究　/ 227
　　第二节　广播电视学术论文　/ 231
　　第三节　广播电视学术论文写作　/ 240

附录一　云南首例因辍学"官告民"案在怒江兰坪县审理　/ 247

附录二　海上丝路　/ 249

附录三　《美丽中国（第一集）·锦绣华南》解说词　/ 264

附录四　城市之音联合电台的定位与创意文案　/ 270

第一版后记　/ 272

第一章 广播电视写作概说

无论是广播媒体还是电视媒体、新闻节目还是文艺节目、节目生产还是媒体管理与经营，都离不开写文章。如今，媒体强竞争、大融合、论思想、讲深度、重策划，广播电视传播更加倚重书面写作，更加需要出色的广播电视文稿。因之，广播电视写作也更加专业化、多样化，种种广播电视书面文体得以产生、优化并逐步成型，取得了文章学分支的地位。

第一节 文章写作和广播电视写作

中国是文章大国，写文章之事源远流长。广播电视写作是广播电视与文章写作的结合，产生于 20 世纪以来，一直在推陈出新。文章写作与广播电视写作是源与流的关系，也是属种关系。文章写作是类属，广播电视写作是其中的一个大类。

一、文章写作与广播电视

（一）写作与广播电视媒体

写作，俗称"写文章"，使用书面的文字语言，因字成句，因句成段，因段成篇，一篇一篇地写。写文章是一种精神劳动，又是一门很实用的工具、一种重要的能力，具有个体性、社会性、实践性、创造性和综合性等特点。作为概念，写作有广义和狭义之分。广义的写作囊括一切写作活动，包含文学创作；狭义的写作仅指文学创作以外的书面写作。此取其广义。

文章的本质在于给出思想，宗旨是用于社会传播与交往。中国古代有把自己的文章"藏之名山"的说法——《史记》作者司马迁就这样讲过。但那是怕自己的著作遭到焚毁，到底还是为了"传之后世"。古今中外，文章都是用来传播与交往的，用以传播思想、传播知识、传播资讯,等等。现代传播学认为,即便作者写给自己看的文章,那也是为了传播,付诸传播了,叫作自我传播。个人写的日记之类,一旦公之于世,就不属于个人而属于社会。文章写作及书面文章的这些基本道道,决定了广播电视媒体与之结缘,特别是与文学创作紧密相连的必然性。

广播和电视是两种电子媒体,电台和电视台制作与传播的内容叫作"节目"。广播电视作为媒体,或为综合频道(频率),或为专业频道(频率),或以新闻立台,或以文艺和娱乐立台,定位不同,各司其职。广播电视媒体的节目是栏目化的,有主有次,新闻台也办文艺节目,娱乐台也办新闻节目,彼此共生共存。广播电视节目既有传统内容,又有新式题材,彼此其异如面。

广播电视作为媒体,有种种业务活动。其中一个很重要的方面,就是广播电视写作。不难看到,在广播电视媒体,写文章虽然总是需要"先行一步",多为"一度创作",却始终处在"后台",远不如"前台"那样显山露水。但它确实把广播电视媒体实务几乎所有方面、所有人员都囊括了进来。论人,做节目的和管节目的,动手的和动嘴的,都需要写文章;论事,节目的选题、采编、编导、管理、营销等,都得写文章;论文章,从节目的策划文案、制作底本到节目营销文书、媒体管理文件以及学术研究论文,应有尽有。至于电视散文之类,更是电视媒体与文学创作相嫁接的产物。

深入考察可知,广播电视与文章写作存在诸多深度联系。文章写作的原理与艺术,特别是其内含的创造精神、精益求精的精神、"不到顶点"的艺术辩证法,以及文章是"经国之大业,不朽之盛事"等观念,对广播电视人和广播电视传播,产生了良好的作用,这种作用是无可替代的。广播电视领域各方面的专家,包括名记者、名编辑、名编导、名编剧和优秀的管理工作者、研究人员等,多是写文章的能手、"笔杆子"。如任卫新,系国家一级编剧,著名策划人、撰稿人、诗人及歌词作家。作为主要撰稿人,他参加了《话说运河》《黄河》《万里海疆》等大型系列专题片创作,并独家撰稿32集《伏尔加日记》、12集《中国民居》、16集《伟人周恩来》、8集《自古华山》、6集《林都伊春》,以及12集大型政论片《新世纪·新航程》等众多系列专题节目;策划、撰稿的大型电视晚会有《第7届全国运动会开幕式》《五四运动80周年大型文艺晚会》,2004年、2006年、2007年、2010年中央电视台春节联欢晚会,以及《情满中国——2008抗击冰雪晚会》《向祖国报告——2008抗震救灾晚会》等;并出任2009年国庆60周年大型音乐舞蹈史诗《复兴之路》核心创意组成员及文学部负责人。他创作歌词千余首,有的作品被收入高等院校教材。

(二)广播电视传播与书面文章

广播电视写作的书面文章,具有对象化和个性化,各有其特定的内容、体式与用途,不能轻易撤换。这种文章对于广播电视传播不可或缺,十分重要。这一点,广播电视节目文稿体现得最为充分。

首先,广播电视节目与节目文稿相伴相随、相辅相成。广播电视传媒必须天天生产并放送节目,一天也不能间断。广播电视节目的生产与传播有特定的手段与流程,并使用专门的设备和技术,书面文章是其间不可或缺的构件。如电视纪录片和主持人节目的台本,专门为节目量身定制,是节目前期制作中最重要的项目之一,在节目生产制作中充当"蓝本"。又如电视新闻的播出稿,节目的画面与之匹配,声像合一,是主持人播出该条新闻的底稿,并作为节目的文字稿留存下来。总之,广播电视的传播与它背后的书面文章互相生发,彼此促成。即便是脱口秀节目,也是事先准备好了文本,并非真的临场"脱口而出"。反过来说,广播电视节目如果没有书面的文章,就无法制作,也无法播出。

并且,广播电视节目的文稿能够独立存在,还能再度传播。因为节目文稿多为独立的文章,在该节目播出之后,可以文字作品的形态通过纸质媒体、互联网媒体传播,从而构成文稿的二度传播与多元传播。广播电视文艺节目的许多文稿就是这样,一些广播电视新闻节目的文稿也是这样。坊间的广播电视作品选本,都属于这种性质的书籍。虽然变成了书刊文字,但这些文稿永远属于广播电视,属于原来的节目。这种二度传播和多元传播,既扩大了广播电视节目的影响,延展了节目的生命,又满足了受众的需求,特别是为研究者、学习者带来了极大的方便。如果没有这样的读物,研究者难以进行相关的研究,学习者找不到描红的本本。善于策划的广播电视媒体对于品牌节目,一开始就是这样去进行构想与操作的。

二、广播电视写作的特点

广播电视写作作为一个概念,限指文章写作在广播电视领域的应用,包括其间所有使用文字语言的书面写作及其成果。

同样是"写文章",广播电视写作除了文章写作共有的实践性、创造性等特点之外,就其主体工程看,还具有依附性、专业性、实用性、时效性、组合性、多样性等特点。

(一)依附性

广播电视写作具有依附性。作为媒体,广播电视靠生产和传播节目来生存,什么时候都以屏幕为前台,后台一律服务于前台,这是它的显著特点,也是技术规则。因此,广播电视写作以广播电视节目的生产和传播为出发点和归宿,在两者之间建立起一种对接性的供需关系。但所写文章并不直接付诸传播,而是有待节目编导和主持人的"二度创作"。在广播电视媒体中,节目从属于它的栏目,栏目从属于它的频道(台),这里有宏观的、中观的、微观的定位。文章要按照节目的定位来写,不能别出心裁。写出来的文章必须符合广播电视的传媒特性,合乎"这一个"节目的范式与风格。因为依附性,有时广播电视写作只能在节目的现场进行,边采集边构思边拟稿边播出,如一些新闻节目、体育节目的直播稿。

(二)专业性

广播电视写作必须充分适应广播电视传播的技术手段与艺术要求,其中既有共同点,也有不同点。共同点是广播电视同为电子媒体,使用视听语言传送节目,异于报刊的版面阅读。不同点是广播与电视系两种媒体,技术手段和艺术要求不相同。不同的文章有不同的"图式"与写法,从事广播电视写作,既要懂广播电视,又要懂文章写作,珠联璧合,方可得心应手。比如电视文艺写作,倘若完全不懂电视,即便是创作了许多优秀文学作品的作家,写出来的东西也可能"不合适"。

(三)实用性

广播电视写作说是为节目而写,实际上就是为节目的受众而写,为节目的编导和主持人而写,要"处处讨好"。节目无定文,文章无定体,文体无定则,规则无定法,唯实用尔。同样的目标,可以用不同的文章来写;有时候模仿胜过创造,有时候字正腔圆不及稚嫩生涩。凡此种种,皆以实用为标准。常常见到的一种情形是:本来是应某节目之用而写的文章,结果用不上,改为他用,反而恰到好处,盖缘于此。

(四)时效性

广播电视写作的时效性,以新闻写作为最。报道新闻要抢时间,过去是抢一天、一小时,当下是争分夺秒。新闻之外,其他广播电视写作也都讲求时效性。大型电视台有时候要在四五天内拿出一台大型晚会。一台大型晚会要写好些篇文章,只能用"新闻速度"。因为时效性,广播电视写作贵神速,不能慢慢悠悠,要有如声应响的反应、通宵达旦的勤奋和下笔千言倚马可待的文墨功夫。在2020年央视春晚进入倒计时阶段,武汉突如其来的新冠肺炎疫情已十分严重,武汉人民正在坚强抗疫,春晚节目组决定临时增加情景报告节目《爱是桥梁》。该节目由央视文艺中心和新闻中心联合打造,央视主持人白岩松、康辉、水均益、贺红梅、海霞等共同表演。节目极大地鼓舞了武汉人民勇敢抗击新冠肺炎疫情的信心,引起了广大电视观众的强烈关注,得到了全国人民的高度好评,也引起了域外媒体的广泛注意。该节目从1月24日上午10点台里领导开始布置任务,到当晚除夕夜9点登上央视春晚,仅用了不到11个小时,甚至来不及有一次正式的彩排。节目台本由白岩松动笔创作,他上午10点多通过电话接到任务,中午12点不到,就把台本写出来了。文稿先后送导演组、总导演和主管领导审,因为创作水平高,审稿获得"一路绿灯"。这大概也是央视春晚写作中"创纪录"的速度了。

(五)组合性

广播电视写作有的是单独作业、独立完成的。但就文章成品来看,包括那些"一句话的经典",更多是经过多人之手,成于众人之心与力。新闻作品是这样,大型文艺节目的台本更是群策群力完成的。事实表明,广播电视写作的实际操作,凡重要的、大规模的、成系列的文章,往往成立写作组,有多位主创人员,大家分工负责,通力合作,最后的文章成品是集体智慧的结晶。

(六)多样性

广播电视写作有规定动作,有自选动作;有的写于节目的前期,有的成于节目的后期;有的属于本职任务,有的属于有偿合作;有的用于公开传播,有的用于内部事务。凡此种种,内容、形式、作者、用途各不相同。鸿篇巨制洋洋洒洒,如多集纪录片的台本,有数万言之多;短小之作如栏目的定位语、广告节目的广告词,就一句话。文章的写法更是不拘一格,五花八门,有的中规中矩,也有的"四不像"。一瞥广播电视写作文苑,可谓千姿百态。

第二节 广播电视写作的节目文稿和媒体文稿

广播电视写作产生的一切文章,统称为广播电视写作文稿。广播电视写作文稿可分为节目文稿和媒体文稿两大类。这两类文稿的性质、功能、体裁和写法等完全不相同,但都服务于广播电视传播,殊途同归。

一、节目文稿

凡直接用于生产制作广播电视节目的文章,广播电视节目的"蓝本""底本",统称为节目文稿。节目文稿写作属于电台电视台的"第一生产力",直接体现该台的传播能力及业务水平。

(一)节目类型与节目文稿

在广播电视写作中,节目类型与节目文稿是决定与被决定的关系,同时也存在作用与反作用的关系。一方面,节目类型制约着节目文稿的写作;另一方面,节目文稿写作往往能够创新原来的节目类型。

1. 广播电视节目的类型

广播电视节目的类型在实践中产生和形成,又在实践中发展和变化,不断淘汰与更新。根据学者的研究,常见的电视节目可分为以下 11 种类型[①]。

- 新闻类节目,包括消息式新闻、综合报道、系列报道、连续报道、新闻评论、新闻直播等。
- 纪录片,包括特别纪录片、调查性纪录片、大型文献纪录片、科教纪录片等。
- 综艺娱乐类节目,包括综艺节目、娱乐节目、舞台节目等。
- 电视剧,包括连续剧、系列剧、情景喜剧、微型电视连续剧等。
- 电视电影,即"专为电视制作的影片",如《集结风暴》《决斗》等。
- 生活服务类节目,包括生活资讯类节目、专题服务类节目、生活时尚类节目、科教类节目等。
- 体育节目,包括赛事直播、赛事新闻综述、体育资讯、体育评论、体育娱乐节目等。
- 儿童节目,包括技能性节目、知识性节目、故事、木偶剧、动画片等。
- 游戏竞技类节目,包括益智类游戏节目、技巧类游戏节目、娱乐类游戏节目、夺奖类游戏节目等。
- 谈话类节目,包括信息交流类谈话节目、人际沟通类谈话节目等。
- 真人秀节目,包括反映普通人生活的节目、反映明星生活的节目、带有游戏与竞技特征的节目等。

常见的广播节目可分为以下 5 种类型:[②]

- 口播节目。
- 广播谈话节目。
- 听众参与节目(以娱乐为主)。
- 广播剧。
- 音乐节目。

以上广播电视节目的类型及其内涵性规定,是广播电视节目文稿写作的基本范式依据。

2. 节目文稿的种类

广播电视节目文稿的写作,应根据节目类型因事制宜,因文制宜。一般可分为新闻稿和非新闻节目台本两大类。

---

① 唐世鼎,黎斌.世界电视节目荟萃[M].北京:中国传媒大学出版社,2005:目录 1-2.
② 张振华.中国广播电视新论[M].北京:中国广播电视出版社,2004:252-283.

新闻稿。广播电视新闻是新近发生的事实在广播电视媒体上的报道,真实、新鲜、迅速、及时,为各电台电视台的常规性节目。新闻稿是供新闻节目播音员主持人(包括出镜记者)口头播出的文字稿,分为新闻报道和新闻评论。其中,新闻报道包括短消息、长消息、通讯、系列报道、连续报道、调查性报道、新闻花絮、新闻信息组合、新闻访谈等;新闻评论即对新闻事件发表的言论。电台电视台的新闻节目及其文字稿,通常包括"本台消息"和新闻转载。其中,"本台消息"是本台的安身立命之本,应为独家新闻或独家报道。

非新闻节目台本,即为生产制作广播电视节目而创作的底本,包括综艺娱乐类节目台本、资讯类节目台本、知识类节目台本、专题片台本、广告节目的文字稿等。节目台本是节目在文字上的设计与表述,包括节目内容与形式的全部元素。节目台本有大小、详略、一与多之分。大型节目的台本篇幅长,有总有分,可以分头撰写;小型节目的台本篇幅短,类似独幕剧。简略的节目台本主要是就节目的各个版块写作串联词,不涉及节目的具体元素;详尽的节目台本事无巨细,一一写出。单独的节目台本是独立的一篇,多集的节目台本是一集接一集地写。节目台本写作重视创意,追求别出心裁,推崇创新。

(二)节目文稿的撰写

节目文稿的撰写因媒体的不同而不同,因节目生产的流程和文稿的作用而有别。

1. 广播撰稿与电视撰稿

广播与电视是不同的媒体,广播电视写作是统称,实际操作中是分开的,分为广播撰稿和电视撰稿。

广播利用电波进行传播,分有线与无线两种。广播有三个优点:一是迅速及时。电波的传输速度是每秒钟30万千米,速度快,时效性强。二是声情并茂。广播使用口语化语言,节目如同平常的谈话,容易感染人。事实表明,广播媒体最宜进行音乐传播。三是适应性和渗透力强。广播无孔不入,无远弗届,听众只要有收音设备,可以走到哪里听到哪里。但广播的最大弱点是缺乏选择性和保留性,听众是在被动接收。因为希求人人能听懂,所以广播节目一般比较简单,难得深刻。

广播撰稿既有新闻稿,也有非新闻节目台本,其突出的特征是为"听"而写,高度口语化、通俗化。为此,文稿要求科学地使用同音字,奉行"三短":句子短、段落短、篇幅短。其中的新闻稿、言论稿和文艺作品稿,对字词句的要求与书报刊作品一样严格,是可以另外阅读的文章。广播文稿中,有许多节目串联词一类的稿子。这种稿子因事制宜,因人制宜,有一定之规但无定法,或独立或组合,有时候几十分钟的节目,就有几句仪式性的话,实际上是一种"准文章"。

电视是无线电通信、广播、电子传真与照相、电影相结合的产物。世界上最早的电视台是1936年11月2日英国广播公司在伦敦建立的。电视的最大优势是直观性和形象性,画面和声音组合一起,同时诉诸人的视觉和听觉。

电视撰稿也要像广播撰稿那样通俗易懂。相比广播撰稿,电视撰稿最大的特点是为"看"而写,或为节目的拍摄提供瞻言见貌的图景,或惟妙惟肖地摄取节目画格的神韵,要求形象生动。电视撰稿的数量大、品种多。2008年6月,由中国广播电视协会、中国传媒大学和中央民族大学三家权威机构历时一年推出的首部《中国电视网络影响力报告(2008)》出炉,央视上榜的十大节目是:《百家讲坛》《同一首歌》《艺术人生》《动物世界》《对话》《新闻调查》《探索·发现》《走进科学》《非常6+1》《大家看法》。这些节目都是有书面文稿支撑的,电视撰稿的庞杂性和多样性,由此可见一斑。电视撰稿中,论使用频率和作品数量,以综艺娱乐类节目台本为最;论文稿的总体量,以电视剧剧本居首。

2. "先写后拍"与"先拍后写"

根据节目生产制作的流程和文稿对节目的作用,撰稿大抵有"先写后拍"和"先拍后写"两种情形。

"先写后拍"是先写出节目文稿,然后根据节目文稿生产节目,写作文稿构成节目生产之始,是第一道工序。文稿内容经过节目制作,转化为节目中的图像与声音(音乐音响)。广播电视媒体的非新闻节目台本写作基本上属于这种情形。一部分新闻稿,如新闻转载和杂志性新闻节目也是这样,不同的是它们不需要根据台本进行实地拍摄(采录),只要组织和编辑相关内容即可。"先写后拍"的"写",就像节目生产的"蓝图","拍"如果不符合"写"的要求,就要重拍、补拍,直至完全符合文稿的意图。

"先拍后写"是经过现场拍摄(电视)、采录(广播)或相关渠道收集,先获得足量素材,然后写作文稿,在节目制作后期进行加工。所写为节目中匹配图像或音响之"声音"部分的文字稿,统称为"解说词",最终以播音员的声音在节目中"现身"。新闻稿中的"本台消息",无论广播还是电视,全是这样产生的,无一例外;非新闻稿中的资讯类节目台本,也属于这种情形。"先拍后写"的"写"完全是根据节目的素材进行的,讲求高保真性,在于画龙点睛,虽行文跳跃却中心明晰。

节目文稿的"先写后拍"或"先拍后写",是相对而言的。在实际操作中,无论是"写"还是"拍",往往不是一次就能完成的,也不是一个人完成的,需要循环往复,集思广益。许多时候是写写拍拍,拍拍写写,边写边拍,边拍边写,"写"经过"拍"更臻完善,"拍"经过"写"更加到位。"写"直至节目成稿最后的时刻,才算真正大功告成。

(三)广播电视节目文稿的文体

简单的文章分类法,是把所有文章分为记叙和议论两大类。广播电视节目文稿涵盖这两大类文体,各自遵循特定的文章规范,其间两者偶有交融。

1. 记叙文体

以记人、叙事、写景、状物为主要内容,以叙述、描写方式为主要表达手段,具备故事情节和形象性的文章,统称为记叙文。记叙文体是记叙文的类别称谓。

大多数广播电视节目文稿是记叙文或记叙文性质的文章,可分为两类:一类是反映真人真事的记叙文,如新闻文体的消息、通讯,和区别于新闻文体的日记、传记、游记、调查报告、散文等;另一类是表现虚构内容的记叙文,主要是文学作品中的戏剧(包括电视剧、栏目剧等)、短篇小说、故事等。两类记叙文性质完全不同,在广播电视节目中各尽其用。

记叙文体的广播电视节目文稿有两个特点。一是宏微并举。微观上,强调找故事、讲故事,一期节目讲述一个完整的、生动的故事。宏观上,追求叙事纪实的融会贯通和一以贯之,凸显整个媒体、频道、栏目的纪实性,实现媒体的纪实功能,并形成自己独特的风采。如中央电视台的《讲述》,在视角贴近百姓的基础上引入并强调口述,注重并强化冲突,使节目呈现出原生态、戏剧化的特点。二是融情。记叙文要求"登山则情满于山,观海则意溢于海",讲究寓情于事、情景交融。广播电视节目的记叙文体应凸显记叙文的这一特性,并进行适当发挥。尤其是艺术类作品,可以调动一切手段来营造人情、人性的至高境界,掀起一个个情感的高潮。

2. 议论文体

以说事论理为主要内容,以议论、说明为主要表达方式,主要使用概念、判断、推理手段,具备用论据证明论点的逻辑形态,表达某种理论、见解、主张、意见、想法的文章,统称为议论文(或说理文)。议论文体是议论文的类别称谓。

广播电视节目文稿中的新闻评论、谈话类节目文本、政论片文本等,经常使用议论文体。虽然这些节目数量不多,但具有"举旗、开路、定调"的舆论引导作用,意义重大。

从总体上看,议论文体的节目文稿灌注议论文体的精神气质,推崇"出思想",弘扬正义与真理,著诚去伪。其表现,是始终坚持正确的舆论导向。

3. 节目文稿的"准文章"和类文体

把广播电视写作文稿分为记叙文体与议论文体,其实是很勉强的。有的节目文稿很难进行分类和归类,通常有以下两种情形:

一种情形是"不像文章的文章"。因为是为广播电视节目而写的,省去了由图像和音乐等手段表达的内容,更省略了文脉上的过渡照应,所以文章的体貌有些怪异,如前面提到的主持人串联词,常常"神龙见首不见尾"。

另一种情形是虽然标题、开头、正文、结尾一应俱全,但既不是纯粹的记叙文,也不是纯粹的议论文。然而,它们不仅成文了,派上了用场,有的还备受称赞,获了奖。并且,"创一格,备一体",虽然没有先例,却又成为来者模仿的对象,成为一种范本。如《焦点访谈》的节目文稿,说是新闻评论,大半篇幅却在陈述事实。

以上两种情形的文稿称为广播电视写作中的"准文章"和类文体。无疑,这是允许的。"大体须有,定体则无",把"适用"作为文章得体的根本标准,是广播电视节目文稿写作的一条"金科玉律"。

二、媒体文稿

在广播电视写作范围内,并不直接用于广播电视节目的生产,却又为广播电视媒体所用的文章,统称为媒体文稿。媒体文稿在广播电视传播中发挥本职作用,其功能无可替代,佳作难得。

(一)媒体文稿的主要种类

广播电视媒体文稿主要有营销宣传文稿、管理文件和文书、学术研究与业务交流文章等三大类。

第一类是营销宣传文稿。广播电视行业需要营销,天天在做营销。节目和文稿交易是营销,与广告客户打交道是营销,制作和传播台标台徽、办活动性节目以打造影响力,也是营销。从某种意义上说,播出节目亦是营销节目、营销媒介,广播电视媒介天天在营销自己。进入媒介产业化时代,更讲究经营之道,节目既要做得好,又要卖得好,营销效益直接影响媒体的生存与发展。广播电视行业的营销实务分为产品营销和媒介营销。产品营销主要是营销节目,还有节目的上游与下游产品,营销手段包括本台播出与外卖。媒介营销包括营销成就、资源、优势、前景等,合起来是营销媒介的形象,即媒介的形象宣传。为营销宣传而写作的文章,统称为营销宣传文稿,一般图文并茂、赏心悦目。因为这种营销宣传非常靠近节目的生产与传播,关乎节目在市场上的成败,往往要事事做、天天做,常态化,所以这一类文章使用频率甚高。营销宣传文稿的主要种类有:营销策划书、营销活动方案、活动类节目台本、节目介绍、节目海报、节目广告等。

第二类是管理文件和文书。媒介素来有管理,而且强调管理出效益。媒介管理有自成体系的媒介制度,媒介制度折射出社会文明。媒介管理面广点多,包括管人、管事、管物,分为业务管理和行政管理、宏观管理和微观管理、常态管理和随机管理等方面。在操作层面,常见的是人员管理、频道管理、制片管理、财务管理、物业管理、舆论导向管理等。究其实质,是两个大的方面:一个是国家法规、政策、政令执行情况的管理,这是媒体都有的;另一个是媒体自身出台的管理措施,这是个性化的。媒介管理运行,最常见的有两种方式:开会和发文。发文有文件和文书。文件是用行政公文的形式发布媒体议决和决定事项的文告,如决定、通知、公告、通告、通报、会议纪要、规章制度等,具有严肃性和强制性。文书即公用事务文稿,有计划、总结、统计报表、简报、讲话稿、告启、大事记等。媒体不论大小,都要使用管理文件和文书,设专职或兼职人员承担。

第三类是学术研究与业务交流文章。媒体是一门科学,需要学问。广播电视媒体实务因其自身的综合性、发展性和竞争性,总是需要开展有效的研究与交流。无论是节目的质量、媒体的经营、行业的管理,还是取得的成就、存在的问题,都需要进行及时的、深入的研究,拿出真知灼见,切不可"盲人骑瞎马,夜半临深池"。特别是媒体的创新,乃是永恒的任务、永远的课题。所以,学术研究与业务交流也是广播电视媒体实务的重要方面,任何时候都不得忽视。有眼光有实力的媒体往往自己办学术性刊物。广播电视的学术研究与业务交流,既对内,又对外。对内是用研究和交流之所得,为自家提供理论指导与支持;对外是通过研究与交流显示学术力量,构建另一种平台,对自家进行学术包装。这类文章不拘一格,理论研究、节目点评、收视率分析、经验推广、问题探讨、研究综述、前沿话题、域外动态等,均可。

(二)媒体文稿的文体

媒体文稿有正宗的记叙文、议论文,如学术研究文章就是比较规范的议论文。但总体来看,这样的文章并不多,大多数文章可归入通常所说的应用文体。

应用文是人们在日常工作、生活中处理公私事务所使用的文章,具有固定或惯用格式。按内容、特征、用途和格式要求,分为公文、通用应用文、专用应用文三大类。公文是行政机关用于处理重要公务的文件,根据中共中央办公厅、国务院办公厅发布的《党政机关公文处理工作条例》,有决议、决定、命令(令)、公报、公告、通告、意见、通知、通报、报告、请示、批复、议案、函、纪要等15种。通用应用文是在机关、团体、企事业单位或个人在公私事务中使用的文书,品种繁多,细大不捐,其微者如书信、便条、单据、启事等。专用应用文指外交、军事、司法、财经等领域的事务文书。

媒体文稿作为广播电视写作的另一大块,包罗万象,极其繁杂,似乎也没有人能够"通吃"。其中,涉及广播电视技术、媒体经济等内容的文章,必须具备相应的理论知识与实践经验。

第三节 广播电视写作的"本文"撰稿

广播电视写作在操作层面上是一项项具体任务,文章一篇篇地写,即"本文"撰稿。这种撰稿可按文章写作的通则办,但也有其特定的条件和方法。

一、撰稿的条件

写文章需要必备条件,包括客观条件和主观条件。因为文章最终是由作者写出来的,所以,写文章的所有条件都可以归为写作主体的资质条件。广播电视文稿的写作主体条件有两个"硬件":专业素养和写作能力。

(一)专业素养

无论是写作节目文稿还是媒体文稿,写作主体必须懂广播电视,内行看门道,讲行话,绝对不可以因为"无知"而"无畏"。"术业有专攻",广播电视写作的专业素养主要包括以下几层意思。

一是所有广播电视写作都需要具备"门槛性"素养:广播电视理论与实践的"ABC"。比如:广播电视传媒、广播电视传播、广播电视事业、广播电视产业、广播电视技术、广播电视艺术理论,等等,要知晓其概念及内涵,了解其来龙去脉,并尽可能涉猎与其相关的学科和专业。假如完全不了解和理解广播电视,广播电视写作就无从说起。

二是不同的写作需要不同的素养。广播电视写作内容庞杂,既无人能够"通吃",一般也不要求"通吃"。俗话说,"干一行,爱一行,钻一行,精一行",广播电视写作的素养要求也是这样。写哪方面的文章,就要了解甚至精通那个方面,全面深入地了解该方面的理论观点、实践要领及发展变化,并掌握一大批经典案例,成为该方面最有发言权的行家、最能动手的专家。

三是理论与实践必须知行合一。节目文稿写作有共性的规范,即理论上的条条框框;同时又打上了实践的烙印,具有明显的个性特点。因此,节目文稿写作的专业素养,是知与行的统一、知行合一的结晶。其间,"行"的成分特别重要。所谓素养,是指在正确理论指导下"写作"的能力,而不是指能够记住多少条文、背诵多少名作、晓得多少作者,并且这种素养从来没有最好,只有更好。

(二)写作能力

文章写作是主观对客观的反映,是一种"物—意—文"的转化过程。写作能力指的是胜任文章写作的主观条件,写作主体在写文章时表现出来的才干,包括心力、智力、才力等。心力指动机和意志,写作主体需要有创作的欲望与强烈的写作冲动;智力包括观察力、记忆力、想象力、理解力、判断力等智能,智力的综合体是智慧;才力是由丰富的知识所表现出来的力量,所谓"读书破万卷,下笔如有神"。

写作能力的终极落点是写作技能,包括文章的构思和表达。构思解决文章的选材、立意、定体、谋篇、用技诸问题;表达通过遣词造句,把写作构思变成活生生的文章,包括文章的起草、修改、成文。

不言而喻,广播电视写作主体必须具备基本的写作能力,要谙熟文章之道,充分理解写文章的意义,了解文章产生的一般途径与程序,态度正确,思维对路。而且,必须掌握文章构思与表达的科学方法,只有这样,写出来的文章才能有血有肉,文从字顺。

二、撰稿的方法

凡是写文章都有一个过程,包括写前准备阶段、执笔行文阶段、修改定稿阶段;有基本的方法,包括收集材料、提炼主旨、确定文体、安排结构、选择技法、打磨语言;有基本的要求,包括言之有物、言之有序、言之有文,等等。广播电视写作撰稿,也离不开这些常规的法式。其特别要领,是识性知类、通变求新、精心修改。

(一) 识性知类

如前所述,广播电视写作虽然只是文章写作的一个分支,却几乎涵盖了天下文章的全部种类,其间又颇多"非式之式""无法之法"。因此,广播电视写作、必须识性知类。

识性知类,从大处说,就是严格区分艺术品和非艺术品的艺术性。广播电视文稿是艺术品与非艺术品的结合。电视剧剧本之类自不必说,综艺节目和娱乐节目的台本是艺术作品,纪录片台本、广告文案和营销宣传中的一些文稿,也可归入艺术作品之列。这些艺术作品有纯粹虚构的,也有根据真人真事进行艺术加工的。但也有相当多的文稿为非艺术作品,大多数媒体文稿属于这一类,新闻稿也不称为艺术作品。非艺术作品不等于没有艺术性。文章皆论美感,皆有其特定的艺术性,这种艺术性只有强弱之别,广播电视写作文稿犹然。广播电视是艺术的重要载体,是创作和传播艺术的媒体,所以即便是处理媒体日常事务的文章,也可以弄得很艺术。就作品的艺术性而言,艺术品和非艺术品,各美其美,其间千差万别,非艺术作品的艺术性完全有可能超越艺术作品的艺术性。艺术作品是艺术作品,作品的艺术性是作品的艺术性,这完全是两码事,不可混淆,不容混淆。为此,要严格区别艺术创作与非艺术写作,把握好具体作品的艺术性和它的"度"。

识性知类,从小处说,要牢牢锚定在"本文"撰稿上,以"题"为抓手,切实妥置文章的定向、定点、定性、定体、定调诸事。写作广播电视文稿是"现在进行"式,"这一篇"究竟写什么、怎么写?最终由实践说了算,由作者自己说了算。先"报选题",这是广播电视节目生产的常规套路。在这里,"题"的问题,即具体的题材与素材。选题人人报、天天报,经验丰富的编导和记者知道,好的选题是真命题、"金点子",是故事的硅谷、思想的高地。拿到了好选题,适性适材地写,文章写作的一切难题就迎刃而解了。

(二) 通变求新

广播电视媒体自诞生以来不断发展变化,与时俱进,弃旧图新,新业务、新业态、新内容和新形式层出不穷。这决定了广播电视写作必须通变求新,努力创新。写文章从来追求

"人人意中所有,而人人笔下所无",高度推崇"独至"的境界,反对抄袭与模仿,最忌"天下文章一通抄",这也构成对广播电视写作的限定。

广播电视写作通变求新,说到底是"以产品为王",这里有内容的和形式的,有整体的和局部的。广播电视文稿也是这样:内容是由具体形式装载的内容,形式是装载具体内容的形式,全体制约局部,局部影响全体,所以,凡创意总是能够点亮全文,一处新即全篇新。这说明通变求新是广阔天地,大有作为,运用之妙,存乎一心。在其中,要非常重视出思想,出观点,出理论,出文化,极力避免思想的贫困和文化的失落。

广播电视文稿写作通变求新,可以尝试在体式方面寻求突破。想怎么写就怎么写,爱怎么写就怎么写,能怎么写就怎么写,从来就是写出好文章的诀窍,屡试不爽。这也是广播电视写作的性质使然。古老的文体与新兴的广播电视技术和艺术相结合,即已确定其间可有无穷变化。不必墨守成规,不可照本宣科。

(三)精心修改

一方面,文章是"写"出来的。这里有高手与新手的区别。高手下笔千言一挥而就,新手可能使出浑身解数也无济于事。另一方面,文章又不是"写"出来的,"功夫在诗外"。诗外的功夫,是指相关的知识积累、理论储备、专业素养和较强的思维能力、写作才能的训练,以及由这些因素综合生成的笔力。文章之事诚然在于多写多练,熟能生巧,功到自然成,但不管什么人写文章,都存在"写得出"与"写不出"两种情形,写得出的时候思如泉涌,写不出的时候"吟安一个字,捻断数根须"。还有,文章好不好只是相对而言,文章总是需要反复修改,好文章是改出来的。诗圣杜甫曾说:"新诗改罢自长吟。"广播电视写作也是这样。特别是大量的广播电视节目文稿,作为艺术品,往往需要多次修改,自己改,请人改,改改改!作品主题的提炼、结构的安排、语言的推敲等,反反复复改来改去,精益求精。与一般文章修改不同的是,由于广播电视的媒体性质,广播电视领域的文章修改,不但要改得好,而且还要改得快,有时候需要争分夺秒。

思考题:

1. 广播电视写作有哪些特点?
2. 广播电视写作文稿有哪些种类?
3. 广播电视节目文稿中的"写"与"拍"是一种怎样的关系?
4. 谈谈广播电视节目文稿写作创新。

第二章 广播电视新闻写作

广播电视作为传媒，统称为新闻媒体。广播电视媒体有的以新闻立台，报道新闻责无旁贷；其他不以新闻立台的电视频道和广播频率，也都办有新闻节目，或涉足新闻性节目。受众调查的结果表明，在当今时代，电视已成为第一新闻媒体，电视新闻拥有其他新闻难以匹敌的影响力。广播新闻则以其高度的便捷性和广泛性，依然对人们的社会生活发生着无可替代的影响。因此，广播电视新闻文稿写作依然是广播电视写作的基本功。在新闻实务中，新闻报道写作和新闻评论撰稿是区别开来的。但在某种意义上说，新闻评论乃是新闻报道的高级形式，所以，本章把两者放在一起予以阐述。

第一节 广播电视新闻写作概述

新闻是对新近发生或正在发生的事实的报道，新闻的本质是信息。信息依赖的传播媒介各不相同，其写作范式也不尽相同。与报刊相比较，广播电视的传播符号不同，物质载体不同，传输手段不同，受众的接收方式也不同。报刊新闻提供的是版面，广播电视新闻提供的是节目，其叙述方式、整体结构都另有特点与要求。但是从宏观的层面上说，不同媒介新闻文体在写作上又有着某些共性，存在一些共同规律。

一、新闻写作的一般要求

新闻写作的基本原则和要求是依据新闻报道特性而确定的。新闻报道的基本特点是真实客观、迅速及时。新闻写作的基本要求即努力体现这些原则，使新闻达到上乘水平。

在2019年举行的第二十九届中国新闻奖评选中，湖南广播电视台共斩获六个奖项。《新闻特稿：十八洞村这五年》《我的青春在丝路》获一等奖，广播系列报道《一号档案》、电视系列报道《咱们乡亲好样的》获二等奖,广播编排《全省新闻联播》、电视专题《湘商闯老挝》获三等奖。其中,《新闻特稿:十八洞村这五年》由湖南卫视《午间新闻》于2018年11月3日12点08分播出,时长15分34秒。湖南湘西州花垣县十八洞村因为"精准扶贫"工作的开展,在五年里走过了其他村庄十年、二十年的发展历程。该节目主创人员在2013年11月3日习近平总书记视察十八洞村提出"精准扶贫"重要论述后的五年时间里,持续关注该村在脱贫路上经历的各种探索、坎坷、思考、实践,无论酷暑严寒,一直坚持用镜头默默记录着十八洞村里发生的点点滴滴,保存下海量视频素材。终于在五年后,用真实的影像生动完整地讲述了十八洞村干部群众在扶贫工作队的带领下,如何凝聚人心、选定产业,破解资金难题,怎样把猕猴桃种植做出不一样文章的艰难曲折的故事,用事实雄辩地回答了,十八洞村脱贫不是"搭风景、造盆景",更没有搞"特殊化",真正实现了习总书记提出的"可复制、可推广"要求,对周边村寨以及整个湘西州扶贫工作产生了良好的示范与带动作用,成为全国扶贫、脱贫工作的新典型。

(一)充分体现对象主体的价值

无论是以报道为主的新闻文体(消息、通讯),还是以评论为主的新闻文体(新闻评论),选择的对象都必须具有某种价值,应该值得报道或者值得评论,能满足受众的知情或明理欲望。因此,新闻写作总是在一定的价值观的指导下进行的,是特定价值观的集中体现。

1. 凸显报道对象的新闻价值

新闻报道的对象要有价值,主要是说有新闻价值。新闻价值是新闻理论和新闻业务中一个重要的核心概念。一般认为,事实(事件)的新闻价值与它所体现的重要性、显著性、时新性、接近性、趣味性密切相关。事实(事件)越是具有重要性、显著性、时新性、接近性、趣味性,就越具有新闻价值。在写作中,凸显报道对象的新闻价值,关键就是要在显著的位置让受众意识到所报道的事实何以是新闻,它的价值在哪里。具体的做法包括:

一是以较大篇幅详细叙述。这样做通常是与某些局部采用简略的叙述相结合的,有利于形成叙述上的强势和文字的凝聚重心。

二是以相应背景烘托。在一部分新闻作品中,背景是为突出事实的新闻价值而设的。背景的交代有时并不需要花费太多的文字,但能对突出事实的新闻价值发挥至关重要的作用。

三是造成鲜明强烈的对比。恰当的对比可以造成强烈的反差,有利于突出事实的新闻价值,增强报道的效果。

2. 体现评论对象的议论价值

新闻评论的对象也有是否具备价值的问题。这主要是指是否值得议论。新闻评论的对象应当蕴含某种意义,具有议论价值。这种价值,往往是某种事理经过评论者发觉、点化、揭示而呈现于受众面前的,能起到引导受众辨别是非、消除疑惑、激浊扬清、弘扬正气的作用。

具有议论价值的新闻评论对象,既可以是正面的事实,也可以是反面的事实。在写作中,评论者既要善于从正面的事实中树立具有认识价值之见,也要善于从反面的事实中树立具有正面启迪意义之论。既可以直接提示事实(事件)的议论价值,也可以间接地暗示。

(二)严格遵守新闻的真实性原则

真实性是新闻理论和新闻实践中的一个极其重要的命题。新闻真实性所衡量的,是新闻作品与事实原貌的吻合程度以及逼真程度。它的基本要求是:新闻对事实所作的报道与事实的原貌必须一致。

在写作实践中,确保新闻真实性应做到以下几个方面:

1. 新闻五要素真实准确

新闻的真实性,要求报道中涉及的新闻五要素(何时、何地、何人、何事、何故)真实可靠,完全准确,不允许无中生有,不允许张冠李戴,不允许有一丝一毫的差错。

2. 对现场的描写真实准确

新闻报道常常需要对新闻事件的现场进行描写,这种描写也应当是真实的。这就要求:记者确实到过现场,对现场有过精细的观察,根据当时的实际情况进行描写,而不是未到现场,只凭想当然进行描写,或者根据自身需要进行不符合原貌的描写。

3. 追求细节真实

细节包括人物细节、事件细节和场景细节。恰当的、生动的细节描写可以增强新闻作品的可读性和感染力。在纪实性文学作品中,安插、添加一些与事实、人物原貌并不违背的细节描写,无可厚非。但在新闻作品中,细节应当是确有其事,细节描写应当是确凿无疑的,是经得起检验和推敲的,而不是由合理想象得来的。

4. 使用真实可靠的数据

新闻报道中使用的数据,大致有三种情况:一是由有关部门或机构提供的,二是由相关人士提供的,三是由记者亲自调查统计得出的。在写作中,对于有关部门、机构或个人提供的数据,应当设法加以核实。记者引用的数据不应当是道听途说的,也不应当是随意估算的。

5. 确保引语真实准确

新闻报道引用的人物语言应当是真实准确的。这主要是指:(1)人物确有此言(并非报道者根据写作需要杜撰而成);(2)间接引语符合人物语言的原意;(3)直接引语与人物的原话高度一致(关键性的词语一致,表达的意思一致,语气、语调一致)。严禁记者按己之需杜撰或改变人物语言。

(三)注重发挥事实的作用

新闻只有做到客观公正,才能使公众比较信服地接受所传达的信息。那么在写作上,如何体现客观公正呢?这就要学会用事实说话。

1. 新闻报道:用有价值的事实说话

受众是通过了解事实来接受新闻信息的,并通过了解事实来进一步了解周围世界。如果想要让受众接受某一个道理,比较好的办法是将道理蕴含在所报道的新闻事实之中。用事实说话,一是要选择好事实,二是要概括好事实。

选择好事实,是用事实说话的基础。怎样选?(1)选择新鲜的事实,引起读者的关注和兴趣;(2)选择能反映事物本质、具有典型意义的事实;(3)选择背景事实,用以对比或衬托。

概括好事实,是因为具体材料纷繁复杂,不能事无巨细、从头到尾统统写进去,拖泥带水,致使主体不鲜明。概括好事实应该要掌握大量材料,了解事物的各个方面,要有一定的语言基础和较好的文字水平;要能生动形象地阐明问题、提出问题、回答问题;防止表面性、片面性、主观性。

2. 新闻评论:摆事实与讲道理相结合

在新闻评论中,处于中心位置的是论点,要证明论点就必须依靠两种论据材料,其中之一就是事实性论据(另一种是理论性论据)。新闻评论的作者应根据论点的需要摆出一定数量的、有说服力的事实性论据。如果事实性论据的数量太少,就会显得比较单薄;如果论据只有一个,那么就有可能被认为是孤证,不足以服人。当然,使用过多的事实性论据也无必要,有可能被认为是堆砌材料。

对于新闻评论的作者来说,并不是按论点的需要罗列事实性材料就算大功告成。事实性论据和理论性论据应当按清晰的逻辑组织起来,并用一定方式加以展示,从而使论点的正确性毋庸置疑。这样才能实现摆事实与讲道理的结合。

(四)在真实的前提下追求时效

新闻是"易碎品",时过境迁,就会变成"马后炮",失去作用。对于记者写作来说,迅速及时应该是在真实准确的基础上求快,绝不能为了抢新闻而忽视真实性。从某种程度上讲,新闻迅速及时这一报道特点增加了记者写作的难度。写得又快、又好、又准确不是一件容易的事情。新闻时效性的获得，主要决定于记者的能力和素养。要想使新闻作品达到较高的水准，必须在平时练就扎实的基本功。

二、广播新闻写作的特点及分类

广播新闻即由广播电台制作，通过播音员的声音发布出去的新闻信息。与平面媒体不同的是，广播是一种完全诉诸人们听觉的大众传媒。因此，广播新闻写作具有独特的魅力。一篇优秀的广播新闻稿应当能够通过各种声音系统的巧妙组合，激发听众的想象。也正因为如此，一篇优秀的广播新闻稿应当通过各种手段避免因声音的易逝性为广播新闻带来的短暂性。

（一）广播新闻写作的特点

1. 短小精悍

广播新闻依靠声音向广大听众传播。据科学测定，人的视听敏感点一般在 15 秒至 30 秒之间。显然，广播稿篇幅太长，容易使听众产生听觉疲劳。这一生理特点决定了广播新闻短小精悍的特性，播音员要力求在人们未产生疲劳感之前就完整地播报一条新闻。很多广播新闻仅有三四十秒，3 分钟的单条新闻广播就已经属于长报道了。除现场直播外，广播新闻中消息一般不超过 1 分钟（200 字左右），通讯不超过 5 分钟（1000 字左右）。如中央人民广播电台的名牌节目《新闻和报纸摘要》，30 分钟的时间里平均要播出新闻稿 30 条左右。除少数情况以外，广播新闻一般要比报纸新闻简略、短小，因此取材必须精而又精。这就要求记者在写广播新闻稿时，尽可能地高度浓缩某些事件的详细过程、某些经验的具体介绍、某些详尽的分析论证、过多过细的数字，等等，把最主要的信息、听众最需要了解的内容写出来，以便听众收听和记忆。

2. 具体形象

具体形象是新闻写作的普遍要求，广播新闻尤其如此。广播一听而过，听众没有时间思考。听众收听广播和读者看报纸也有区别，看报纸一般都是坐下来认真阅读，听广播则往往精神不是很专注，因此，广播新闻中的抽象论证、概括性叙述等不宜过多、过长，要用具体形象的事实来说明问题。正如鲁迅所说："诉于耳的方法，和诉于目的时候全然两样的。所谓听众者，凡事都没有读者似的留心。……听众者，是从赘辩之中，拾取兴趣和理解的。"写作具体形象的目的有两个：一是尽量让听众在听而不见的情况下产生形象感，似乎看得见、摸得着；二是放缓广播的节奏，尽量让听众在一瞬即逝的情况下有思索、回味的余地。

具体形象还有一层意思，就是要多用生动活泼的细节。细节是事实中的事实，事物的特征往往通过细节反映出来。从这个意义上讲,只有抓住了细节才算是抓住了事实,用细节反映主题,能准确地体现出新闻的个性。

3. 行文流畅

基于线性传播的特性,广播新闻的行文常需开门见山、环环紧扣,自始至终如流水一样顺畅,最忌兜圈子、绕弯子,使人听了半天不知所云。根据这一要求,一些常用的提问式、引语式导语和不便于听的插叙、倒叙手法一般都不适合广播新闻。广播新闻较多采用时间顺序结构或并列关系结构,起承转合要自然,不要给听众造成思路或感情上不连贯甚至断路的感觉,有时要使用恰当的转折语,使上下文在内容和语气上自然衔接;多用单句,少用或不用复句,一句话里不要堆砌很多概念,也不要堆砌很多形容词。用语简洁是新闻的特征之一,尤其是广播新闻的重要特征。

4. 通俗明快

广播语言是经过加工的口语,因此广播新闻的语言除遵循新闻语言的共同规律——准确、朴实、简洁以外,还特别强调三个方面:(1)通俗、口语化。广播新闻语言要求通俗,而且一定要口语化,目的是使新闻简单易懂。(2)简洁明快。广播转瞬即逝,听众没有充分的思考时间,更不能停下来反复研究,因此它的语言一定要干净利索、简短明确。(3)音韵优美。为了便于听,广播语言还要求音律的协调和音韵的优美。汉语的一大优点是具有音乐感很强的四声。写广播稿时应自觉地运用这一条件,使广播稿具有音韵美。广播要跟上时代的步伐,让人们在短时间内获得大量信息,记者、编辑要注意提高广播新闻的写作水平与能力,讲究广播的"听觉"艺术,让听众通过广播获取信息时处于收听与理解同步的状态。

5. 适当重复

广播不留痕迹、不便查找,因此要有适当的重复,这大体包括三种情况:一是整个广播节目的重复。比如,重要的节目每天可适当重复播出,以便适应不同听众不同时段的收听需要。二是部分内容的重复。比如,为了报道某个事物、某个事件所使用的背景材料,如果时间不是相隔特别久,可以用新闻链接的形式播出。三是词语的重复。比如报道某个工厂,报纸上出现一次厂名就行了,广播则应多出现几次,以便让人们听得清、记得住,或即便前面没听清,后面也能听明白。与此相联系,广播新闻还应注意文章的节奏。总的原则是:节奏要舒缓一些,尽量不要让听众感到紧张,喘不过气来。

这可以从以下三个方面来考虑:一是在关键字眼之前要有铺垫。比如,说到一个人名,应在人名前交代其职务或所在单位等,而不要先说人名,后交代人物背景。又如报纸新闻常使用引语式导语,一开头先引出一段话,再说明出处,广播新闻一般不适合使用这种倒装句。二是在行文中适当加一些过渡性的重复字眼,以放缓文章的节奏。比如"××最近研制成功,投产后可为国家节省大量经费的支出",广播稿最好在"投产后"前面重复一次该产品的名称,这样就在这两句话中间设置了一个小小的间隔,新闻的节奏也因此舒缓了一些。三是在谈到某个主题前,先谈一个小故事或一个小细节,像拉家常一样步步引申。这样可让听众有一个思想准备,便于收听。

(二)广播新闻写作的类别

通常情况下,广播的新闻文体以消息为主,但与其他媒体相比,广播新闻文体的丰富程度并不逊色。常见的广播文体包括广播消息、广播专题、广播评论和广播谈话节目,虽然它们都是为听而写的,但也有各自的特点。

1. 广播消息

广播消息是最常见的广播新闻体裁,狭义的广播新闻就是广播消息。和报纸消息一样,广播消息也分为动态消息和综合消息。这一文体最明显的写作特征就是围绕时效性展开叙事。

与其他广播文体相比,广播消息的最大写作特点是篇幅短。广播消息之所以短,与广播的时效性是分不开的。对于广播消息来说,快比详细更重要。为了做到"快",广播甚至可以在播出其他节目的途中,插入突发性事件的报道。同时,在固定的时间中,新闻篇幅短意味着听众可以听到更多的新闻,从而增加新闻的信息量。

广播消息的另一个写作特点是内容单一。在报纸写作中,一则消息的内容可能比较丰富,有主要事实也有次要事实,但一则广播消息原则上不允许存在多个主题,也不主张内容头绪复杂。这是因为按照听众的收听习惯,只有内容单一的报道才能产生较好的听觉效果。一则广播消息能够把一个主要事实说清楚就可以了,次要事实如果影响听众对主要事实的理解,就应该毫不留情地删除。

2. 广播专题

广播专题的种类比较多。从单一文体上说,比较常见的是广播通讯、广播特写和广播专访;从组合文体上看,包括系列广播专题和连续广播专题。作为一种叙事性新闻题材,广播专题与消息在写作特点上有所不同。这一方面是因为它对新闻的时效性要求不如广播消息;另一方面也是因为它的篇幅长,可以有更多发挥的余地,从而更加充分地展现广播作为声音媒体的感染力。

与报纸的通讯、特写的写作特点相比,广播专题写作的一个突出特点是声音的形象性。写作者可以尽情地将音乐和音响两大要素运用到报道中,充分挖掘细节,全面展示新闻事件跌宕起伏的全过程,塑造报道所要展现的新闻人物形象,并引发人们的联想。广播专题较多地使用录音报道或者现场报道的手法,因为这样能最大限度地利用声音的传真性,使广播专题的听众既如临其境,又有想象的空间。

广播专题的另一个突出特点是情感性,这一点与报纸通讯和特写相似。与广播消息写作相比,广播专题由于空间较大,因此可以大量运用描写、抒情这些能够调动听众情感的表达方式。由于声音比文字更有感染力,因此广播专题利用借景抒情、大量的语言及心理描写等,常常能激发听众的情感。

3. 广播评论

首先,与一般报刊评论不同的是,广播评论特别强调短。如果说广播消息必须短小,那么广播评论就应当更加短小。因为相对于叙事,说理更不容易吸引听众的注意力。然而短小并不意味着缩减内容,而是要用更精练的语言表达思想。因此,广播评论强调用最简洁的语言说清楚观点。

然后,广播评论特别强调具象化,要求用生动、浅显的语言清晰地表达观点。要多用喻证、例证等具象化的方式而不是逻辑推论等抽象化的方式进行论证。一般说来,有述有评的广播评论更能抓住听众的耳朵。

最后,广播评论特别强调亲和力。广播评论不但要求主题与听众的生活息息相关,而且要求带有一种人文关怀的情感,使听众感到贴近和亲切。也就是说,广播评论不但要晓之以理,还要动之以情。

4. 广播谈话节目

与其他广播新闻文体不同,广播谈话节目融报道、描述、评论于一体,既可以像广播消息那样传播事实,也可以像广播特写那样放大细节;既可以像人物专访那样说明情况,也可以像广播评论那样发表观点。因此,综合性是广播谈话节目最主要的特点。在广播谈话节目中,可以找到各种广播文体的特征。

可见,广播谈话节目在文体规范上是相当宽松的。无论是结构还是表达方式,都相当自由,可以根据现场情况而定,甚至在多数情况下,这种谈话是脱口而出的。广播谈话被认为是最能体现口头传播魅力的广播新闻文体,因为它能体现出观点的交锋和思想的火花。

三、电视新闻写作的特点及分类

电视新闻是以现代电子技术为传播手段,以声音、画面为传播符号,对新近或正在发生的事实的报道。所谓"以现代电子技术为传播手段",说明电视新闻与广播一样,同属电子媒介,以区分与印刷媒介的不同;所谓"以声音、画面为传播符号",是区别它和广播的不同,电视是以视听双通道传播信息的。

(一)电视新闻写作的特点

从事电视新闻写作,必须考虑到画面、声音和文字系统的配合问题。这是电视新闻写作最重要的媒介特征。如果三种系统配合得当,则"整体大于部分之和";相反,如果这三种系统配合不当,就会相互干扰,给传播造成负面影响。因此,电视新闻写作不能仅仅考虑电视新闻的文本。而且不能否认的是,电视之所以能够成为强势媒体,并不是因为它的文本系统,而是因为它的画面系统。文本为画面服务,应当是电视新闻写作的一个基本原则。如果反过来,让画面为文字服务,就有可能出现主题先行的问题。

文本为画面服务就意味着电视新闻文本的篇幅、内容和结构是由画面所决定的。在这一点上,电视文本的写作与一般新闻的写作有着较大的不同。电视新闻的写作者要充分考虑画面的叙事功能,尽可能让画面说话,只有这样,才能写出上乘的电视新闻作品。

1. 文本为画面服务

从内容角度来看,尽管电视新闻写作并没有要求声音和文字单纯用来解释画面——而且这么做显然也写不出什么好的新闻报道来,但声音和文字必须与画面相关。在通常的情况下,声音、文字和画面之间的关系可以概括为三种:一是解释画面,二是补充画面,三是点缀画面。在电视新闻报道中,这三种情况通常会同时出现。解释画面,指的是画面具有多义性或者难以理解,需要用声音和文字加以说明;补充画面,指的是有一些画面无法拍出或者没有必要拍出的内容,需要用声音和文字加以补充;点缀画面,通常是指用声音和文字渲染或者烘托气氛,增加镜头的冲击力。对于一篇电视新闻报道来说,解释画面的声音、文字一般运用于新闻的主体部分,而补充画面的声音、文字则往往充当新闻的背景。至于点缀画面的声音文字,通常是一种重要的修饰成分。

2. 跳跃式的叙事结构

从叙事结构的角度来看,电视新闻的文本是对起承转合的一般叙事结构的消解。电视新闻的文本常常是一种跳跃式的结构,不但不强求导语、主体、结尾等新闻组成部分的完整性,而且中间存在着许多空白,而这些空白通常是由画面语言去填补的。这种文本结构与画面的蒙太奇结构有相似之处。所有声画结合的电视新闻都是画面结构与声音文字结构结合的产物,二者相互渗透。尽管从单个系统的角度来看,这些结构之间的空白有时跳跃得令人费解,但只有这样,电视新闻的几个符号系统才能做到"珠联璧合"。

由于要求电视新闻文本的写作者必须重视画面,因此与一般的新闻写作者不同的是,他必须更熟悉镜头语言,包括熟悉摄像机的运动方式、了解景别,等等,以便写出准确的脚本。

当然,需要强调的是,由于广播和电视在媒介特性上有一定的相似性,因此,广播新闻写作的一些媒介特征同样适用于电视新闻写作。比如报道的篇幅要短,内容要单一,语言要口语化和通俗化、要高度概括和准确等。这些要求几乎对一切诉诸听觉的媒体都适用,在此不再赘述。

(二)电视新闻写作的类别

从大的类别来看,电视新闻的文体与广播新闻有类似之处,可以分为四大类:消息类电视新闻、专题类电视新闻、评论类电视新闻和谈话类电视新闻。但由于电视表现手段的多样性,电视新闻的每一种文体又有许多种类。

1. 消息类电视新闻

消息类电视新闻沿袭了报纸消息的特点,强调快速、简短、鲜活。它的种类很多,从形式上分,可以分为口播新闻、图片新闻、字幕新闻和影像新闻。严格地说,尽管口播新闻、图片新闻和字幕新闻各有所长,而且也都是不可或缺的电视消息类型,但只有影像新闻才能算是真正意义上的电视新闻,因为它充分发挥了电视声画结合的特点。

作为最具电视特点的消息类新闻,影像新闻与广播消息、报纸消息以及其他电视新闻节目最大的不同体现在两个方面:一是要捕捉最具典型性的画面形象;二是要充分发挥解说词的叙事功能。

影像新闻篇幅虽短,却必须准确地描绘出事件的整个轮廓,因此它势必要对画面进行严格的筛选。影像新闻的画面要有足够的信息量,要能够较为清楚地反映事件的过程,即这些画面本身要具有叙事功能。一则优秀的影像新闻,其画面应当是引人入胜的,而不是仅仅被用来解释主播播出的新闻稿件。

当然,由于时间的限制,影像新闻不可能像专题类电视新闻那样干脆以画面为主要的叙事手段并尽可能减少解说词的数量,因此在精选画面的同时,精彩的解说词也显得十分重要。应当说,消息类电视新闻更注重充分发挥解说词的叙事功能,这是消息类电视新闻解说词的特色。

2. 专题类电视新闻

专题类电视新闻类似广播和报纸中的通讯、特写等,也是电视新闻的重武器。它是指"综合运用各种电视表现手段与播出方式,深入报道某一新闻事件或某些具有新闻价值又为广大观众所关心的典型人物、经验,以社会或某一战线、地区出现的新面貌、新现象为题材的新闻报道形式"[①]。常见的专题类电视新闻有专题新闻、专题调查和电视专访等。

由于专题类电视新闻有足够的篇幅,因此它常常比消息类电视新闻更加深入、更加精致。专题类电视新闻更加注重画面的叙事功能,更加注重解说词的抒情和议论功能而不仅仅是叙事功能,更擅长挖掘非事件性新闻。专题类电视新闻的画面更多地采用长镜头等纪实性拍摄手法,而不像消息类电视新闻那样,更多地把典型画面用蒙太奇的方式组合起来。

---

① 杨伟光.电视新闻分类与界定[M].北京:中国广播电视出版社,1994:14.

3. 评论类电视新闻

与广播的评论节目一样,评论类电视新闻也脱胎于报纸的新闻评论。从电视新闻评论的种类上,我们就可以看到这种影响的存在。如一些教科书将电视评论划分为评论员评论、本台评论、编后话、电视短评等类型,完全就是报纸评论的翻版,而且直到今天,还有一些电视台的新闻评论节目以报纸新闻评论的文本为母体,进行电视评论。报纸的评论确实在一定程度上促进了评论类电视新闻的发展,但这种评论方式始终没有很好地发挥电视媒介的特点。

近年来,随着电视述评的兴起,电视评论开始成为各电视台的新闻热点节目。自央视《焦点访谈》取得成功以来,电视述评成为各电视台新闻评论的重要形式。这种在画面上讲究精练和典型,在解说词上讲究分析和理性的电视新闻文体,确实将评论的思想性和电视的媒介特征紧密地结合在一起,受到了观众的欢迎。主持人"说新闻"也是这些年来比较受欢迎的一种电视评论方式。主持人的点评与叙事性的电视新闻结合在一起,既有感性色彩,又有理性思考,充分体现出电视媒介的特点。

4. 谈话类电视新闻

这种节目与广播新闻谈话节目有相似之处,比如谈话的内容带有即兴发挥的成分,节目的互动性比较明显等,在此不再重复。

不过与广播新闻谈话节目相比,谈话类电视新闻更加强调视觉效果,强调视觉元素的使用,因此,对于观众来说,谈话类电视新闻更具有现场感。为了摆脱谈话可能带来的枯燥感,谈话类电视新闻越来越多地穿插叙事画面来介绍谈话的背景。这种声画兼备的谈话类电视新闻确实更有吸引力,所以往往有着较大的社会影响力。

第二节 广播电视消息写作

消息因篇幅短小、时效性强、信息密集,常以"快速反应部队"的面目出现,在新闻文体中占有重要的地位。当对某种信息的需求极其迫切时,消息是人们获取信息的第一选择。因此,本节重点讲述消息文体的写作技巧,并由消息写作的一般规律出发,分类讲述广播消息和电视消息写作的注意事项。

一、消息写作的一般规律

了解消息写作的门径、掌握消息写作的规律应从学习和掌握消息文体的构成、结构特点和语言特点入手。

(一) 消息的构成

1. 标题

在报纸媒体上，消息的标题较之消息的其他部分更为显眼。在广播电视媒体播出的消息中，标题和相当于标题的文字也是相当引人注意的。"题好一半文"，对于消息文体写作来说同样如此。

消息的标题有不同的形态。有的消息标题结构比较简单，仅有一个标题，如《河南暴雨紧急求助通道开启》。这类标题被称为单一结构标题，特点是：在简短的文字中说明新闻的主要事实，多数是由一个完整的句子构成。有的标题则是一个标题群，包括引题、正题、副题，如《（引题）车辚辚，马萧萧，凯歌贯云霄 （正题）最可爱的人回来了 （副题）安东举行盛大欢迎会和欢迎宴会》。引题的作用在于引出正题，既可以是交代背景进行铺垫，也可以是渲染气氛加以烘托，还可以是其他方式。正题的作用在于以简洁的语言交代新闻事实，告诉受众发生了什么新闻，事实的新闻价值在哪里。因此，正题必须触及实实在在的内容，而不能很泛、很虚。副题的作用在于对正题的内容加以补充、延伸，以进一步扩大引题和正题的效果。

一般来说，消息的一组标题可以有不同的分工，但都必须担当起展示、点明新闻事实的任务。同时，消息的标题必须简洁明快，有利于受众在很短的时间内抓住和理解新闻事实。这就是说，消息标题无论是叙述事实还是评价事实，都必须用语简练、表意明晰。

2. 导语

导语是消息的开头部分。消息的导语，从形式上看，它是文本的第一自然段（如果整篇消息只有一个自然段，那么导语就是开头的第一句话）；从内容上看，它必须言简意赅地概括新闻事实；从功能上看，它必须对所报道的新闻事实进行浓缩、提炼，展示其最新鲜、最精彩、最重要的部分，使受众看一眼就被吸引住。因此，对于消息来说，导语并不是一般意义上的文本开头，而是文本中新闻信息特别集中、价值含量特别高的部分。导语不一定要包含所有的新闻要素，但应当至少包含一个以上的 W 或 H。如果强求在一条导语中囊括所有的新闻要素，可能会显得啰唆。

除了对全篇消息的内容进行精当概括之外，消息的导语也应当有自己的亮点。记者不仅要致力于发现新闻事实本身的亮点，将其融化在导语的写作之中，还要以令人耳目一新的方式来撰写导语。也就是说，导语的写作要能给人以新鲜之感。比如，采取描绘性的语言让受众对所描写的人物和场景留下深刻印象，或将受众关注的内容以问题的方式在导语中提出，激起受众的兴趣，也可在导语中设置悬念，形成"卖关子"之势，常常能收到意想不到的效果。

3. 主体

在消息文体中，主体是对所报道的新闻事实具体展开的部分，其重要性不言而喻。就通常的情况而言，标题和导语都只是撷取新闻事实的新鲜之点、精彩之点、重要之点展现给受众看，而主体则应让受众看到新闻事实的来龙去脉，在明白"发生了什么"的基础上，明白"为什么会发生""为什么是这样"。具体说来，它必须在以下两个方面进行努力：一是完成对标题和导语涉及的新闻事实的具体展示，使受众了解新闻事实的具体过程、相关背景等。二是对标题和导语涉及的新闻事实进行必要的补充和延伸。这种补充和延伸应与新闻事实密切相关，以此帮助受众更深入、更全面地了解新闻事实，而不是画蛇添足。

总之，主体与标题、导语之间应当是一种相互配合的关系，既不应该与标题、导语有过多重复的内容，也不应与它们脱节或游离。

4. 背景

新闻背景是由新闻的特性所决定的。新闻是新近发生的事实的报道，新闻背景就是新闻事实的历史条件、环境条件及其他有关新闻事实的内部、外部联系，也就是新闻事实与周围事物的联系。

如果信息中对必要的背景缺乏交代，受众就难以充分理解新闻事实的主要特点、价值和意义。在这种情况下，背景往往能发挥不可忽视的作用。如对比性材料可以从不同的侧面对新闻事实进行烘托，使新闻事实获得可供比较的参照系；说明性材料对新闻人物的经历、与新闻事实相关的概念术语等进行解释说明，使受众更容易理解新闻内涵；解释性材料用于披露新闻事实背后的有关情况，尤其是鲜为人知的情况，为受众进行理性判断提供依据，加深受众对新闻事实的意义和价值的认识。

5. 结尾

对于消息来说，结尾并不是必不可少的部分。一部分消息在叙述完新闻事实以后戛然而止，给人干脆利落的感觉。在这种情况下，不加结尾是明智的选择。但在不少消息中，结尾还是能发挥其应有作用的。

消息结尾的主要作用有：(1)对新闻事实加以概括；(2)对全篇报道进行升华；(3)对事实的新闻价值和蕴含意义进行点化；(4)就报道的事实加以引申，以此启发受众思考；(5)对前文报道的新闻事实予以补充，等等。

(二)消息的结构特点

消息在结构上有自己的独特性，这种独特性与它在新闻报道中"快速反应部队"的角色身份相一致。

1. 倒金字塔结构

倒金字塔结构是一种以新闻价值的大小来排列新闻事实的文本结构,如导语→主要事实→次要事实→其他事实……

这种结构的长处在于:有利于记者快速报道新闻,有利于编辑、读者快速把握新闻的精华。而其局限性表现在:比较适用于时效性强、事件单一的突发性新闻,而对于某些非事件新闻、富有人情味或故事性的新闻就不太适宜。因为这类新闻往往依赖新闻情节,这非倒金字塔结构所长。

2. 金字塔结构

金字塔结构又叫时序结构。没有导语,只是自然而然地按照事件发生的时间顺序来写作。事件的开端就是消息的开头,事件的结束就是消息的结尾。这类结构适合时间因素较为重要、故事性强、以情节取胜的新闻,如现场目击、法庭审判、警方报道以及某些暗访报道等。因为这类题材如果不采用金字塔结构而一味强调将最重要的新闻事实放在报道的开端,受众就不得不自行组合事件的前后经过,一部分受众可能会因此而感到厌烦并放弃阅读。而使用金字塔结构则能够使事件的叙述流畅通达,便于受众理解。

3. 并列结构

并列结构是文本的几部分内容同时并行的一种结构。往往是在一个导语后(吸收倒金字塔结构的优点,保证读者能够首先有一个概括的印象),罗列相近的新闻事实,突出新闻主题。并行的内容可以是时间、地点、人物或者事件,适用于公报式新闻或经验性新闻等。在整版的倒金字塔结构报道中,并列结构可以使消息显得更加新颖。

4. 悬念结构

悬念结构是一些喜爱挑战传统的记者偏爱的样式。他们往往不愿在报道的开头直接展示事件的真相,而是先给出一个悬念,然后引导受众在报道所披露的调查材料中寻找答案。对于同样乐于解谜的受众来说,这样的结构能够引发他们的好奇心,达到其他文本结构难以达到的效果。

(三)消息的语言特点

1. 简洁与明晰的统一

语言简洁与语言明晰之间常常会存在一些矛盾,似乎难以两全。但消息的语言则必须设法达到两者的统一。消息的语言与通讯的语言相比较,前者简洁、明晰、直白,后者当然也应当明晰,但可以相对舒展,可以采用比较形象的语言。

2. 严谨与生动的统一

一方面,消息的语言必须言之凿凿,滴水不漏,在真实感和分寸感等方面都无可挑剔,经得起检验和推敲。这就是所谓严谨。另一方面,消息的语言又必须生动。这是因为生活中的新闻事实本身就是千姿百态的,有着生动的内容和形态,包括消息在内的新闻作品是社会生活的真实反映,所用的语言应与生活本身的生动形态相一致;再者,作品的语言生动又是造就新闻作品可读性的不可或缺的元素。

3. 具体与概括的统一

消息的语言应该既是具体的,又是概括的。说具体是因为消息语言忌空洞、空泛,忌言之无物。"会谈在亲切友好的气氛中进行",这种套话虽然也很概括,但"亲切友好"这类用词不免太过笼统,使人很难感知其具体内涵和表现。"某某某的精彩讲话受到了大家的热烈欢迎",可说是概括之极,但如何精彩、热烈却是毫无具体内涵。作为消息语言,不如改为"某某某的讲话被听众们的十多次掌声打断"。虽然对精彩和热烈未置一词,但受众不难体会到此人讲话的精彩程度和现场的热烈气氛。此外,消息在需要概括的时候而不加以概括,会出现冗长、拖沓之弊病。

二、广播电视消息写作的特殊技巧

(一)广播电视消息的结构特征

从结构上讲,广播电视消息文本有其自身的特点:其一,与报刊消息的结构不同,广播电视文体强调的是最简单和最实用的结构,有时甚至是一种无结构的文本;其二,广播电视的文本常常是一种嵌入式的结构,也就是说由于声音和画面的存在,文字可能会贯穿声音、画面,构成一种三者互相向前的态势。

一方面,广播电视消息的结构因为诉诸听觉、视觉而变得简单。在报刊新闻中,针对重大的事件,标题、导语、正文、背景和结尾五个部分齐全的消息是常见的,而具有多重线索甚至是意识流式的长新闻也不少见。但是广播电视则不然。由于追求时效性,广播电视消息在结构上比较简单,叙述的方式常常是顺序和单线结构,甚至为了节目需要省略某些部分而形成一种不完整的结构。

为了达到广播电视媒体对消息结构的要求,写作者对每一个段落中的句序——也就是文本的微结构都十分讲究。按照人们一般的线性的收看收听习惯,广播电视文本段落的句与句之间不宜出现倒叙或者插叙,否定或者疑问的内容最好不要后置。如果句与句之间的关系处理不当,很有可能导致受众产生反向理解。

另一方面,广播电视消息的结构尤其是广播电视长新闻的结构要考虑多种要素的关系组合。因为声音、画面在文本中发挥了重要作用,消息写作的结构安排只有围绕文字、声音、画面的和谐一致做文章,才能成为精品。

基于这样的结构特征,我们在此不再对广播电视消息各个组成部分的写作技巧进行详细分析,而仅就其特色较为突出的标题、导语的写作展开讨论。

(二)广播电视消息标题、导语的写作

1. 标题的写作

报纸新闻是横向或纵向排列,属于平面结构,广播新闻节目是直线排列,属于线性结构,"广播是一条线,报纸是一个面"。因此,广播新闻标题在节目中以新闻提要形式出现。读报要先看标题,听广播新闻要先听提要。什么是广播新闻提要?就是用简明扼要的语言标示、评论新闻内容以吸引听众,是对新闻事实和中心思想的高度概括和浓缩,通俗易懂,朗朗上口,便于记忆、传播。

广播新闻提要必须言之有物,要把新闻中最主要的内容告诉听众。这个最主要的内容有两层意思:一是要把新闻某一特定的主要元素标出。具体来说,包括:什么人、什么事、什么时间、什么地方、什么原因和什么结果。在这些"什么"中,必不可少的是什么人和什么事,其余的则可视情况而定。二是要善于把最有新闻价值而且最容易被听众明白的典型事实提炼出来。

报纸新闻标题常常为了语言的简洁明快,不讲究语法逻辑上的连贯,引题、主题、副题彼此可相对独立,上下语气并不衔接,而且常用比喻、借代、谐音、双关、对仗等修辞手法。广播新闻提要则要求用最少的词语表达丰富的内容,通俗易懂,避免简称和双关语。好的新闻提要本身就是"一句话新闻"。

电视新闻的标题分为两种:提要题和屏幕题。提要题是供节目主持人说的,观众只能听而不能看,因而应像广播新闻一样兼顾说和听两个方面,即主持人说得上口,观众听得入耳。譬如《"十四五"我省每年将完成旅游投资1000亿元以上》这个标题,如果用于电视新闻的提要题,就要编成《第十四个五年规划期间 我省每年将完成旅游投资1000亿元以上》。因为"十四五",观众不知你说的是什么,播音员也不好读。

屏幕题则不然。它是打在电视荧屏上供观众看的,主持人不说它。因而,屏幕题就兼有报纸新闻标题的特点:凝练而富有文采。如《今冬明春腰斩长江》这个新闻标题,放在广播中,听众就听不明白说的是什么,可放在电视屏幕上,因为有滚滚滔滔的长江水作为背景,观众一看就知道是长江三峡大坝今冬明春要合龙。

电视新闻标题不像报纸新闻标题那样,分为引题、主题和副题,它仅仅是一个短句而已。让观众在一瞥的瞬间就能获得一个比较完整的信息,所以句子宜短不宜长。比如,报

纸新闻标题《收养脑瘫儿 14 年 环卫工夫妇感动众人》，如果是电视新闻标题，就应改成《环卫工夫妇收养脑瘫儿 14 年》。再如，《"政府就是借钱也要让孩子们上好学" 安徽阜南 8275 名学生今年"回流"乡镇学校》改成电视新闻标题，只是《安徽阜南 8275 名学生今年"回流"乡镇学校》即可。一般来说，电视新闻标题字数最多控制在 20 个字，字幕打一行为宜。如果是两行标题，上下句的字数一般要相等，句式也要对仗工整。这样，读来上口易记。

2. 导语的写作

广播电视消息中的导语写作除了遵循上述消息导语写作的共同要求之外，还可依据此类消息的媒介特征，发掘出更多生动形象的导语形式。如广播消息中，根据报道内容的不同，可以通过描述生动的细节写成陈述式导语，也可以选择新闻当事人一两句经典语言写成引语式导语。例如：

主持人：各位听众，现在是北京时间 7 月 13 号 22 点 06 分，莫斯科时间 18 点 06 分。决定 2008 年奥运会举办权的国际奥委会第 112 次全会进入了最后阶段，开始进行第二轮投票。中央台记者陈建奇正在莫斯科世贸中心会议现场。现在，就请他介绍第二轮的投票情况。

记　者：听众朋友，现在第二轮投票结果已经出来了。经过几位监票人的签字、认定，这个结果将要装在信封里。到底是封口不封口，我们现在来看一下。我想，全国的亿万听众、海内外的同胞，大家都非常关注这个时刻的到来。

啊，我们看到，他把信拿起来，现在要折叠成比它（原来）小一点。这是最后的结果？是不是最后结果呢？我们再看，他在认真地审视着这张票上边的每一个数字，把它叠起来。呵，要装信封了，一个蓝色的信封。装进去！封口吗？我们看看他封不封口。封口啦，封口啦！是封口啦？啊，他把它叠起来，揣在怀里。这次是很郑重地往他的西装的右手内侧的兜里面揣进去。

这是陈述式复合导语，由三段构成。第一段是在中央人民广播电台播音室的主持人临时插播消息，引出在国际奥委会第 112 次全会现场做报道的前方记者陈建奇。第二段和第三段通过记者对监票人现场举动的描述，引起国人对最终投票结果的极大关注。

有的导语对主体部分的推出还起到"引戏"和制造悬念的作用。例如：

（出录音）"好，899 到位。""清除氧化皮，压力一万四。"

昨天在乐都工业园区，青海康泰铸锻机械有限责任公司的车间里，数控机械臂把一块烧得通红的钢铁坯料，准确地送到 6.8 万吨多功能模锻压机的平台上。10 多分钟后，这块坯料就像橡皮泥一样，变成了一个直径 1000 毫米的燃气涡轮盘,最精确的控制要达到0.1毫米每秒,用不同的速度曲线对不同的材料进行控制,像这么大的压机、这么大的流量控制到这么精确,难度特别大。①

而在电视消息写作中,其导语大致可分为三类:

一是叙述式导语。这类导语尽可能用平实无华的语言突出新闻事件的兴奋点。写作时可自问:这个新闻事件中什么地方最突出、最有新闻价值?受众又最想知道什么?例如:

北京市最大的小商品批发市场兼零售市场——"天意市场",也就是现在的"天意新商场"昨天晚上闭市了。在闭市前,商户们纷纷低价甩货,而特意赶来的很多市民也以特有的方式——抢购来表达对市场的留恋,毕竟,经营了25年的天意市场已经成为很多市民生活中的一部分,我们来听听新闻记者的报道。②

二是议论式导语。议论式导语在电视新闻中是最常见的。因为电视新闻的活动图像虽然能再现新闻现场,让受众耳闻目睹,给受众带来真切的感受,但对新闻事实比较内在的、抽象的、理性的反映显然力不从心。所以电视新闻的导语可以在此适当地使用议论法反映新闻主题,吸引受众关注。

三是描写式导语。这类导语在电视新闻中较为少见,所谓新闻描写就是抓住富有个性的情节,进行绘声绘色的描述,以期调动受众的想象力,让新闻生动感人。由于电视新闻拥有"活动的图像",能生动逼真地再现新闻现场,因此它不需要像报纸新闻和广播新闻那样细描细画,而仅仅是造成一种声势,引起受众对即将出现的图像的关注。如《"7·13"——申奥成功日万众欢腾时》的导语:

刚刚过去的7月13日成为每个北京人今生难以忘怀的日子。7月13日之夜无人入睡,整个北京城都沉浸在巨大的欢乐之中,这巨大的欢乐汇成了沸腾的海洋,散播到每一个角落,散播到每一个北京人的心里。

(三) 广播电视消息语言的特殊要求

无论是广播消息还是电视消息,其写作的新闻稿件都要化作有声语言,使受众听得明白、听得清楚。为此,广播电视消息写作必须努力做到:

---

① 《钢铁侠创造新奇迹》,青海广播电视台2016年12月16日首播。
② 《再见,天意市场》,北京广播电视台2017年9月16日首播。

一是多用双音词,少用或不用单音词。在报纸媒体上用单音词,简洁、易懂,但在有声语言中使用单音词则容易造成误听。因此,应将书面语言中的单音词换成双音词,如:已——已经,曾——曾经,虽——虽然,并——并且,及——以及,等等。还有一些文言词也会造成收听障碍,如:系、故、悉等,应当慎用或改作:就是、所以、全都(或知道)。

二是多用口语中的语气词,少用书面语中的关联词。口语里分句间的联系一般以上下文的语意相连,省却了关联词,更符号口语习惯。如:"既然你一定要走,那么我也不强留了。"可改为:"你一定要走,我也不强留了。"

三是应慎用同音不同义的词,以避免误解。报纸用语可以不必过多考虑读音,但在有声语言中,读音理当作为选择用语时的考虑重点。如:"全部合格"与"全不合格",在报纸媒体上一目了然,但听众在收听广播时则难以辨别,容易造成理解上的错误。类似的词还有许多,如:赴法——伏法,期终——期中,交易——交谊,食油——石油,前期——前妻,煤油——没有,致病——治病,切记——切忌。在具体写作时,应当注意正常句意的连贯性,将"全部合格"改作"全都合格",将"赴法"改作"到法国留学"……以确保听众不误听。

四是注意用词的规范问题。在广播电视新闻中,方言、行话、简称和外来语的使用一定要谨慎。因为这些词有时只是在有限的领域中使用,所以可能会给使用范围之外的听众带来理解上的困难。除非这些词语在特定的听众对象中是约定的、广泛使用的,否则应尽量少用,以免引起不必要的麻烦。另外,在对待新出现的词语时,也要谨慎,在社会还没有广泛接受的情况下,广播电视最好不要滥用新词。

五是注意标点符号在有声语言中的体现。在报刊文章中,标点符号可以起到帮助读者理解的作用,有声语言也是如此,可以用停顿和语气来代表标点符号,帮助听众理解新闻的内容。此外,标点符号还可以用适当地添加词语的方式表示。比如"在十年浩劫(1966—1976)中",可以改作"在1966年到1976年这十年浩劫中";再如"托尔斯泰的《复活》",可改为"托尔斯泰写的《复活》这本书"……总之,作者在写完广播电视消息稿后应小声朗读,以便及时发现不太适合口语表达的地方,并做相应改动。

第三节 广播电视深度报道写作

深度报道是以客观事实为依据,解释表象事实背后的真相的报道方式。出现于20世纪二三十年代的深度报道——最初仅仅被用以指代解释性报道——是美国媒体为了应对当时的信任危机而做出的有关新闻写作理念的变革。这场变革曾经被当时的很多新闻学者认为是离经叛道,然而实践证明,深度报道不但成功地完成了历史使命,而且成为当今新闻业的一个重要报道类型。

广播电视深度报道在本质特征上与纸质媒介的深度报道没有区别,唯一的区别在于,广播电视深度报道要遵循广播电视的符号规律以及广播电视受众的信息接收习惯。因此,我们把广播电视深度报道定义为:运用广播电视符号手段,以客观事实为依据,揭示表象事实背后的真相的报道方式。

一、广播电视深度报道的写作特点

相比于纸质媒介的深度报道而言,广播电视深度报道的写作有以下几个特点。

一是层层深入、形象生动。广播电视转瞬即逝的声音与画面的流动特征,决定了广播电视深度报道写作必须采取层层深入、形象生动的方式。广播电视媒介是时序性的线性传播,受众只能按照节目播放的时间顺序接收信息,而不能自主选择先后顺序。因此,广播电视深度报道在报道深度事实、传递观点意见时,一定要遵循从易到难、由具体到抽象、由感性到理性的报道方式。它不能像纸媒深度报道那样高谈阔论,长于思辨,用严密的论证来说话,它必须更强调观点从事实中来,从情节中来,始终围绕广播电视这个母体。所议所论,不能空洞无物;所感所思,必须由形象切入,由抽象化出,采取层层深入、形象生动的说理报道方式。

二是强调事件的过程性和动态性。广播电视媒介长于记录的特征,决定了广播电视深度报道写作必须强调事件的过程性和动态性。线性的传播方式虽然有转瞬即逝的传播特点,但同时,它也有长于展现事件过程的独特优势。充分利用媒介的特有优势,展现新闻的过程性和动态性,就成为广播电视深度报道的重要特色,也成为电视深度报道从诞生以来一直坚持的报道手法。这种手法经常是将画面、现场同期声与记者的采访组合在一起,以此展现事件的发展过程或记者的调查经过,使观众自然而然地发现事实的本质或真相。

三是直观性、感染力和说服力。声画的存在使广播电视深度报道更具直观性、感染力和说服力。尤其是电视深度报道中声音和画面的存在,对现场、环境、人物、事件过程的直观记录,使得观众如同事件的亲历者一样,能够感同身受,既满足了他们的参与感,也大大增强了节目的接近性。同时,记录过程中展现出来的故事性、情节性,使得新闻事件的情节线索和主要人物的情感变化交融在一起。矛盾、悬念、人物、命运,这些新闻报道中最能打动人的因素交织产生叠加效果,使电视深度报道较之报纸深度报道更具直观性、感染力和说服力。

当然,广播电视深度报道除了具有与自身媒介特性紧密相关的这三个特点之外,还具有一般深度报道所共有的特点,如选材必须具有重要的新闻价值,是社会的重点、难点、疑点问题;篇幅较长或篇数较多,表现手法多样,兼有报道、推理、判断等;在思维方式上,力求从深度和广度上对新闻展开挖掘,等等。①

二、独立文体深度报道的写作

广播电视深度报道按照节目形式可分为独立报道和组合报道。独立报道是指独立成篇的深度报道,通常报道的事情不是很复杂,是在已经有了阶段性结果的前提下采用的报道形式,②可分为调查性报道与解释性报道两大类。

(一) 调查性报道的写作

调查性报道是一种以较为系统、深入地揭露问题为主旨的报道形式。它关注那些被刻意隐蔽、不欲为人所知的内幕,向公众剖析这些内在的、隐蔽的内幕的真相。调查性报道的主动性更强,对报道的时效通常没有限制。作为深度报道的一种重要体裁,调查性报道有着较为鲜明的写作特点。这些特点表现在:

1. 展现调查过程

调查性报道调查的是隐蔽而不为公众所知的事件,其结果往往涉及公众的重大利益,因此,记者是如何发现这些问题并予以揭露的,就成了公众非常感兴趣的话题。在报道中展现调查的过程,既可满足公众的好奇心,也能够加强报道的故事性,从而紧紧吸引公众的注意力。所以在调查性报道的写作中,记者首先要学会以调查过程和方式作为叙事视角,以便将新闻事件的片段化零为整。

从叙事学的角度来说,展示调查的过程一般有两种方式:第一种是以第一人称叙事。记者直接把本人的调查经历写入调查性报道。尤其是一些带有侦探性质的调查性报道,整个新闻事件就是在记者的调查中变得完整起来并在最后真相大白的。因此记者用本人的调查经历来写调查性报道,从理论上来说是最为自然合理的叙事方式,它直接体现了调查过程中时间和空间上的逻辑联系。

第二种是以第三人称叙事,即中立叙事。记者不在文中抛头露面,而是作为一个"中立的全知者"在报道中出现,通过对引语和背景描写的中立安排把调查过程反映出来。在调查性报道中,用得最多的字就是"说",因为这个字最能帮助人们了解事实的真相。虽然这种写作方式不容易表现出记者在调查过程中时间与空间上的联系,但记者可以通过不同的引语和背景材料,为受众大体勾勒出在调查过程中自己是如何接近真相的;同时,记者也可以通过这些引语和背景材料,将事实层层深入地揭示在人们面前。

---

① 刘仁圣.广播电视新闻采访写作教程[M].北京:中国广播电视出版社,2005:430-431.
② 罗哲宇.广播电视深度报道[M].北京:中国广播电视出版社,2004:16.

2. 观点的交锋

调查性报道并不排斥带有主观色彩的结论,实际上,明确的结论往往是调查性报道的关键,但这种结论不是建立在记者的个人观点之上的,而是基于调查所得的事实。调查性报道必须用事实说话。记者在调查性报道中的分析能力,直接体现在对事实的叙述安排上。

记者常用的办法是,把不同的观点放在一起,让它们交锋,让受众自己去判断事实的真相。调查性报道的任务是揭露真相,于是在同一事实面前,观点的对立不可避免,不同的解释也不可避免。调查性报道就是在不同的观点中激浊扬清、去伪存真。

从写作的角度来看,调查性报道中的观点对比与解释性报道中的背景对比不同。前者需要在不同观点和不同事实的比较中获得确定的意义,而后者则是用确定意义的事实去解释未确定意义的事实。

(二)解释性报道的写作

解释性报道的"解释"有其特定含义,那就是用相关事实来解释,而不是用观点来解释。解释性报道依然尊重新闻报道的理想,坚持用事实说话,作者的观点和倾向性始终隐藏在事实的背后。

记者在写作解释性报道时,一定要注意"用事实解释事实"。常用的方法有以下几种:

一是数据解释。一个明确的数据往往能够精确地说明或解释某些复杂的问题。例如,《今日说法》报道武汉郊区村民抢盖房屋骗取拆迁补偿款时,为了说明抢盖成风,列举了一个数字:平均每家抢盖了1000平方米的房屋。这就比大段的描写要明确得多。

二是对比解释。用事实解释事实有一个前提,那就是用来解释事实的背景事实必须具有确定的价值取向。如果用一个意义不确定的事实解释新闻事实,那么这种解释是不能成立的。当用来解释新闻的背景事实的意义得到确认后,就可以通过对比的方式,确定新闻事实的意义。

三是引语解释。在多数情况下,引语本身就是新闻事实的一部分。解释性报道经常用引语来解释报道中的新闻事实。深度报道常常引用三类话语来解释新闻事实:

第一类是当事人的话语。用当事人的话语对新闻事实进行解释是一种比较直接的方法,可以让受众直接了解当事人的态度,从而对新闻事实产生直观的了解。

第二类是目击者的话语。对于某一新闻事件来说,目击者的语言往往是比较客观的,引用目击者的话语常常能出奇制胜。

第三类是权威的话语。对于某些新闻事实,权威机构和权威人士的话语比记者的解释更能说服广大受众。

一个优秀的记者在写解释性报道的时候,往往会综合运用以上三类话语,如果手段运用恰当,就能取长补短,对新闻事实进行比较客观的解释。

三、组合文体深度报道的写作

组合报道是由多篇相对独立的报道组成的,关于同一主题或同一问题的报道组合。常用的组合方式有:其一,连续报道,即跟踪新闻事件的发展过程,连续多次播出的累积报道形式;其二,系列报道,即围绕某一主题或某一问题,多侧面、多层次、有计划地连续播出的拓展报道形式。

(一) 连续报道的写作

一般来说,连续报道的数量不少于三篇,而且版式、修辞风格大体一致。其写作应该遵循以下原则:

首先,连续报道不是因为要完善某种形式而进行报道,而是因为一些新鲜的新闻事实的出现召唤记者进行报道。每一篇报道都应该有独特的材料和根据这些材料而进行的独到的分析,同时做到互为补充,环环相扣,并在整体上体现出一致的写作风格。

其次,前一篇连续报道的结尾要注意给后一篇报道的开头留下一定的空间,有时还要对下一篇报道进行某种提示,而后一篇报道的开头也要照应前一篇报道的大体内容。通过这些衔接性的语句,报道与报道之间就形成了连贯的逻辑。

最后,连续报道的新闻事实处于一种连续不断的发展之中,因此行文时不能把话说满,更不能在事实有定论之前就匆忙地下结论。每写一篇报道都要考虑事件未来的走向,为后一篇报道留下一定的写作空间。

(二) 系列报道的写作

系列报道的数量通常也不少于三篇,对于其组成部分是深度报道还是一般性的报道,并没有严格的要求。通过编辑处理,系列报道也能产生悬念的效果。但系列报道不是伴随着新闻事件的发生而切入的,而往往是在新闻事件发生以后,记者站在一个统观全局的高度,用分析和综合的手段对新闻的各个重要方面进行全面的报道。由于能够对报道进行整体的规划,所以系列报道的布局比较精致,后一篇报道与前一篇报道基本没有重复的信息,也可以避免因为信息分布的不均匀而出现"虎头蛇尾"的现象。

系列报道从整体上说,风格更加一致,气势更加宏伟。它一方面是在把长篇报道分割成篇幅相近、内容均衡、风格相似的几个部分后做有计划的连载;另一方面,在连载的过程中又可以兼顾受众的反馈。[①]

[①] 方延明. 新闻写作教程[M]. 北京:高等教育出版社,2005:190-204.

第四节　广播电视新闻评论写作

新闻评论是新闻传播工具对当前重大问题和典型新闻事件进行批评论说的议论文,是新闻媒体上社论、评论员文章、短评、编后、专栏评论、述评等诸种评论形式的总称。要了解广播电视新闻评论写作,就必须从新闻评论写作的要求入手。

一、新闻评论的写作要求

新闻评论,在"评论"前面冠以"新闻"二字,充分说明了二者有着不解之缘。没有新闻性的评论,如文学评论、音乐评论、影视评论等,便不能称为新闻评论。新闻性、社会性、政论性、指导性,是新闻评论的四个基本要求。

(一)新闻性

新闻性是新闻评论区别于其他议论文的一个根本属性。新闻评论的新闻性,说的是评论与新闻的关系,主要表现在它依托新闻理论,直接评述新闻、点明新闻价值、补充新闻不足、阐明新闻意义、深化新闻主题、加重新闻分量、扩大新闻作用等几个方面。

新闻性主要表现在两个方面:一方面,必须趁热打铁,具有强烈的时效性。新闻评论关心的是"直接的当前的现实",它以迅速及时地评述最新事件、阐明真理、指导舆论见长,以提出和解决当前最迫切需要解决的问题取胜,致力在社会热点问题上发表见解。另一方面,必须有的放矢,具有很强的现实针对性。它要求针对当前具有新闻价值的事件和问题发表意见和主张,评论对象都是客观的、具体的,所揭示与促使解决的问题,应是实际工作中迫切需要解决、人民群众迫切需要得到解释的问题。讲究"对号入座"、一针见血,切忌隔靴搔痒、无病呻吟。

(二)社会性

新闻是社会变动的产物,新闻评论自然也是社会变动的衍生物。而社会是一个无边无际、无始无终且错综复杂的网络,因此,每一个新闻事实都只是这个网络当中的一个节点,具有折射社会复杂关系的多棱镜的功能。但相对而言,新闻报道因其快速、客观的强烈要求,难免让受众陷于方生方灭、旋起旋落的走马灯式的信息海洋中,产生"只见树木,不见森林"之感,而新闻评论则将评论对象放到宏观的社会环境中进行多角度、多层面的考察、剖析,使受众既见树木,又见森林,既知其然,又知其所以然。新闻评论放言论世,有"直指人心"的效果。

(三) 政论性

新闻评论是新闻性和政论性的融合物。新闻评论离不开新闻事实,较之理论文章更加讲究时效性、针对性,和现实生活结合得更紧密。它观点鲜明,具有特定的政论性。

新闻评论隶属于论说文中的政论文,它的政论性特征概括了两者的基本特点:明确阐述对于事物——评论对象的看法;以说理为主要手段;着重从思想、政治或伦理的角度分析论述有关问题。前两项是包括政论文在内的所有论说文共有的特点,后一项是一切政论文包括新闻评论的基本属性。新闻评论是新闻媒体的旗帜和灵魂。它必须善于从政治上辨别事物,在论述中体现出一定的政治倾向性。在我国的新闻实践中,新闻评论必须坚持党性原则,直接反映党和政府的宣传意图,正确地阐明观点和主张。

(四) 指导性

评论的指导性是评论的生命,也是党报评论的一个重要特征。评论直接代表编辑部亮明观点,阐述立场,特别是对于一个时期的工作,评论要直截了当地告诉受众,应该怎么做或不该怎么做。党报的新闻评论具有强烈的政治性、权威性、指导性、思想性,很多时候代党立言,代政府说话,就大政方针表态。指导性含有总结经验、褒扬成绩、给人启迪、积极推广、要求执行的意味。新闻评论常被人们称为新闻媒体的旗帜和灵魂,足以说明它的重要地位和作用。

二、广播新闻评论的写作特点

广播新闻评论是广播电台用以阐述自己对于新闻事件和社会现象、社会问题的看法和态度的文章或话语形式。广播评论除了具有新闻评论的共性之外,还有其自身的特点。广播新闻评论与其他媒体的新闻评论最大的不同就是:它必须严格按照声音传播的规律进行写作或者制作。

(一) 论点突出,语言形象

一篇广播评论,论点是核心,而论点能否在听众中活起来,能否抓住听众、吸引听众和被听众接受是关键。这个问题靠抽象思维是无法解决的。如果能用形象性语言解释抽象的概念,用形象思维做指导,用生动的比喻表达道理,把论点树起来,在听众脑海中动起来,就能收到较好的效果。例如,在全国获奖的广播评论《"痕迹主义"可以休矣》《带着感情去拆违》《警惕"指尖上"的形式主义》等都用言简意赅、生动形象的几个字表达了通常要用几十个字才能表达清楚的论点。再如,《好戏就要真唱》就是一篇很好地运用形象性语言的广播评论。评论把企业在招标承包时出现的不认真、做样子等问题形象地比喻为戏台上的"走过场""耍花腔"。而"走过场""耍花腔"是人们特别熟悉的事物,即使是没有文化或文化不高的人都能从中听出讽刺的意味来,在这个基础上去推理、去议论,听众就更容易理解和接受。

(二)论证深入浅出

由于广播新闻是线性传播,人们在漏听之后往往无法弥补。因此,广播新闻评论要求通俗易懂,切忌用倒装句,尽量少用那些让人捉摸不透的词语。要写得具体,多用事实说理,少发空洞议论;靠逻辑的力量说服听众,少做高度抽象的概括。简单来说,就是论证要深入浅出。

(三)情理交融

新闻评论的强烈的震撼力来自哪里?复旦大学新闻学院赵凯教授指出:除了具备论点、论据、论证三个基本要素外,更重要的是融理、事、情于一体,善用道理说服人,善用事实启发人,善用感情打动人,这样就会产生强烈的震撼力。新闻评论中的"理"就是讲道理,这个"理"除了准确性以外,还讲究完整性、针对性、具体性、生动性。完整性就是要经得起推敲和反驳,没有漏洞或者片面性;针对性就是针对所阐述的问题,针对时下公众关注的焦点难点问题进行论述;具体性就是要讲具体的"理",而不是空洞的"理";生动性就是要合理借鉴各种写作技巧,用形象的事实说话,用真实的图像说话,用文简意丰的语言说话。

新闻评论要打动听众,更重要的还在于"情"。以"情"动人,就是在说理的同时适当地注入作者的情感,引起听众情感上的共鸣。广播评论以声音作为传播符号,声情并茂的语言是最适合感召听众的评论方式。

(四)音响的运用

广播音响只有与评论的论点、论据、论证三要素紧密结合后,才能发挥应有的作用。换言之,广播评论音响是经过精心挑选、合理运用,直接为广播评论服务的声音素材。

广播评论音响的运用主要有以下几种情况:

1. 充当评论由头,引进论点

这类音响不光是以尖锐的冲突提出问题、引人入胜,而且以"这一个"人物的特色声音表达了"这一类"人物的复杂心理,充当了评论由头。与此同时,还以其典型性与震撼力总揽整篇评论,定下评论基调,明确论证方向,是一段"神来之声"。

2. 充当评论论据，形象说理

将采访录音安排在广播评论中间，作为一种特殊的事实论据为说理服务，别具一格，往往能获得意想不到的效果。

内蒙古广播电视台的广播评论《选矿厂破坏环境，岂能一补了之》，时长约 11 分钟，运用了 13 条同期声，都是"进行中"的采访录音。其中 10 条来自当地的村民、村干部及涉事的选矿厂人员，他们的亲口讲述将选矿厂的所作所为、村民的态度等清晰地呈现给了听众，具有极强的真实性和交流感。其余 3 条来自内蒙古自治区环保举报中心主任和内蒙古大学的环保问题专家，主要说明了"谁污染谁治理"的环保规定，环境与发展的权衡问题，以及污水直排入河的巨大危害。这些来自专家学者的讲话录音权威性高，说服力强，能够很好地为论点服务，使评论更加生动。这样，受众听到了采访的全过程，对事件的来龙去脉有了更全面、真切的了解。比起通常的"终结式"录音来，更具动感，更令人信服。

3. 贯穿论证过程，活跃全篇

把直播这一形式引入广播评论中，时效性与现场感更为强烈，比起充当由头或论据的"录播"音响更有"听头"。

广播评论通过电话连线现场记者，用音响对现场进行描述，作为充分的论据；通过热线电话让听众参与评论，对论题层层展开论证，这类音响论证越辩越透彻，越论越全面。

三、电视新闻评论的写作

（一）选题立论

选题立论是电视新闻评论写作的首要环节，好比建房选址一样，在夯实的土地上建筑的房屋，地基就牢固，在疏松的土地上建筑房屋，地基就会凹陷，继而导致房子坍塌。精心抉择论题是电视新闻评论写作的第一步，它关系到电视新闻评论的社会价值和成败。

选题应该是群众关注的热点问题，是群众议论较多、分歧较大的问题和需要提醒人们注意的问题。有了优秀的论题方能吸引广大观众，黏住的观众越多，评论的社会价值就越大，指导作用就发挥得越充分。那么应该从哪些方面去选题立论呢？一般可从客观形势、社会实际生活着笔：

第一，党的路线、方针、政策，党和政府的中心工作。这一点是电视新闻评论选题的主要依据。

第二，实际生活中出现的各种新事物，包括新思想、先进人物、具有指导性的工作经验，等等。

第三,揭露和批评带有倾向性的思想和作风问题。从第二、三点入手,指导和规范人们的思想行为,是电视新闻评论选题的出发点。

第四,针对群众中存在的实际困难、要求进行鼓与呼。善于把党的方针、政策与人们丰富多彩的现实生活结合起来,是确定电视新闻评论选题应遵循的原则。

从电视新闻中选题,是电视新闻评论的基本形式。以电视新闻报道为评论的由头和依据,立论会更具体、更自然、更具有说服力。这样的评论依据活生生的新闻事实,具有特定的评论对象和范围,可以使理论与实际结合得更紧密,既能做到文句精谨、言少意丰、辞浅理深,又可收到由微知著、平中见奇的效果。

选题力求典型。在媒体激烈竞争的今天,从某种意义上说,观众的收视态度可用挑剔来形容。这就要求节目策划选题时力求典型。典型选题从哪里来?必须观察生活,深入生活,大胆切入社会焦点、难点,敢于针砭时弊,抓取有震撼力的事实,使受众感兴趣,产生认同感。

"面向谁"的问题,是关系电视发展前途的根本问题。所以,电视新闻评论一要拓宽评论领域,尽可能捕捉和评述现实社会生活中与受众休戚相关的问题;二要调整评论视角,尽量从多数群众关心的、易于了解的角度阐述问题,使评论角度多样化。

电视新闻评论的内容选择,由于受传播方式、受众状况等因素的制约,与报刊新闻评论相比要严格得多。也就是说,电视新闻评论既有特别善于表现的题材,也有拙于表现的题材,既有所能,也有所不能。比如,与新闻事件联系紧密的论题,电视新闻评论可以结合记录现场情景的音响、图像,评述起来得心应手,而且效果极佳。而像一些多层次、多侧面、前瞻式、分析式的论题,电视新闻评论就不能胜任自如了。明确的宗旨与隐匿的观点首先来自评论主体(策划、编导、记者及其他制作者)对评论对象的真切感受和深思熟虑,要真正实现还有赖于电视这一媒介独特的传播方式的成功实践。

(二)画面选择

准确、生动而富于个性的画面语言是电视新闻评论节目成功的关键。在大众媒体中,广播主要靠声音、报纸主要用文字来描述现场,表达观点。而电视新闻评论节目中说话、表意的画面语言必不可少。流畅而富于个性的画面语言有助于更艺术地客观反映事件发展的逻辑顺序以及记者所处现场最具本质特征的动作流程、人物表情。

敏锐、精细的画面语言有助于充分显示事实真相。比如在《收条代税票,捞钱进腰包》的评论节目中,记者拍摄到了某税务分局局长面对记者收集到的一叠白条子和加盖着被有关部门鉴定为过期公章的票据时情绪变化的过程。起初他正襟危坐、百般狡辩。在记者的追问下,他开始支支吾吾、解释不清了。随着记者的步步逼问,"他用颤抖的手指长时间地敲打着桌面上的证据",最后竟面对记者,强装欢颜,说不出一句话来……看看这样一个长镜头,品味着这样一段具有讽刺意味的画面语言,我们的记者、我们的媒体,还有必要说出这里的税收人员违纪违规,这里的领导干部失职失察,这个分局的问题必须严肃查处吗?

精彩的画面语言能为有理、有据、有度的新闻评论节目增色不少。具体而言,一种是捕捉,一种是创作。捕捉画面语言,也就是捕捉能反映事件发生的多个环节、涉及人物的情绪变化以及所处环境最具本质特点或象征意义的画面。比如在上段案例中,在真相被揭示之前当事人趾高气扬、诡言狡辩、"得理不饶人",而在之后当事人变得支支吾吾、手足无措、顾左右而言他,最后甚至只有图像没有声音了。颤抖的手、游离不定的目光、不知所措的腿脚……这些细节既有助于表达节目的观点,又不至于授人以柄;既让人理解了节目的立场和用意,又让人容易接受。衡量一位记者捕捉画面语言的功力,不是看他在节目中运用了多少细节,而是看在同一现场,他能否比别人捕捉到更多更具本质意义的生动细节。如果说这种捕捉主要是在动态现场中运用的一种手段,那么处于相对静态的现场,记者还需要学会创作画面语言。

对画面语言的创作要求记者有强烈的策划意识和主题意识,以及对节目结构的前瞻性。记者要头脑清醒,时刻记得自己想表达什么,然后根据现场的客观情况发挥自己的主观能动性。比如荆州电视台播出的《"豆腐渣工程"苦了孩子》,讲的是一所村办小学校舍在全村村民集资20多万元修建后仅两年,就发生了严重的质量问题,导致全校300多名师生只能挤在低矮昏暗的民居中教学的情况。记者看似无意却有意地把孩子们下课后在尘土飞扬的禾场上玩游戏的场面作为前景,把长满了和孩子们一般高的野草的学校操场作为后景。这幅画面语言耐人寻味,引人思考,首先就得益于"创作"。不过需要说明的是,画面语言的创作要求解说词与图像以及同期声相得益彰,共同构成一幅信息含量丰富、内涵深刻的完整的画面语言,而非凭空捏造。

(三) 同期声选择

除了空镜头外,对于同期声的恰当运用也能够充分体现出电视新闻评论的客观性。从某种程度上说,同期声在整个电视新闻评论中所占的分量是很重的。空镜头虽能展示事件的发展过程,但并不能充分反映出事物的原貌,只有多用同期声才能使画面变得鲜活灵动,使观众有身临其境的感觉,从而产生心理上的共鸣。从目前的电视新闻评论来看,同期声显然已经成为整个片子的"主心骨",而空镜头只起到交代、串联和提示的作用。需要注意的是,在使用同期声时,编导应考虑到"量"的问题。一般来说,剪辑画面时,同期气氛声最多不要超过 10 秒,同期人物声最多不要超过 20 秒,而现场采访声最好不要超过 30 秒。这里的时间限制完全是依据观众心理而定的,因为滥用同期声不但起不到加强画面效果的作用,反而会让观众产生厌倦情绪。编导在剪辑采访镜头时应该根据节目需要,去粗取精。对采访语言的成功处理,既能反映出编导的主观意图,又能让观众看得清楚明白,特别是当有些采访对象在不同时间、场合说的话自相矛盾时,如将这两段话剪辑在一起,再辅以一段对正确观点的镜头说明,观众就很容易明白事情的原委了。

(四)评论稿写作

电视新闻评论的文字稿要担负阐述观点见解,也就是说理的任务,因此写作时必须充满理性色彩,尽量多用陈述性语言,少用判断性或主观意识强烈的语句,使观点隐而不露。一篇优秀的文字稿不是孤立存在的,它是与画面、同期声等融为一体的。撰稿人在动笔之前,必须先进行整体构思,然后按照画面、同期声、文字紧密配合的要求来写。只有这样,才能充分发挥出文字稿的作用。一般说来,文字稿要能揭示画面内涵,引申、深化画面内容,或者补充画面,交代画面无法说明的内容。在撰写文字稿时,撰稿人要把握好一个"度",既让文字颇具文采和力度,又不可掺入过多的个人思想,使其有"过激"之嫌。

文字稿可分为三个部分:一是演播室里的主持人说的编前语和编后话;二是配合画面的解说词;三是记者在新闻现场的出镜解说。

从目前电视新闻评论的发展来看,演播室里的主持人说的编前语和编后话已经完全摒弃了说教的色彩,倾向性的意见也几乎不见踪影,取而代之的是一些理性色彩浓厚、力度大的语言。

与编前语、编后话相比,出镜记者在新闻现场的解说显得更为平实一些,力度也不太大,重要是增强观众的现场感。记者在现场的解说要比单纯的镜头表现更具说服力。记者要树立良好的角色意识,把自己当成一个冷静的新闻事件的目击者、参与者和分析者,信息和文化的传播者、再造者和引导者。

不管怎样写作文字,撰稿人都要牢记一点:文字稿单独拿出来不能表达出电视新闻评论的完整意图,它所起的只是辅助作用。

思考题:

1. 广播新闻写作的基本特点是什么?
2. 广播电视消息的结构特点有哪些?
3. 写作解释性报道时,如何运用事实来解释事实?
4. 电视新闻评论如何选题立论?

第三章　广播文艺节目文本写作

广播文艺节目是广播媒体主要的节目形式之一，它轻灵便捷，丰富多样，雅俗共赏。广播文艺节目以其突出的伴随性和互动性，融入人们生活的方方面面，并实现了自身形式和内容的创新。

广播文艺节目文本是广播文艺节目的"底本"，因为广播媒体和广播文艺的特点，强调为"大众"而写，为"耳听"而写，为"节目"而写，为"创新"而写，因此其文本形式和创作方法多种多样，不胜枚举。

第一节　广播文艺节目概述

广播文艺节目在广播电台的日常播出中占有相当大的比重，在综合频率中，一般占播出量的一半以上。在音乐广播、戏曲广播等专业文艺频率中，广播文艺节目不仅抓住量的优势，更求新求变，衍生出丰富的节目形式。在新闻、交通、经济等其他专业频率中，广播文艺也巧妙寻找结合点，以其特有的方式与专业频率资源相整合，打造出别样的广播中文艺节目。

一、广播文艺的概念

顾名思义，广播文艺是广播和文艺的有机结合，兼有"广播"和"文艺"两方面的特征。广播是听觉媒体，以声音为唯一传情达意的手段，讲求"声情并茂、以声传情"，赋予听众极大的想象空间，并具有反应迅速、线性传播等特点。文艺涵盖多种艺术门类，如文学、音乐、戏曲、曲艺、电影等。广播文艺是多种艺术形式的综合，或某种艺术形式的广播化，具有艺术的教育、认识、服务与审美功能。

概括说来,"广播文艺是以电子技术、广播技术为传播手段,以声音为唯一物质媒介,诉诸人们听觉的时间艺术"①。

二、广播文艺节目的特点

(一)听觉表现性

广播的传播方式决定了有声语言、音乐和效果音响是广播文艺节目传递讯息、塑造形象的基本手段。它以真实可感的声音形象刺激听众内心产生联想与想象,并结合自身的经历与体验产生主观印象。这种听觉形象是真实存在的,但它又因为听众的多样性而具有不确定性。因此,这种主观印象有时会与原作产生一定的偏差,作品体验因人而异。

广播文艺节目的这种纯听觉特性,"决定了它的长处不在于再现外界客观事物,而在于表现人们内心的丰富感受,在于表现人的情感"②,是一种"表现"的艺术。比如,人听到尖锐或恐怖的声音,内心会产生紧张、压抑的情绪,听到悠扬、婉转的旋律,会产生轻松、愉悦的情绪。广播文艺节目可以运用这种听觉与生理、心理的同构关系,以提高音调、加快节奏、加强力度来表现紧张或兴奋的情绪,也可以用平静舒缓的声音运动来表现内心的宁静或营造舒适的氛围。这都需要编创人员用"耳朵"进行创作,在正确把握广播文艺听觉表现性的基础上,用音乐或音响配合有声语言来一一展现。

(二)大众娱乐性

广播文艺是大众的艺术。它不像印刷媒体对受众的文化水平有较高的要求,也不像电视、网络媒体对受众的接收条件、接收状态有较高的限制。无论从事什么样的工作,是用先进的数字音频设备还是一台普通的半导体收音机,无论是在开车还是在做家务,只要你听力没问题,广播文艺节目就能影响你的生活。

广播文艺节目的大众娱乐性直接表现为它的审美愉悦功能。审美愉悦是接受主体在对艺术作品的鉴赏过程中获得的精神满足,是一个复杂的心理过程。广播文艺节目给大众提供的是声情并茂的内容,听众有时候是为了快乐而听,有时候是为了消除疲劳或烦恼而听,总之,是为了愉悦身心。提供娱乐是广播文艺节目的基本职能,优秀的广播文艺节目能够带给听众美的享受,使人心旷神怡。

广播文艺节目的大众娱乐性还体现在它对于文化的普及作用。将高雅艺术拉出剧场,

---

① 张凤铸.中国广播文艺学[M].北京:北京广播学院出版社,2000:3.
② 张凤铸.中国广播文艺学[M].北京:北京广播学院出版社,2000:114.

让听众不必花费高额票价就能获得美的享受,如音乐赏析、电影剪辑,给了普通老百姓接触精品文化的机会,平衡了因地域、经济等多种因素造成的文化信息差。而同时,一些民间艺术精粹、艺术新秀的尝试之作,也通过广播文艺节目得以保存和传播。任何社会阶层的人,都可以在广播文艺节目中找到自己的所需,从欣赏、学习到娱乐、放松,从高雅到通俗,从古典到流行,广播文艺节目都忠实地为百姓服务。

(三) 编创合成性

"所谓'合成',指将前期录制的所有节目素材,包括同期声、解说词、对白、音乐、拟音等,按照总体艺术构想,加以剪辑组合,构成完整的广播节目的过程。"①广播文艺节目最终呈现给听众的是合成后的"审美意象"。首先,要把握有声语言、音乐和效果音响的各自特点,并处理好它们在广播文艺节目中的位置和关系。比如,广播剧中的人物语言塑造人物的声音形象,音乐推动整体剧情的起承转合,效果音响在关键之处画龙点睛等。其次,要一体化。广播语言中的文学语言、人物道白与解说、评论和主持人节目中的即兴表达,共同构成了节目的具体内容,绝不是单纯的文学作品创作。在广播语言创作中,要充分考虑到文本与音乐、音响的配合,考虑到同期声与解说的互补与衔接等。

合成性决定了编导在广播文艺节目中的作用。"所谓编导,就是运用广播技术手段、创造性地使用音响材料——既包括音响素材(如语言、效果音响),也包括完整的文艺作品,完成广播文艺节目的过程。"②广播文艺节目的最终成型,其节目功能和传播效果等都要通过编导去实现。

(四) 丰富多样性

广播文艺节目的内容和形式丰富多样。音乐、文学、戏曲、曲艺、电影剪辑、广播剧等都可以成为广播文艺节目的主体,这些艺术形式的综合搭配构成了多样的文艺节目,百花齐放。在如今的广播节目中,文艺与生活服务信息相结合,与竞技娱乐节目相渗透,甚至加入了新闻元素,这些都为广播文艺节目增添了活力。

三、广播文艺节目的分类

广播文艺节目目前没有统一的分类方法。按照中国广播电视大奖·广播电视节目奖的奖项设置,广播文艺节目大体包括音乐节目、文学节目、戏曲节目、曲艺节目、综艺节目等

---

① 张凤铸.中国广播文艺学[M].北京:北京广播学院出版社,2000:118.
② 张凤铸.中国广播文艺学[M].北京:北京广播学院出版社,2000:126.

类型。为方便理解与把握,下面按照节目内容包含的文艺形式和节目制作方式两种分类标准,建构两套分类体系。

(一)按照节目文艺形式分类

这是传统的广播文艺节目分类方法。它的优点在于可以直观地了解文艺形式对节目的影响,缺点是不能很好地与广播媒体本身的特性相结合,尤其是在今天多种节目形态融合发展的趋势下,区分标准相对模糊。

1. 音乐节目

音乐节目在广播文艺节目中播出量占首位。目前,无论是中央台还是地方台,都办了音乐频率,包括以主持人为核心、涵盖各种形式音乐节目的专业频率,如北京音乐广播。也有以音乐为主体、主持人只起串联作用的类型化音乐电台,如中央人民广播电台音乐之声。在其他非音乐性专业频率中,音乐节目的比例也遥遥领先。这一切都源于音乐原本就是听觉的艺术。广播媒体的传播技术手段将音乐节目的优势发挥得淋漓尽致。

传统的音乐节目一般包括各类声乐、器乐、音乐知识和音乐教育专题节目,同时还播出精彩的歌舞剧的音乐录音剪辑、选曲及音乐故事等。就近年来中国广播文艺节目专家创优评析音乐节目的获奖作品看,立意新颖、饱含民族地方特色、结合影视作品或访谈等其他形式突破传统概念的音乐节目,受到专家和听众的喜爱。如中央人民广播电台的《马头琴:回家的路有多远》、广东广播电视台的《侗乡文化之魂——"嘎老"》,用美妙的音乐演绎了绚丽的民族地域特色。此外,个性突出的音乐主持人节目也是近年来音乐节目发展的趋势。如黑龙江广播电视台马忱的《见字如面——家信见证家国梦》、中央人民广播电台音乐节目中心王文超的《全球流行音乐金榜》,就是节目与主持人相得益彰的优秀作品。

2. 文学节目

广播文学节目的形式很多,受众面也比较广。如长篇小说联播、广播小说、影视剧录音剪辑、文学作品阅读与欣赏、配乐散文和诗歌,等等。几十年来,《杨家将》《三国演义》等很多脍炙人口的长篇小说播讲成为老少皆宜的午后清茶,既普及了传统文学,又为老百姓提供了大众化的娱乐。通过中央人民广播电台的《阅读与欣赏》,方明、林如等老一辈播音艺术家向听众读解了无数中国文学的经典之作。今天的广播文学节目更加注重把握时代脉搏,反映现实生活,形式更加多样。如2017年度中国广播文艺节目专家创优评析文学节目获奖作品:《张炜——别样的儿童文学》(山东广播电视台广播文艺频道)、《一个中华儿女的真情告白》(新疆人民广播电台)等。

3. 戏曲节目

戏曲是中国传统的戏剧形式,包含文学、音乐、舞蹈、美术、武术、杂技以及表演艺术等各种元素,通常用唱、念、做、打表现剧情和刻画人物。中央人民广播电台的戏曲节目以京、评、豫、越四大剧种为主,各地方电台会根据听众的需要,适当突出本地剧种。比如戏曲大省河南省就建立了专业的戏曲广播,以"大韵中原"作为频率品牌,以河南地方戏为主体,节目形式涵盖名段欣赏、专家说戏、名角访谈、剧坛评论、听众热线参与唱戏评戏等,在当地戏迷中拥有极大的影响力。

广播戏曲节目形式随着时代发展不断创新。有引人入胜的戏曲故事,如上海广播电视台的《邓世昌》;有颇具创意的戏曲知识介绍,如天津人民广播电台的《我的名字叫昆曲》;有以戏曲人物为核心的节目,如陕西人民广播电台的《秦腔名丑王辅生》。

4. 曲艺节目

曲艺是中华民族各种说唱艺术的统称,是由民间口头文学和歌唱艺术经过长期发展演变形成的一种独特的艺术形式。它以"说、唱"为主要的艺术表现手段,说的如相声、评书,唱的如京韵大鼓、单弦牌子曲,似说似唱的如山东快书,又说又唱又舞的如二人转、凤阳花鼓等。正因为曲艺通过说、唱来叙事、抒情,所以它的语言生动活泼、易于上口。因曲艺是诉诸听觉的艺术,所以极为适合广播媒体的传播。

近年来,传统的曲艺艺术结合新鲜的节目形式生产出多样的具有时代感的优秀作品。如2018年度中国广播文艺节目专家创优评析曲艺节目一等奖获奖作品《落腔遗韵起绵音》(天津广播电视台),给人"耳"前一亮的新鲜感。

5. 综艺节目

综艺节目是广播文艺节目形式之一,它由多种文艺形式的节目综合而成,具有兼容性、多样性、组合性等特点。综艺节目可以按照文学、音乐、戏曲、曲艺等文艺形式选择节目组成,也可以按照欣赏性、知识性、评介性、报道性、娱乐性等功能类型选择节目组成。它既可以做成栏目型和专题型节目,也可以做成广播综艺晚会。听众在有限的时间内可以欣赏到多种文艺节目,并且这类节目具有较强的可听性和较大的信息量。加上由主持人串联其中,更使听众感到亲切、生动。

如今,综艺节目往往结合地方特色和新闻事件等,发挥这类节目的包容性、组合性优势,如中央人民广播电台的《诗意中国——2018中秋诗会》《雕刻声音的时光——纪念中国唱片工业100年》等。

(二)按节目制作方式分类

这是顺应广播节目制作和传播特点的分类方法,它可以使编导更准确地把握广播媒体的特征,从技术手段上规范广播文艺节目的传受原则,更有助于文艺节目"广播化"。

1. 直播类节目

直播类节目一般指演员直接在演播室表演的文艺形式,或是广播电台对大型文艺活动的直播、转播。通常情况下,后者在今天的广播电台中更为普遍。这类节目基本没有录制、剪辑的过程,将音乐会、剧场表演等文艺活动通过广播媒体直接播出给剧场或活动现场外的听众,使之同步获得相应的审美体验。它是广播文艺普及文化的一种有效方式。

2. 剪辑类节目

剪辑类节目是我国广播工作者的独创。影视剧录音剪辑,戏曲、歌剧、舞剧等的录音剪辑都是广播电台文艺编辑的特殊业务。实践证明,这种节目形式至今仍很受听众的欢迎。剪辑类节目既是对原有艺术形式的传播,又能把编辑的主观感受传递给听众。编辑通过对作品的剪辑和重新编排,甚至配搭旁白、解说,使听众更直接地被作品感染,其实这也是编创引导性的体现。2008 年度中国广播文艺节目专家创优评析首次增设了影视剧录音剪辑奖。

3. 编排类节目

编排类节目是根据编辑的艺术构想和当前的宣传意图,把各类文艺节目编排在一起,实行"一条龙"式的播出。它就像报纸的版面安排,各类节目编排是否恰当、顺畅,不但直接影响广播文艺节目的播出效果,也直接关系到整个电台的播出质量。这在当前的类型化音乐电台中,体现得尤为明显——全天 24 小时音乐不间断,实现大版块音乐主题播出样式。如中央人民广播电台音乐之声,早 6 点至 7 点的"城市初音",以清新、动感的音乐营造早间上班路上的轻松收听氛围;下午 2 点至 5 点的"Music Corner"以怀旧老歌、中慢板旋律为主,写意都市人慵懒、闲散的午后时光。版块中具体的歌曲、宣传片花等编排都由执行制作(音乐编辑)来进行,主持人无权随意调动,而这样的编排方式是经过广泛的社会调查,符合大多数听众在具体时段和工作生活场景下的心理需求的。这也是当前编排类节目最突出的特点。

4. 专题类节目

专题类节目是大多数广播文艺节目采取的制作方式,又可以细分为分析鉴赏类、知识介绍类、报道类、评论类等。它多以文艺作品的录音为素材,以作品的文学解说、介绍和评述为重要内容,借助采访、互动等节目创作手段制作,有一定的主题和形式规范,目的是向听众普及文艺知识,评介名家名作,报道文学艺术界的重要动态或文艺花絮等。如中央人民广播电台的分析鉴赏类文学专题节目《阅读与欣赏》、河南人民广播电台的评介类戏曲专题节目《梨园咚咚锵》等。

四、广播文艺节目形态的最新发展

所谓广播文艺节目的最新形态,其实是与传统节目形态相比较而言的。它还处在发展过程中,无时无刻不在经受着广播媒体市场的检验。

(一)与"新闻类""社教类"等不同类型节目相互渗透

当前的广播文艺节目无论是常态的日播节目还是参加评奖的精品之作,都出现了与"新闻类""社教类"等不同类型节目相互渗透、互为补充的趋势。这一发展使得广播文艺节目也表现出了时效性、贴近性、互动性等特征。

在内容上渗入新闻或社教的元素,强调人物的现实意义及人物细节的描写。如北京人民广播电台的《巡天遥看一千河》。2003年10月15日,航天英雄杨利伟驾驶着中国人制造的神舟五号飞船成功飞入太空,文艺编导们以敏锐的新闻感受力和观察力,确定了这一重大事件的新闻价值,并决定采用"音乐表现画面"的独特艺术手法,让新闻事件的主题思想通过音乐艺术的表现形式为人们所理解和感知,最终节目获得了巨大的成功。

再如,青岛人民广播电台曾有一个音乐专题节目,讲述古典音乐的"音乐家故事"。除了主持人对播外,还采用广播剧人物对话的一些手法,使得"音乐家故事"很有立体感和感染力,极具可听性。也有一些音乐专题节目融入了非音乐的人物或社教访谈等内容,使节目的表现空间更为宽广。

(二)互动参与多样化

从20世纪80年代中期,广播的"珠江模式"带动大版块直播节目开始,听众与电台的交流变得越来越简单便捷。经久不衰的热线电话,安全快捷的微博、微信平台,畅所欲言的广播论坛,使得广播文艺节目更加鲜活、更加人性化地融入百姓的生活。如北京人民广播电台的《我为歌狂》,让听众打热线电话演唱歌曲,平民化的娱乐方式吸引了从大学生到公司白领等社会各阶层听众的热情参与。

(三)资源整合与联合发展

资源整合有的发生在台内,各个频率资源共享。有的属于跨地域合作,如由十余家音乐电台联办的"全国卫星音乐广播协作网",从单边的个体播出到多边的联合播出,定期或不定期地同步直播,或将几个城市(地区)的活动及节目资源进行相互输送与共享。这对传统的广播文艺节目而言是不可能的事,被业界的专家、学者称为广播的"联合舰队"。

多种资源整合与联合发展的广播文艺,多表现在音乐会及相关的文艺演出活动中,如各种音乐排行榜颁奖晚会等。也有电台之间商定一个主题,如已连续举办多年的"中南六省广播春节大联欢",由各台录制有地方特色的新年节目,在各台交流、展播,从而构成了广播文艺节目新的播出形态。

第二节 广播综艺节目文本写作

广播综艺节目一般包含两大部分：一是综合文艺版块节目，即具体的综艺节目；另一种是文艺晚会。两者在艺术特性和编排技巧上有相通之处，但也有各自的特征。

一、广播综艺节目基本形态

（一）综合文艺版块节目

"综合文艺版块是广播文艺中包括音乐节目、文学节目、戏曲节目和曲艺节目等类别不同、题材不同、形式各异的节目的版块，是各种特色节目的组合展现。其中有主持人的生动串联，有热心听众积极参与，是一种大型广播文艺节目。"[①]由此可知，所谓"综合版块"，一是指版块中包含的文艺节目种类多样；二是指版块中包含的节目的功能具有多样性，如欣赏性、评论性、知识性、服务性等。同时，古今中外、古典流行都汇聚其中，共同形成了文艺的综合盛宴，而这一切都在一个相对固定的节目中。

这类节目时间长短不一，短则半小时，长则两三个小时，现在大多为一个小时，符合听众的收听习惯。通常，版块当中包含一些子节目，如音乐版块中，包括《每周一歌》《音乐人物》《点歌送祝福》等小节目，形成像杂志似的综艺版块。节目通常有主持人串联，采用直播的方式，也有一些听众通过短信、热线等方式参与互动，属于广播播出的常态节目。

（二）文艺晚会

文艺晚会是中国老百姓喜闻乐见的文艺形式，一般包括综艺晚会和专业晚会。前者包含多种艺术形式，给欣赏者以艺术审美上的旨趣，满足受众多方面的需要；后者如音乐晚会、戏曲晚会等，多采用一种文艺形式，凸显其专业性和艺术价值。

二、广播综艺节目文本写作要求

无论是综合文艺版块节目还是文艺晚会，节目文本都是整个节目创作的蓝本。依据广播文艺的特征和功能，我们对广播综艺节目文本写作提出以下要求。

---

① 王雪梅.中国广播文艺广播剧研究[M].北京:北京广播学院出版社,2003:415.

(一)主题突出

主题是文艺晚会的精神,是综艺版块节目的灵魂。有了健康向上、群众热切关注的主题,节目便迈出了成功创作的第一步。主题不突出的综艺节目,只是各种文艺形式的胡乱堆砌,将大大影响其艺术表现力和感染力。

同时,综艺节目必须兼顾各种艺术形式,单独的艺术形式不免有些势单力薄,难以形成强大的艺术影响力。因此,在一个主题统摄下的多种文艺形式应互相配合,各展所长,讲求和谐统一的整体审美效果。如获得第十届中国广播文艺节目专家创优评析常规综艺节目一等奖的《公仆赞》[①],在节目开始,用三句铿锵有力的话直接揭示节目的主题:

他们是共产党员的先进代表
(电影录音:"我是您的儿子,是毛主席派我们看望你来了。""小马,拜托你啦,一切都拜托你啦。")
他们用生命谱写了一首首奉献之歌
(歌曲:为人民服务……人民的儿子……)
人民公仆 时代楷模
(百姓评价:为其他人甘愿舍弃自己的利益……像他那样高尚的话,应该……事迹很感人啊……蛮好的,真正做到了人民公仆……)

随后,以一首配乐诗《人民的儿子》开始,进一步点明主题。诗中写道:

——人民公仆
焦裕禄、孔繁森、郑培民
这是一个个普通共产党员的名字,这是一个个平凡的身影,
他们正是平凡与普通的化身,他们的心永远连着老百姓。
他们是人民的儿子,把一生全都献给了人民。
映照着五星红旗的辉煌,唱着时代的颂歌,
表达的是不变的忠诚!

配乐诗为节目而作,整个节目也是以焦裕禄、孔繁森、郑培民这三个优秀共产党员的形象来讴歌人民公仆的精神,主题在时间和空间上都离听众越来越近。其间插入了电影《焦

---

① 湖南人民广播电台新闻频道制作,主创人员:黄春明、晓荷、何通、杨珺、郭巍。

裕禄》的录音剪辑、音乐情景短剧《孔繁森》和有关郑培民的采访录音,并以《人民的儿子》《公仆赞》《为人民服务》《把一切献给党》等歌曲辅助串联和转接,最终以国家领导人的讲话录音"全心全意为人民服务,是党的根本宗旨,党的一切奋斗和工作,都是为了造福人民"作为结尾,将主题一步步推进并最终升华。各种文艺形式围绕"人民公仆"这个主题,彼此区分又互相联系,突出了广播听觉媒体的传播特性,营造了昂扬、振奋的整体节目氛围。文本串联词通篇都饱含着对人民公仆的歌颂赞扬之情。

(二) 承接巧妙

一档文艺精品节目,除了明确的主题之外,还必须具有整体的美感。广播综艺节目因为文艺形式的多样性,所以容易出现"散乱"的毛病。有了主题,还需要节目文本串联词进行巧妙的衔接,将节目宗旨和目的一步步明确呈现出来,才能最终达到策划阶段的创作意图。

获得中国广播影视大奖"优秀综艺类节目奖"的《木兰说》[①],围绕"花木兰"这个人物形象,运用了南北朝民歌《木兰诗》、音乐情景剧《木兰诗篇》、豫剧《花木兰》、龙江剧《木兰传奇》以及动画片《花木兰》音乐剪辑等多种文艺形式,展现了英勇的木兰替父从军的万丈豪气,当然也有12年隐忍的爱情和最终回归故里的酣畅淋漓。节目承接巧妙,一个有血有肉、栩栩如生的木兰形象由听觉展现出来。如:

> 战场上,人们看到的是木兰的英勇、无畏,却不知木兰本是女儿之身。当木兰的故事流传于河南,这里的百姓给她加了个美丽的姓氏,称作花木兰,一段家喻户晓的《谁说女子不如男》,唱尽巾帼英雄的冲天豪气。
> (出豫剧《花木兰》唱段)
> ……
> 关于木兰,我们其实知道得太少,三百多字的《木兰诗》又岂能诉说木兰的人生? 仅是那不同寻常的12年就让后人有了无穷的思索。有多少个静静的夜晚,我望着无边的黑暗遥问木兰:在那个男人的世界里,12年的光阴,你是如何度过的? 被战火埋没的,除了性别的秘密,除了一个女人美好的青春,难道就没有隐忍的爱情?
> (出龙江剧《木兰传奇》"婚梦"片段)

这样的串联词既把两种文艺形式(豫剧和龙江剧)有机地串联在一起,同时又推进了听

---

① 河南人民广播电台制作,主创人员:赵蕾、杨艳、周倩、聂淑霞。

众对"花木兰"这个人物形象的理解,她不仅英勇无畏,也有女儿家的心事。节目塑造人物形象丰满,内涵丰富。

(三)应时应景

广播综艺节目常常为应时应景而创作。现在国内外有各式各样的节日,频繁的主题庆祝活动不仅体现在商家的营销上,更体现在媒体,尤其是广播这个距离大众最近的声音媒体的节目编排中。比如各地的春节晚会,以"家""团圆"为主题,无论是海外华人的思乡之情,还是农民工返乡的热情,无论是祖国56个民族的大团圆之歌,还是每个社会细胞——小家庭温馨的场景,都在春节晚会这个平台上有机地串联在一起。这就需要广播综艺节目在明确主题的前提下,应时应景,触动听众内心最柔软的角落。

应时应景意味着必须勇于创新,这里有内容上的创新、形式上的创新,语言上的创新,等等。除了遵循广播文艺的共同特点和要求外,广播综艺节目还应该根据作品实际,推陈出新。如在语言上,根据作品内容、形式和目标听众,找到最适合本作品主题的词语和句式。具体来说,编排文学节目时,要注意韵律和谐,有抑扬顿挫的节奏感,使作品荡漾着一种"内在的韵律",体现出文学语言与广播语言相结合的音韵美。

广播综艺节目《"甜蜜蜜"——华语电影爱情对白大奖颁奖盛典》[①],选在七夕佳节这个特殊的日子,从几十部华语电影中抽取出经典的爱情对白,并以"颁奖盛典"的形式逐一展现。节目形式模仿大型颁奖盛典,领奖的却是"剪辑的电影对白"。虽不是真正的颁奖典礼,主持人的语言却完全是颁奖盛典的说辞,与"领奖"的经典对白衔接巧妙、评论到位,给听众身临其境的感觉,同时又幽默搞笑,听来妙趣横生。

三、串联词的形式

广播综艺节目中的串联词是节目的有机组成部分,是主持人与嘉宾、听众交流的重要工具。好的串联词,绝不是简单的"连接词",它能够深化节目内涵,使节目层层推进;好的串联词,绝不是随意的"粘贴话",它不会游离在节目之外,而是与每个单元节目水乳交融、浑然一体、交相辉映。从节目形态需求和具体操作方法看,广播综艺节目中的串联词可以分为报幕式、交流式和介绍式三种。

(一)报幕式

报幕式是最简单的串联词。它的任务就是让听众知道这是哪个频率,正在收听的是什

---

① 郑州人民广播电台制作,主创人员:余哲、田歌、弓盛海、周艳。

么节目,节目的编辑、主持人是谁,在这档节目里将要播送哪些内容,等等。这类串联词多用于过去单一的广播综艺节目汇编,在如今的综艺节目中已不多见。

值得注意的是,在蓬勃发展的类型化音乐电台中,越来越强调"用音乐来说话"的理念。在一小时的节目中,主持人语言被限定在7分钟之内,时间短,但内容又不能仅停留在报歌名上。这就需要文艺编导将报幕式的串联词予以改进并创新,使语言与音乐完美融合。

《"甜蜜蜜"——华语电影爱情对白大奖颁奖盛典》的串联词就非常简练,尤其是颁发各奖项时,免去了传统报幕式的呆板,制作了时尚、动感的片花,既清晰明朗,又营造了一种盛典的庄重感。如:

余　哲:随后我们轻松一下,来听听最可爱的爱情对白。
(片花:"甜蜜蜜"——华语电影爱情对白大奖,最可爱对白奖——《河东狮吼》)
(播《河东狮吼》电影剪辑)
柳月娥:从现在开始,你只许疼我一个人,要宠我,不能骗我,答应我的每一件事都要做到,对我讲的每一句话都要真心,不许欺负我、骂我,要相信我,别人欺负我,你要在第一时间出来帮我。我开心了,你就要陪着我开心,我不开心了,你就要哄我开心,永远都要觉得我是最漂亮的,梦里面也要见到我,在你的心里面只有我,就是这样了。
余　哲:这是中国古典式的"野蛮女友"。好在这部《河东狮吼》的结局是圆满的。但不是每部古装爱情片的主人公都是这样幸运的。
(片花:"甜蜜蜜"——华语电影爱情对白大奖,最古典悲情主义对白奖——《梁祝》)
(播《梁祝》电影剪辑)
祝英台:你为我弹的曲子,山伯,我已经填上了字,写在你给我的信上面:无言到面前,与君分杯水。清中有浓意,流出心底醉。不论冤或缘,默说蝴蝶梦。还你此生此世,今世前世,双双飞过万世千生去。

(二)交流式

交流式串联词的语言像和听众、嘉宾、搭档对话,通过语言产生情感交流,以引起听众对节目的兴趣。它又分作单向交流和双向交流。单向交流,一般是编辑通过揣摩听众的心理,以和听众亲切谈话的口吻写出来的串联词;双向交流,是编辑设计的主持人与嘉宾、搭档面对面的交流,或与听众通过短信、电话等进行交流的串联词。

在具体语言上,采用第二人称拉近与听众的距离;词语大多口语化,便于沟通,贴近听众;往往以自己的感受作为切入点,与听众产生情感交流,唤起真情实感;准确把握听众的心理和接收特点,把话说到听众心坎儿里。也就是说,无论是与嘉宾还是听众交流,都要发自内心。

下面是获得第七届中国广播文艺节目专家创优评析综艺节目三等奖的《电影二人转》①中,一段主持人交流的串联词:

余 哲:不过黑白电影我们印象最深刻的并不是这些年代久远的片子。
程 子:我们生在新社会,长在红旗下,从小都是受革命影片的教育。
余 哲:你还记得小时候你看得最多的电影是哪一部吗?
程 子:当然是《小兵张嘎》。
余 哲:我也一样,片中的种种场景让已经成年的我们记忆犹新。
程 子:听说前些日子《小兵张嘎》又走向了电视荧屏,被拍成了连续剧。
余 哲:是吗?也许他又将成为现在小孩子心中的英雄了。
程 子:不过我们还是怀念当年那个"嘎头嘎脑"的"嘎子哥"。

(播《小兵张嘎》电影剪辑)

节目文本按照"二人转"这种特定的文艺形式来创作,一人一句,话轮转换频繁,但目的性强,直指节目推进的目标——《小兵张嘎》电影剪辑。同时,这种诚挚的交流又会引发听众的情感共鸣,产生审美愉悦。

(三) 介绍式

介绍式串联词是广播综艺节目中最常采用的串联词。它通过介绍作品的主要内容、创作背景、风格特点等把节目引出来。介绍中往往插入与节目相关的文艺发展动态或简要的人物事迹,以扩大信息含量。同时,还可以适当加入对作品的评介或评论,使综艺节目的内容更为丰满,层次更多样。介绍式串联词往往清晰明快、引人入胜。

在《公仆赞》中,伴随着歌曲《走进西藏》,有一段串联词:

西藏高原,这块神奇的土地,远古与现代,苍凉与壮美,贫穷与富饶,竟生生地结合在一起,构成我们这个星球最为神奇的净土。然而高寒缺氧,气候恶劣,而阿里又是西藏最艰苦的地区。那里平均海拔4500米,空气中的含氧量不足海面的一半,最低气温达到零下40多摄氏度。那里更需要像孔繁森这样年富力强的优秀

---

① 郑州人民广播电台制作,主创人员:余哲、程子、海舟、王鹏、许敏学。

干部。自治区领导同志征求孔繁森的意见时,他坚决而干脆地回答:"我是党的干部,服从组织安排。"

随后进入音乐情景短剧《孔繁森》中,孔繁森去阿里赴任,临行前与母亲展开一段对话。这段串联词衔接自然,介绍全面,既为文艺作品做了先行引导,又从客观上刻画了人物形象。

广播综艺节目要特别注意整体性、衔接性、创新性。无论是报幕式、交流式还是介绍式串联词,都是为节目服务的,不要求独立成文,不可生拉硬拽,炫耀自己的文采。同时,在一个综艺版块节目或文艺晚会中,可以运用多种串联词的写作技巧,以达到样式丰富、互相生发的效果。

第三节 广播专题性文艺节目文本写作

专题"是编辑有意识、有目的地就某种题材、某种形式、风格或某一个方面进行标题性的组合、编排、评介、报道、欣赏"[1]。广播专题性文艺节目就是编辑以一定的主题和形式规范对文艺作品进行组合、编排,同时插入评介、报道性内容,或采用听众互动参与的手段,使节目在为人民服务的同时又提升其鉴赏水平、给予其审美感受的一类节目形式。如中央人民广播电台音乐之声的《中国 TOP 排行榜》,是一档专业推荐新歌的音乐排行榜节目;北京人民广播电台交通广播的《车友音乐时空》,是一档在下午 3 点针对驾乘人群制作播出的流行音乐节目。

广播专题性文艺节目具有相对的固定形式和常规性节目内容,就某一期节目来说,往往有一个明确的主题和相对完善的结构性模式。

一、广播专题性文艺节目基本样态

广播专题性文艺节目依据功能的不同,可以分为欣赏性节目、知识性节目、评论性节目、报道性节目、服务性节目等类型。

(一)欣赏性节目

欣赏性专题文艺节目在过去占有很大的比例,它以听觉获得美感为主要目的,如《名曲

---

[1] 张凤铸. 中国广播文艺学[M]. 2 版. 北京:北京广播学院出版社,2000:231.

欣赏》《旋转音乐厅》等节目曾让无数人大饱耳福。以音乐专题节目为例,它一般按照音乐人物或作品的形式、风格、流派来编选节目,也会按照不同历史时期、不同民族或地区来编选作品,还可以按照收听对象来编排。另有一类较为完整地介绍音乐人物或音乐故事的节目,也属于欣赏性专题文艺节目。如北京人民广播电台的《经典音乐故事》之《巴赫:音乐的奉献》,通过赏析巴赫的晚期音乐作品《音乐的奉献》来介绍巴赫的一生。

(二)知识性节目

知识性专题文艺节目是通过广播这个面向社会的空中大课堂,向听众普及文艺知识、提高其文艺技能和鉴赏水平的专题节目。过去制作方法比较单一,现在多用听众参与互动的方式,或采用拟人化的方法将枯燥的文艺知识进行形象化传播。如天津人民广播电台制作的戏曲专题节目《我的名字叫昆曲》,就把昆曲这种戏曲形式的知识介绍变为了拟人化的昆曲的"自我推介",形式活泼、引人入胜。

(三)评论性节目

评论性专题文艺节目虽不像报纸评论那样长篇大论,但是也以精到和巧妙的阐述表达着广播的态度。此类节目一般篇幅都不长,往往针对文学艺术作品、艺术家或创作理念进行评介。评论性节目一般选用听众较熟悉但又不完全了解的作品或人物,找到熟悉且陌生的交叉点,以引起听众的兴趣。同时,这类评论要求文字富有感染力,深入浅出,点评到位,融赏析于评论、评介之中,有一定难度,需要编辑对该艺术门类有深入全面的把握,以及较高的艺术素养和文字能力。目前大多数评论性节目都是借助新闻元素或编辑的主观感受稍加评论,或以话题性关键词引出某些作品,简单加以评论,比较浅显,专业性不强,精品不多。

(四)报道性节目

报道性专题文艺节目主要以报道当前文艺动态、文艺人物及作品的最新情况为主要内容,通常采用新闻体裁的报道形式,如消息、通讯、专访、录音报道等。它与一般新闻性节目既有联系又有区别。联系之处是:首先,新闻要求真实,报道性专题文艺节目报道的人物、事件也必须真实。其次,新闻要求时效性,报道性专题文艺节目对时间的要求虽不如新闻消息那么严格,但也不能相距太远。错过时机,报道价值就会严重受损。二者的区别是,新闻强调新闻价值,报道性专题文艺节目更强调内容的趣味性、新鲜性和欣赏价值。比如,河南人民广播电台制作的音乐专题节目《行进中的力量——在路上的河南原创流行音乐》,就是以大量的河南原创流行歌手访谈、排练现场同期声以及贯穿于各个时期的河南歌手及其代表作品为主要内容,借由河南首张原创流行音乐拼盘《逐鹿中原》发行的新闻事件,一同梳理回顾河南歌手的成长历程,是一个纪实性与艺术性兼具的报道性节目。

(五)服务性节目

服务性专题文艺节目以为听众服务为目的,在娱乐互动中带给听众美的享受。比如教听众唱歌、唱戏,为听众点歌送祝福等。这类节目一般要求语言亲切、对象感强,广泛存在于各类广播媒体中。

除上述提到的节目类型以外,还有配合性、情感性等融合了更多元素的广播专题性文艺节目。配合性节目,如上海文广新闻传媒集团广播综艺部制作的《越剧百年回顾》,广东人民广播电台音乐之声制作的《香港回归十周年系列节目(六)——香港乐坛始终有你》,都是为配合相应的文化活动或新闻宣传而采用文艺表现形式的专题性节目。情感性节目,如北京音乐广播《零点乐话》,采用听众倾诉情感问题与音乐赏析相配合,成为北京音乐广播历史上的经典节目。

二、广播专题性文艺节目文本写作要求

广播专题性文艺节目文本写作,主要是解说的写作。解说应该与作品融合在一起,和作品同等重要并具有鉴赏价值。它既有串联节目的作用,还能够对作品进行深入的评介,渲染收听和审美氛围,甚至辅助塑造人物形象。因此,广播专题性文艺节目文本写作要比串联词写作付出更多的创造性劳动。但无论哪一类广播专题性文艺节目,其文本写作的基本要求是一致的。

(一)主题新颖突出

广播专题性文艺节目的主题决定着节目的成败。主题的方向性规定了节目的导向;主题的创新性决定了节目在原作品基础上创造的新的艺术价值;主题的突出性不仅影响编创人员的创作理念,而且直接关系到受众接收信息、进行审美的难易程度。因此,广播专题性文艺节目从编创之初就必须明确主题,且通过提炼、挖掘,使主题新颖突出。文本写作要紧扣主题,从多侧面表现主题。

金陵之声广播电台的《古韵新声忆江南——评弹演唱的唐宋诗词欣赏》荣获"中国彩虹奖"对外广播文艺节目一等奖。在谈及节目创作体会时,对于如何从一场两个小时的舞台演出变为一档30分钟的专题性文艺节目,如何从十多首由唐诗宋词改编的评弹作品中精选提炼出引发人们共鸣的思乡主题,主创人员的思考和总结给人以启发:

在反复观看演出录像,研读改编演出的唐宋诗词,并请来东南大学文学院王

步高教授对诗词意蕴进行深入讲解后,我们发现古人在对江南的吟咏中,虽然有的表现改朝易代的凄凉,有的表现有情人不能终成眷属的幽怨,但大多数作品往往带有浓郁的思乡怀亲之情。不论是"能不忆江南"的白居易,还是疑惑于"春风又绿江南岸,明月何时照我还"的王安石,抑或是期盼"但愿人长久,千里共婵娟"的苏东坡,在他们的心中,江南已不单单是指长江以南江浙一带这种地域概念,很大程度上,江南成了永远的故乡的代名词。于是,我们以此为线索,挖掘下去,在十多首作品中选取了蕴含思乡怀亲主题的《忆江南》《泊船瓜洲》《游子吟》《菩萨蛮》《水调歌头》,并通过对诗词人的生平及其写作诗词时境况的描述和专家点评强化了这一主题。从第一首《忆江南》中"江南好,风景旧曾谙"开始,到最后一首《水调歌头》中"但愿人长久,千里共婵娟"结束,整个节目以一篇篇评弹演唱表现了白居易对苏杭一带的深深眷恋、王安石对古城南京的浓厚感情、孟郊对年迈母亲的离愁别绪、苏东坡对弟弟苏辙的骨肉亲情……组成了思乡怀亲的"情感长廊",给人以强烈的心灵震撼和无限的思索,产生了蕴含持久的美学效果。[①]

正因为有这样提炼与表现主题的过程,我们听《古韵新声忆江南——评弹演唱的唐宋诗词欣赏》这个节目时,才会在悠扬流转的评弹与舒缓的诗词朗诵中,一下子体会到那种浓到化不开的思乡情结。在对外播出的节目中,更升华了海外华人的怀乡情绪。这种突出的主题不能不说在最初就奠定了节目成功的基石。

(二)语言准确清晰

广播专题性文艺节目的解说,在语言上要求准确清晰。准确,是指相关作品、人物等信息准确真实;清晰,是指文本意思表述清楚,在介绍文艺作品时层次清晰、角度丰富,文字中表露的态度与情感鲜明。尤其是在知识性比较强的节目中,解说还要注意"炼字",遣词造句精到,议论、抒情分寸得当,表述恰当。特别是判断性语言和总结性语言,一定要恰如其分,不能随意拔高或者贬损,当然更忌讳空泛、油滑。另外,节目的标题用词也不能过大过高。

获得第十届中国广播文艺节目专家创优评析常规音乐节目三等奖的《古典也流行——盘点改编成流行音乐的世界名曲》[②],就在流行音乐的娱乐时尚与古典音乐的严谨端庄之间找到了平衡,遣词造句十分到位。

---

① 杜汝淼,刘佳,黄晓曦. 精品节目的审美追求——《古韵新声忆江南》的创作理念[J]. 视听界,2003(6):62-64.
② 郑州人民广播电台制作,主创人员:孙鹏飞、弓盛海、孙燕、胡萌勃。

从粤语到国语,从香港到内地,张学友真正成了全球华人心目中的歌神。同时,在电影方面,张学友秉持了一贯的小人物配角出演,1993年他参演了由王家卫监制、刘镇伟执导拍摄的无厘头喜剧片《东成西就》。整个故事情节可以说是完全颠覆传统,被解构得天马行空,称得上是一部极端无厘头的搞笑片。在影片中,张学友出演了说着山东话的北丐洪七公,其中演唱的这首插曲《我爱你》,为影片增色不少。

(播张学友歌曲《我爱你》)

这是今天上场的第一位"音乐混血儿",歌神张学友搞笑演唱《我爱你》。这首歌原曲的名称为《威廉·退尔》序曲,作者是19世纪上半叶意大利著名歌剧作曲家罗西尼。

《威廉·退尔》是德国伟大的诗人和戏剧作家席勒的最后一部重要剧作,这部作品以13世纪瑞士农民团结起来反抗奥地利暴政的故事为题材,歌颂了瑞士人民反抗异族压迫、争取民族独立的英勇斗争精神。罗西尼的歌剧《威廉·退尔》就是根据这部作品写的,为罗西尼的代表作,展现了他艺术的最高峰。

(播《威廉·退尔》序曲)

意大利著名的歌剧演员、导演蒂托·戈比于20世纪80年代在他写的《意大利歌剧的世界》一书中对这部歌剧作出了很高的历史评价:"可以说,罗西尼的《威廉·退尔》给18世纪画了个句号,而向着浪漫主义的情节剧敞开了大门。他在实践中表现出令人意料不到的革新意图。"

文本从极具娱乐元素的电影插曲《我爱你》入手,给听众以亲近感,随后过渡到《威廉·退尔》序曲,相似的旋律一下子拉近了流行音乐与世界名曲的距离。而此时对于《威廉·退尔》的介绍,从席勒的著名剧作到罗西尼的歌剧,意思清楚,过渡自然,同时又加入了歌剧演员的评论,让这个解说层次丰满而深刻。将古典音乐知识就这样悄悄地融入大众通俗节目当中,对于普通听众来说,是不可多得的文化普及。

(三)情感丰富动人

广播专题性文艺节目要以优秀的作品鼓舞人、感染人,因此,情感在节目中占据着重要的位置。除了文艺作品本身的表情作用外,解说中运用的叙述、描述、议论,都是为了表情,为了集中且巧妙地触动听众的情感,使听众受到感染,有所收获。这种情感绝不是无源之水,它来源于原有的文艺作品,但又经过再次酝酿与沉淀,表达手法上也更丰富。需要注意的是,主持人本身先要为之感动,才可能通过解说去更直接和有计划地感染听众。

比如,获得第九届中国广播文艺节目专家创优评析常规音乐节目三等奖的《行进中的力量——在路上的河南原创流行音乐》①,看似只是一个报道性的音乐专题节目,却洋溢着一种激励人奋进的情感,那就是梦想的力量。

  颜 路:用一种更加平静的目光关注今天的河南原创流行音乐,你会发现这些辛勤的音乐人,他们可能不是最优秀和最成熟的,但他们却是认真和执着的,这种执着令我们感动。他们关于音乐之路的探索似乎也从未停止过!2005年初,河南原创流行音乐俱乐部成立了。
  (李琦采访录音)
  颜 路:这是河南原创音乐俱乐部的发起人,来自郑州痱子乐队的主唱兼吉他手李琦。采访李琦,是在一个雨天的下午,天很冷,某商场地下二层,一间录音室内,痱子乐队正在排练他们的新作品。
  (排练作品同期声)
  因为对即将到来的演出曲目风格的选择持不同意见,乐队的几位成员争论得非常激烈。
  (乐队成员争论同期声)
  颜 路:可以感觉到他们的彷徨,也可以感觉到他们敢于用音乐表达自己真正的思想。
  我和李琦约定了另外的时间接受采访,听他平静地跟我说起他坚持了10年的河南原创流行音乐。
  (李琦采访录音)
  颜 路:从豫A乐队,到痱子乐队,做了这么多年,李琦是坚持最久的。他说他对于音乐的态度就像他们的一首作品《活着》一样乐观。
  (播《活着》副歌部分)
  "我们必须活着,我们辛苦地工作,我们好好地笑着!"

直抒胸臆的语言,给人以明确的情感态度;运用采访嘉宾的语言,唤起有过同样经历的听众的共鸣,校园歌手的创作经历一下子就让人想起自己的大学时光,在大学中为了梦想而奋斗的时光,恰好应和了节目的情感主线。乐队排练的场景,虽然没有实质性的语言信息,但让听众感到了原创音乐人的生存与思想冲突,更深刻地反映了节目表达的"行进在路上"的情感内涵。

---

① 河南人民广播电台制作,主创人员:马红岩、张建功、杨树峰、李海军。

(四)情境引人入胜

广播专题性文艺节目重在表情。这个"情",不仅有情感,还有情境。文艺作品所营造的情境与文艺作品本身的内容不可分割。广播专题性文艺节目的解说营造的情境,是帮助听众更好地感受作品,绝不是为了营造而营造。它与文艺作品本身协调融合,共同带给听众一种美的意蕴,这是节目情境创作的要旨。

在《唯美 深厚——聆听三宝电影音乐》中,主持人以动情的口吻带领听众随着三宝的音乐回忆起电影中的情境,使听众更深刻地感受到音乐饱含的意蕴。

> 聆听三宝音乐,解读三宝
> (播《我的父亲母亲》电影剪辑+音乐)
> 初恋的回忆,是人生中最美妙的感觉。当我们听年迈的母亲讲述梦系魂牵的初恋时,体味到的不仅是初恋情怀的凄美动人,还有对美妙人生的执着追求。在电影《我的父亲母亲》中,三宝运用唯美的音乐印象勾勒出故事的轮廓。母亲招娣和父亲骆老师浪漫而又传统地相爱了40年,他们相濡以沫,心心相印。骆老师的葬礼结束后,年迈的招娣在悲恸中又听到了世界上最好听的声音,那是骆老师自编的《识字歌》。教室里,儿子骆玉生像当年的骆老师一样,以淳朴、清朗、穿越时空的声音在教孩子们读书。顿时,招娣眼前又出现了自己年轻时穿着碎花红袄雀跃在让她走不完初恋的那一条小路上。悠扬的乐曲中深情的笛声仿佛触到了人们心灵深处最柔软的部分,空灵缥缈的女声吟唱让我们想起了自己甜蜜而又青涩的初恋。
> (音乐扬起)
> ……
> 来自美丽大草原的三宝似乎是为音乐而生的,大草原就是他心灵的故乡。他的每一个音符里都渗透着草原内敛、沉默、坚毅、宽容的性格。
> (播电影《天上草原》音乐)
> 电影《天上草原》讲述的是草原人家的生活琐事。三宝用音乐让我们感受到了蒙古包里温暖的炉火、阿妈手里滚烫的奶茶,还有雨后草原天空的清新明亮。一切都好像在孩子的眼里似懂非懂,好像隔着雨雾中的玻璃看世界,清新而懵懂。
> (音乐扬起)

文本以三宝创作的电影音乐为背景,描述了电影中的一些画面,更重要的是通过描述将听众带入了一种唯美而深厚的意境。无论是初恋的青涩回忆,还是大草原的广袤与清新,都让听众在语言营造的情境中更深刻地理解音乐,感受三宝的创作特色,形成了愉悦的审美体验。

三、解说词写作

广播专题性文艺节目的解说分为作品解析、介绍性解说和剪辑解说。① 主持人一般都按照解说词进行播讲,但在一些文艺谈话专题节目中,主持人与嘉宾会以更口语化的方式把解说词"聊"出来。无论哪一种,解说都是广播专题性文艺节目重要的组成部分,按照不同节目的要求,解说词的内容与形式在写作上又各有技巧。

(一)作品解析和介绍性解说

作品解析和介绍性解说都是通过对作品进行解析、介绍,帮助听众深入理解作品,更好地欣赏作品。它们既有知识性的文艺常识普及,又有报道性的文艺界最新动态,还有相关的评论。解说用自身的艺术感染力使听众循着解说的步伐展开联想和想象,进行审美的再创造。两者的区别主要在介绍对象的不同。作品解析一般用于某些特定的作品,介绍性解说适用的范围更大些。

1. 与原作融为一体

无论是作品解析还是介绍性解说,都是从作品出发,为作品服务的,既粘连相关作品,又必须将自己融入其中,经得起艺术推敲和鉴赏,在整体风格上与原作品相辅相成。比如,在《古韵新声忆江南——评弹演唱的唐宋诗词欣赏》中,就有满溢着悠扬、典雅而颇具江南情韵的句子:

> 如果我们把苏州评弹喻作一湾清水,把唐诗宋词吟诵江南的千古绝唱喻作一叶兰舟,那么水载兰舟就构成了一幅勾连古今、寻觅江南之梦的风情画廊。
>
> 俗话说,山与山只能相望,水与水却能相连。中国传统的唐诗宋词与苏州评弹这两门数百年间相互遥望的文学和说唱艺术,如今如一泓清澈的流水,千回百转,欢畅地流淌在一起。
>
> 宁静的午后或清爽的夜晚,走入老苏州临街或深巷中的书场,选一个舒适座位,沏一壶茶,便沉醉在评弹故事的延续之中了……

"锤文炼字,采用散文化的语言,用简洁的文字勾勒线条,用优雅的词语描绘画面,既和

---

① 张凤铸.中国广播文艺学[M].2版.北京:北京广播学院出版社,2000:193.

诗词、评弹这些优美的文学艺术作品相契合,同时也营造出了一种悠扬、流畅、韵味十足的整体美、个性美。其中,句式的选择是产生语言美感的另一个重要环节,长句、短句、整句、散句的交替使用最能展现语言的节奏美、韵律美。"①这也恰好与平仄相间、韵律分明的唐诗宋词相映成趣,整个节目风格和谐统一。

2. 诱导听众进入情境

如前文所述,好的介绍性解说能将听众带入作品与节目营造的情境当中,使之展开想象与联想,进行审美的再创造。有些以情景的描述,有些以含蓄的抒情,有些以对象性的引导,有些通过与原作品及音乐、音响的配合来营造一种氛围。

曾获中国广播文艺节目专家创优评析曲艺节目一等奖的《悠扬吆喝市井情》②,以主持人与研究民俗文化的相声演员余文光聊天的方式,将留在人们童年记忆里的市井"吆喝"通过电波重新发出,让人们回忆起那些韵味非凡的叫卖声,想起大杂院、小胡同里的生活,并挖掘出这种渗透着民俗文化的"吆喝"的人文价值。

余文光(吆喝):"下周电视报啊,谁要卫生纸?"

张 明:这种吆喝挺多的,不过要是听惯了这种商业性的叫卖,就特别怀念您刚才给我们演绎的那种原汁原味的货声,而在相声的段子中有不少就记录了这个,比较典型的是北京吆喝声。我们一起来听一段北京的货声。

【出录音(侯宝林相声《改行》):"香菜辣青椒,洋葱嫩芹菜呀,茄子黄瓜架冬瓜卖大海茄。卖萝卜,红萝卜扁萝卜嫩芽的香椿啊,蒜儿来好韭菜——"】

张 明(压混):听众朋友,其实叫卖声不仅像是一段段美妙的乐章,有不少吆喝早已经变成了歌曲,刘欢有一首《磨刀老头》的歌曲,里边就有磨剪子锵菜刀的吆喝声。

【出录音(刘欢《磨刀老头》):"磨剪子嘞——锵菜刀,磨剪子嘞——锵菜刀"】(歌曲压混)

余文光(吆喝):"磨剪子啦——锵菜刀——"

张 明:这和刘欢歌里的吆喝还是有差别的。

余文光:这是咱们河南磨刀的声音。磨剪子锵菜刀,咱们河南跟广大北方的其他城市都一样,也是一个人扛着一个木板凳走街串巷,叫卖声苍劲有力,势如破竹,那个"磨"跟那个"锵"字就非同凡响,用的是牙齿间迸发出来的力量,像我们曲艺演员那种喷口(吆喝)"磨剪子啦——锵菜刀"。

---

① 杜汝淼,刘佳,黄晓曦.精品节目的审美追求——《古韵新声忆江南》的创作理念[J].视听界,2003(6):64.
② 郑州人民广播电台制作,主创人员:张明磊、刘悦、成红、赵晓莉、刘平。

张　明：很有穿透力。这样的吆喝声和街头可以听到的收购旧货的吆喝声，风格倒是挺像的。

余文光：收破烂这种吆喝发声都比较沙哑，颤音多，透露出在夹缝中生活的苍凉和无奈。

主持人与嘉宾先从现实的商业性叫卖引出颇有韵味的传统相声，让听众感受北京的"货声"，接着具体到一种叫卖——磨刀，相声演员边"吆喝"边描述过去磨刀人行走街巷的场景，最后又将这种"吆喝"上升到一种具有人文色彩、反映社会底层人民生活情态的意蕴中，环环相扣，一步步将听众带入传统"吆喝"的回忆中。

3. 适应不同听众

介绍性解说词的写作，一定要考虑是什么样的人在听节目，即把握受众特征。受众的年龄、职业、兴趣爱好、接收方式等都是作者要思考并渗入文本写作过程中的。比如，戏曲节目的解说词大多针对年长的收听群体，比较直白简单，叙述性较强；流行音乐节目的解说词往往针对年轻人，乐评犀利，语言节奏感强，叙述和感受的内容贴近年轻人的生活。

比如，广东台曾有一档节目叫《音乐水晶宫》，获得了第一届中国广播文艺奖一等奖。因为它是一档儿童节目，所以在文本写作上，处处充满着孩子们所特有的情趣，字里行间照顾着儿童的接受心理。如：

现在我们来欣赏中央乐团少年及女子合唱团演唱的一首土家族民歌《咚咚喹》。"咚咚喹"是什么？"咚咚喹"是土家族的一种吹奏乐器，不过这首歌可不是说这件乐器，而是表现土家族人民在佳节之际，吹起咚咚喹，打起溜子，跳起来，唱起来的欢乐情景。①

这些语言方式都是儿童喜爱或易于接受的。如果受众是成年人，则可以增加更多的信息量，对专业问题的介绍更加具有知识性，在表述上更有针对性。

4. 结合地域特征

广播专题性文艺节目一般都带有明显的本地特色，尤其是在戏曲、曲艺等方面。因此，作者在文本创作中，也要结合地域特征，说老百姓耳熟能详、亲切舒坦的话。但这绝不是满纸"方言俚语"，而是更多地从文化贴近、情绪贴近上下功夫。一位资深广播文艺工作者在总结创作经验时，特别提到了这一点：

---

① 王雪梅.中国广播文艺广播剧研究[M].北京：北京广播学院出版社，2003：426.

凡是与辽宁有关的人物、事件,现实的、历史的,我们都要关注。也就是说,我们不但要放眼全国,更要立足本地。辽宁有着自己独特的地理区位、独特的历史背景、独特的文化,包括东北人的性格特征,这就是我们常说的地域特色。我们生活在其中,更应该了解、关注这块土地。因为艺术是相通的,独特的风土人情积淀了几百年甚至上千年不同地域劳动者集体生活的文化情感,这种情感的提炼升华构成了风格独特的地方艺术。从这个意义上讲,地域特色越浓郁,艺术特性越鲜明,其艺术审美价值也就越高。2001年,由我编辑创作的曲艺专题节目《乡土乡情话乡音——话说东北二人转》获得中国广播文艺奖一等奖。节目通过介绍二人转的起源、成长、流传,把二人转的艺术特点及如何为广大群众喜闻乐见的原因说出来,展现了黑土地艺术的独特魅力,因而受到评委的好评。所以,突出地域特色,以独特性反映普遍性,不失为广播文艺节目创优的捷径。①

浓郁的地域特征尤其体现在语言上,更容易引起听众的情感共鸣。郑州人民广播电台的《悠扬吆喝市井情》播出期间,就吸引了大量听众参与,节目重播多次依然魅力不减,还有听众把节目专门录下来寄给海外的亲人听,让他们体会浓浓的乡情。

(二) 剪辑解说

剪辑性节目通常是把电影、电视剧、话剧、歌剧、戏曲等按照文艺编导的创作思路进行剪接编辑的二度创作,这种剪辑不是在影视剧作品拍摄完成后对素材进行剪接,而是蕴含着文艺编导对作品的主观感受与明确的传播目的的再创造。剪辑可以对相关情节进行删减,可以调整叙事顺序,但前提都是要忠于原作品,不可随意改变原作品的主题与风格。

编制录音剪辑节目,编辑需要付出更多创造性的劳动,进行艺术加工,而最能体现加工艺术性的就是编写解说词。剪辑解说可以使电影、电视剧、话剧、歌剧、戏曲等综合艺术转化为以"听觉"为主要表现形式的录音剪辑艺术。在一个录音剪辑节目中,解说词写得如何,将直接影响节目的艺术价值。"解说不是缝补影剧录音素材的针和线,它应成为展现情节、表现人物的艺术手段,它与影视剧录音素材巧妙结合,给人以完整统一的艺术形象,使节目富有艺术感染力。"②

由于各种艺术形式表情达意的手段不尽相同,剪辑解说的写作在技巧上各具特色,但也有一些共同的规律和要求。

---

① 傅长春.广播文艺节目创优选题四要素[J].东南传播,2006(5):70-71.
② 张凤铸.中国广播文艺学[M].2版.北京:北京广播学院出版社,2000:194.

1. 与原作品风格一致

剪辑解说是整个录音剪辑节目的有机组成部分，因此解说与原作品风格要吻合，协调统一。这就要求编辑首先把握准确原作品的风格。比如，电影剪辑，影片是正剧，解说语言就不能太诙谐；影片是喜剧，解说语言就要风趣幽默。在"喜剧"这个大类中还要具体区分，是近乎"闹剧"还是偏于幽默，是喜中带泪还是轻松搞笑，是讽刺的还是歌颂的。这些都要细心揣摩，区分准确。只有这样才不会因为解说词与原作品风格不协调而影响录音剪辑节目的艺术效果。另外，解说中外剧作录音剪辑的语言风格也不尽相同，关键还是要依据原作品，达到协调一致为好。

2. 巧妙推进剧情

录音剪辑中，解说起着推动情节发展的作用。比如，电影剪辑中，解说主要用来表现情节的起承转合，话剧、戏曲等舞台剧目表演中，解说主要是"入戏"和"转场"的载体。因此，剪辑解说要利用好原作品的录音素材，重在展开情节，推进剧情发展。

3. 着力塑造人物

人物形象的突出，是录音剪辑成功的关键。无论是影视剧作品还是话剧、戏曲等舞台剧目，具有特征性的人物形象都是观众能够第一时间把握作品的捷径。录音剪辑更是如此。当画面缺失，人们仅靠听觉来感受一部作品时，鲜活的人物形象就像作品的坐标点一样，清晰而可感。

剪辑解说中，塑造人物形象，可以从细节描写、肖像描写、心理描写等入手，着重揭示人物的风貌和特征，显示出人物外在行动所包含的内在的东西，以"人"写事，表现出故事的主题思想。这就需要借助于富有感情色彩和文学性的剪辑语言直接打动听众的心。同时，要特别注意人物的第一次出场。这个人物出场时是否有性格、有特征，让听众未见其人而先知其人，解说起着重要作用。它要用艺术的语言抓住人物性格中最主要的东西给听众以深刻的印象。

4. 选择适当人称

由于解说在录音剪辑节目中所处的位置十分重要，因此，采用哪种人称来解说是理顺人物关系和明确情节发展的关键。在剪辑解说中，一般采用第三人称或第一人称。

第三人称，是故事的解说者、旁观者。他以一个熟悉故事发展的第三者身份出现，叙述情节变化，引领听众一步步认识剧中的人物。他虽然是一个自由的讲述者，但并非冷眼旁观，而是蕴含了感情与态度的讲述。这是剪辑解说人称选择中最常见的一种。

第一人称，"我"既是故事的主要人物，又是故事的讲述者。"我"以"我"的身份，叙述"我"的经历。运用第一人称容易给人以亲切感，也方便说出人物（"我"这个角色）的内心独白,有助于更加深刻地挖掘人物内心情感变化过程,塑造人物形象。在着重描述人物内心世界的片目中,运用第一人称解说往往能收到较好的效果。但运用第一人称也有它的不足,就是"我"这个角色必须是贯穿整个故事始终的重要角色,凡是不能亲自目睹或耳闻的事情,"我"就不能表述。所以,在人物众多、人物关系复杂的作品中,运用第一人称解说就比较困难。

除了运用第三人称和第一人称外,还有一种特殊的"三种人称交替变换"方式。这种方式以第三人称为基础,在情节当中根据情况来变换口吻。有时候以第二人称出现——解说者直接对剧中人物说话,有时候又以第一人称出现——说自己要说、想说的话,但终究还是要回到第三人称上来。

剪辑解说采用哪种人称方式要根据具体的剧目来决定,根本目的是为了推动情节发展、塑造人物形象。第三人称要引导听众"渐入佳境",第一人称要充分发挥便于抒发内心情感的长处,把自我的内心状态描述得细腻感人。同时,采用第一人称要特别注意与周围环境、剧中其他人物的关系表达贴切,合情合理。

5. 写好开头结尾

文学创作一般都讲究"凤头、猪肚、豹尾",录音剪辑解说更是如此。它在对剧目重新剪辑编排的过程中,要更明晰地让听众领会剧目本身的情节发展、人物形象和艺术价值。好的开头引人入胜,充实的内容环环相扣,精彩的结尾令人回味无穷。因此,写好开头和结尾是剪辑解说的重要技巧。同时,影视剧等录音素材的结构并不完全就是录音剪辑节目的结构,后者需要通过文艺编导的二度创作来完成。所以,录音剪辑节目的开头和结尾也就与原作品不尽相同。特别要注意的是,录音剪辑节目开头、结尾的处理要立足于广播,从"听"的效果来写作。

开头的写作手法一般有以下几种:一是直截了当地介绍时间、地点、人物,引出故事;二是设计带有悬念的开头;三是从介绍主要人物入手,这样不仅可以使听众对人物形象印象深刻,而且便于听众理清人物关系;四是以"点题"的方式开头,开始就点明主题,一般用在题材重大、主题严肃、含义深刻的作品中,采用富有哲理性的语言,帮助听众理解故事的思想性;五是从"解题"入手,抓住影视剧或其他录音素材剧目的题目做文章,引人入胜;六是渲染时代背景,这样不仅可以帮助听众了解故事发生的年代、社会环境,而且也能将故事本身渲染得更有气氛,从而引起听众的关注。

解说结尾的创作手法不像开头那样多变,但要做到意蕴回味无穷,还是需要在把握原作品的基础上,认真锤文炼字。

6. 讲求精练

录音剪辑节目中,原作品的录音素材毫无疑问是节目的主要内容,解说是将这些素材有机地统合在一起,更精细、更集中地展现故事情节。因此,解说不可长篇大论、拖沓冗长,而是应该讲求精练,一语中的。

解说要做到精练,可以从以下两方面入手:一是多采用白描的手法;二是尽量巧妙回避事务性的交代,避免情节转场时,把时间、地点、人物等必须交代清楚的内容简单直白地罗列出来。所谓"精练",不单单指字数少,更重要的是简短却耐人寻味。

7. 富有感情

录音剪辑节目作为广播文艺的一种形式,要以"情"感人,使听众在"听"电影、"听"话剧、"听"歌剧的过程中,汲取作品的情感与意蕴。这种情感既包括原作品本身的情感,也包括剪辑解说中揭示的情感。因此,剪辑解说写作应该力求感情饱满。

但是,动情感人,并不是随意铺陈,而要在讲求精练的原则下,尽量节约笔墨,使听众充分领略、欣赏剧中的音乐、唱段,从而联想和感受到剧中人物的内在心理。这就应该寻找解说中的"关键时刻",将剧中的"情"巧妙地揭示出来,制造"动情点"。

戏曲故事《新木兰传奇》中就有这样的点睛之笔。在决战前夕,金勇有一段向木兰示爱的对白(解说采用第一人称,即木兰就是解说者):

金 勇:花将军,我有话对你说!
木 兰:不,现在不要说!
金 勇:我非说不可!
木 兰:金将军,你喝酒了?
金 勇:我是喝酒了,此番决战九死一生,万一不测,你我岂不终生遗憾?
[接下来,金勇哥斟满一杯酒(倒酒声),来到我的面前,我至今还记得当时他那如炬的目光,那是我期待了十年的目光啊!那目光里充满了期待,装满了勇气,浸透着爱怜,折射出光环……]
(金勇哥终于开口了……)
金 勇:木兰,我要娶你!
木 兰:金勇哥!
(我没有听错吧?我的金勇哥真的说他要娶我?对于一个普通的女儿家可能轻易就能听到的一句话,我木兰12年来从来不敢奢望!而今天,我的爱终于有了回报!我真的不敢相信眼前的一切,泪水像断了线的珠子一样倾泻出来……)

这两段解说以木兰的心理活动为素材,通过木兰的所见所感,让听众与她一起感受金勇表白的热情与坚定,假扮男装却依然渴望爱情的女儿家心事在这里被惟妙惟肖地表现出来。就是这种从渴望与惊喜到欣慰的情感变化,将一个不同于过去传统的有血有肉的木兰形象呈现给听众,令听众可感可亲,这就是解说"以情动人"的魅力了。

广播专题性文艺节目解说词的写作,无论是作品解析、介绍性解说还是剪辑解说,在节目中都承担着介绍作品、帮助欣赏的任务。这类节目文本解说词相对于综合文艺节目的串联词来说,文学性更强。但除了作品解析可以独立成篇外,介绍性解说和剪辑解说都不能脱离原作品而存在。因此,在具体创作过程中,作者要灵活运用各种作品文本自带的特征性创作技巧,使解说生动到位,引人入胜。

思考题:
1. 广播文艺节目有哪些特点?
2. 简述广播文艺节目的分类。
3. 结合具体节目,谈谈广播专题性文艺节目文本写作要求。

第四章 电视综艺节目文本写作

电视综艺节目即电视上播出的综合性文艺节目。它根据节目主题需要或节目宗旨的规定,运用艺术和电视手段将多种不同艺术体裁的单个节目进行有机的组合,成为"一台"完整的电视文艺节目。电视综艺节目是通过电视的二度创作完成的。其"二度创作",首先是节目台本的写作。电视综艺节目体现了一个国家电视传媒业的发展状况,与严肃的新闻节目比较,综艺节目的更新频率和淘汰速度要快很多,竞争也越来越激烈。

第一节 电视综艺节目概述

一、电视综艺节目源流

最早的综艺节目在美国诞生。20世纪50年代美国的NBC(全国广播公司)开辟了大型广播节目 MONITOR。该节目包括爵士乐、新闻、人物专访、书评与赞美诗等,让观众倍感新鲜,引起轰动效应。"于是许多电视工作者纷纷借鉴效仿,网罗娱乐艺术界的明星,将他们的表演用各种形式组合在一起,加以串联、解说、包装,在电视中推出了综合文艺节目。"[①]

1948年6月,美国NBC与CBS(哥伦比亚广播公司)相继推出两个具有开创意义的综艺节目《德克萨克明星剧院》与《城中明星》。这两个节目分别由弥尔顿·伯尔勒与艾德·沙利文主持。他们借鉴广播电台开办娱乐节目的经验,形成了一个不同于舞台表演的、带有杂耍风格的相对完整的电视节目。这就是今天在全世界广泛传播的电视综艺节目的雏形。观众对这一新的娱乐方式的喜爱甚至超过了舞台形式的表演。于是这种节目形式在

---

① 张凤铸.中国电视文艺学[M].北京:中国传媒大学出版社,2005:380.

世界各地迅速发展起来,成为广受观众欢迎的电视节目样式。

中国电视综艺节目集中于文艺表演方面,将音乐、舞蹈、短剧、戏曲、杂技、魔术、武术、相声等多种艺术表演形式融为一体,能够满足观众多方面的审美需求。20世纪90年代,央视的《综艺大观》《正大综艺》,地方台如湖南卫视的《快乐大本营》等,堪称中国早期综艺节目的代表。自2010年起,国内开始大量引入海外电视节目模式,出现了《中国达人秀》《中国好声音》《爸爸去哪儿》《奔跑吧》等多档综艺节目,验证了成熟版权模式的力量与价值,成为一时风潮。

近年来,原创性文化节目全面发力,成为国内电视综艺节目领域最大的亮点。央视的《朗读者》《国家宝藏》《中国诗词大会》《经典咏流传》等传统文化节目在众多综艺节目中脱颖而出。这些节目通过独具特色的创意,唤起观众对中华民族传统文化的记忆,一经播出就成为现象级节目。

如今,互联网综艺节目也逐渐崭露头角。它脱胎于传统电视综艺节目,依托互联网进行创作与传播,是一种新兴的综艺形式。反过来,互联网综艺节目又影响了电视综艺的节目形态和传播方式。在融媒体时代,电视媒体考虑到不同受众的观看习惯,摒弃单一的传播方式,和互联网媒体展开合作,利用多重渠道创新综艺节目的内容与播出方式,把平面化传播上升为立体化传播。

例如2018年11月播出的大型文化类综艺节目《上新了·故宫》,在北京卫视和网络媒体爱奇艺同步播出,观众可通过各种数码产品收看节目,还可以边看边讨论,用"弹幕"来发表自己的观点。该节目还同今日头条App合作,观众在收看节目的同时,可以通过今日头条App在国风频道设置的"故宫定制专区"开展后期的互动活动,如创意投稿、文创投票等。联合多种传播渠道的做法有效地提高了节目的收视率和知名度。

2021年河南卫视春晚的舞蹈节目《唐宫夜宴》,分5小段,讲述了1300多年前的一个晚上,唐高宗李治和武则天在洛阳上阳宫设宴,一群体态丰腴的小姑娘叽叽喳喳地去赴宴表演途中发生的趣事。14名舞蹈演员、14位活泼灵动的"唐朝少女",用婀娜多姿、秀逸韵致的舞姿将大唐盛世的传统文化形象完美地呈现在舞台上,让观众在欣赏盛唐别样丰腴审美风姿的同时,感受到中华厚重的历史和文化。一场唐朝少女的"博物馆奇妙夜",吸引人的是故事,打动人的是情感。节目用现代声光电等舞台艺术赋予曾经的美好以新的面貌和精气神,现实和虚拟交织,情感和文化交融,栩栩如生,美轮美奂,节目播出后迅速登上微博热搜。

二、电视综艺节目的类型

从宏观角度来看,电视综艺节目可分为两大类:电视综艺晚会和电视综艺栏目。它们在节目的特点、受众的心理、对主持人的要求等各个方面都不尽相同。

(一) 电视综艺晚会

电视综艺晚会,就是通过电视化手段的处理,对各种文艺节目进行再创作,经过节目主持人的组织与串联,将文艺与娱乐融为一体,给观众审美享受的电视节目形态。它的重要特征就是兼容性与有机性,集欣赏、娱乐、知识、信息、审美于一体,又不等同于单个节目在艺术审美特征上的机械性的相加。观点在电视机前欣赏晚会的时候,犹如身临其境,感受进行中的现场气氛,从而产生独特的审美感受。

按照电视综艺晚会的特点,大体可以分为节庆类晚会、主题类晚会、行业类晚会三种。当然随着电视节目的发展,也出现了一些新型的晚会,但这三种是时下电视综艺晚会的主要类型。

1. 节庆类晚会

节庆类晚会是为重大事件、重要时刻、各种节日而举办的综艺晚会。包括各种政治性、历史性、民俗性的庆典,如每年的"七一"、"十一"、元旦、春节、元宵节、中秋节晚会,香港回归、澳门回归晚会等。其中著名的有中央电视台《庆祝香港回归祖国二十周年文艺晚会》,庆祝中华人民共和国成立 70 周年文艺晚会《奋斗吧 中华儿女》以及每年的央视春晚,等等。

节庆类晚会的基调多为欢乐、祥和、喜庆,主题积极向上,多采用现场直播的方式进行。这类晚会用舞美手段布置特定的环境,使其具有庄严感,或使人产生特定的联想,在节目内容的处理上设置既定的节目程序,在节目的过程中让参与者与观众共同感受特定的气氛。这种气氛便是"庆典性"与"仪式感"。庆典性属于值得纪念和庆祝的事情与时刻,具有深刻内涵和重大意义,而非通常的生活花絮。仪式是在特定的时刻和特定的场所举办的典礼性活动,所以仪式首先意味着非日常化。要创造出仪式感,首先要通过一系列手段将其与日常生活区别开来,如制定特别的规则,制造特别的气氛,遵守既定的程序等。仪式感最重要的体现是主持人,作为节庆类晚会的主持人,必须注意仪表仪态端庄大方,谈吐得体。

例如,中央广播电视总台 2021 年 7 月 1 日晚播出的庆祝中国共产党成立 100 周年文艺演出《伟大征程》。

> 演出以大型情景史诗形式呈现,分为四个篇章:
> 第一篇章"浴火前行",以情景舞蹈《起义起义》、歌舞《土地》、戏剧与舞蹈《长征》、情景大合唱《怒吼吧黄河》、合唱与舞蹈《向前向前向前》等节目,生动展现在大革命的烽烟中,在艰险的长征路上,在抗日战争、解放战争的沙场上,中国共产党团结带领中国人民浴血奋战、淬火成钢的伟大历程。

第二篇章"风雨无阻",以舞蹈《开国大典》开篇,回顾热火朝天的社会主义革命和建设年代。在震耳欲聋的炮声中,情景合唱与舞蹈《战旗美如画》呈现抗美援朝的激战场面,讴歌志愿军战士保家卫国的炽热情怀。在慷慨激昂的唱腔中,戏曲与舞蹈《激情岁月》生动描画王进喜、史来贺、雷锋、钱学森、焦裕禄等一批先锋模范群像。

第三篇章"激流勇进"中,舞蹈《春潮澎湃》把春天的故事铺展在希望的田野,歌舞《特区畅想曲》跃动着特区"先行先试"的时代脉搏,情景合唱与舞蹈《回归时刻》欢庆香港、澳门回归祖国怀抱,诗朗诵与合唱《跨越》讴歌西气东输、西电东送、南水北调、北煤南运等重大国家工程。情景舞蹈《党旗在我心中》表现了在中国共产党领导下,全国人民勠力同心、众志成城,取得抗击"非典"、抗震救灾的伟大胜利。合唱与舞蹈《行进的火炬》让人们重温北京奥运会、上海世博会、神舟七号飞船发射等激动人心的历史场景。

第四篇章"锦绣前程"展开了一幅新时代的壮阔图景,回顾了党的十八大以来,以习近平同志为核心的党中央统揽伟大斗争、伟大工程、伟大事业、伟大梦想,党和国家事业取得了历史性成就,发生了历史性变革。戏剧与歌舞《东方奇迹》讲述闽宁镇、十八洞村的脱贫攻坚故事,宣示中国共产党人引领中华民族实现全面小康的伟大胜利。情景交响歌舞《人民至上》再现新冠肺炎疫情发生后,一场举国动员、上下同心的全民战"疫"。情景歌舞《强军战歌》通过多军兵种一体化实战演习的纪实表演,展示了在习近平强军思想指引下,人民军队阔步前进的豪迈姿态。诗朗诵与合唱《强国力量》展现了在以习近平同志为核心的党中央坚强领导下,日益强大的中国力量。在鼓乐歌舞《新的天地》中,百名号手奏响号角,大气磅礴、焕然一新的画面,展示了新时代民族复兴的壮丽画卷。器乐、童声合唱与舞蹈《命运与共》彰显了"构建人类命运共同体"在全球奏响的心灵和鸣。

2. 主题类晚会

主题类晚会既有欣赏性又有知识性,还有某种宣传性与倡导性,主题鲜明,带有明确的文化、思想、政治目的。例如 2015 年 9 月 3 日晚在人民大会堂举行的《胜利与和平——纪念抗战胜利 70 周年文艺晚会》,是为纪念中国人民抗日战争暨世界反法西斯战争胜利 70 周年举办的文艺晚会。晚会历时 90 分钟,由开场式"胜利"和"浴血中华""正义力量""和平梦想"等篇章构成,通过若干抗战历史重大事件,真实再现中国抗战波澜壮阔的历史。晚会主题重大、气势恢宏,受到全国以及海内外观众的广泛好评。又如 2020 年 10 月 24 日晚 8 点,中央广播电视总台播出的《英雄儿女——纪念中国人民志愿军抗美援朝出国作战 70 周年文艺晚会》。节目汇集大批优秀文艺工作者,以戏剧方式贯穿,串联交响乐、合唱、戏曲等文艺表现形式,结合文献资料与历史物证,为观众全方位展现了中国人民志愿军浴血奋战的战斗历程、为人类和平谱写的英雄史诗。

主题类晚会除了纪念型以外,还有宣传型主题晚会和展示型主题晚会。如2017年由中华红丝带基金主办的《携手抗艾 你我同行——世界艾滋病日30周年主题公益晚会》,2017年为宣扬捐赠爱心物品给青海省贫困山区的《善德行动 圆梦中华》大型公益晚会,2018年为庆祝第十届沧州武术节召开的《豪迈武乡·魅力沧州——2018中国·沧州武术盛典》,2019年为保护自然遗产,建设美丽中国举办的大型系列主题公益活动《绿色中国行——走进美丽铜仁公益晚会》等。

主题类晚会属于"命题创作"晚会,非常重视主题的确定性和鲜明性,主题往往就出现在晚会的标题中。同时,主题不能是直白的"说教"。作为综艺晚会的一种,它必须尽可能运用各种表现手段,围绕晚会主题创作各种样式的节目,以获取最大程度的社会影响力。

3. 行业类晚会

行业类晚会主要指宣传行业特点,展示行业形象,普及行业法规,宣传行业重大活动的晚会。这类晚会不论长短,从内容到形式,有着突出的行业化宣传色彩,往往由行业承担全部或者大部分制作费用,如国内文化界、体育界举行重大活动时,通常都会办一个综艺晚会。如果有颁奖活动,则结合颁奖事项进行。例如中国金鸡百花电影节颁奖晚会、中国金鹰电视艺术节颁奖晚会、中国电视剧飞天奖颁奖晚会、全运会开幕式和闭幕式晚会等。

(二) 电视综艺栏目

电视栏目指有固定时间、固定长度、固定风格并定期播出的电视节目,体现了一种版块化的组织方式,是电视制作和播出的基本衡量单位之一。从宏观上说,电视栏目是电视内容产业的重要组成部分;从微观上说,电视栏目是电视频道编排的基本单元。电视综艺栏目即制播综艺节目的电视栏目,有现场直播和录像播出两种制播形式。

综艺节目一旦栏目化,其节目层次、内容、性质与功能也就随之固定,最重要的是产生了一批固定的观众,从而保证了稳定的收视率。电视栏目固定之后,品牌效应自然产生。如今的电视行业,电视栏目的品牌意味着竞争力、吸引力与信任度,它把观众从费力的选择中释放,让观众尽情享受品牌栏目的独特魅力。相应地,品牌栏目也会有可观的收视率,栏目与观众建立双赢关系。同时,栏目化给节目带来全新的理念。而这一切是综艺晚会所不具备的。如中央电视台的《星光大道》《开门大吉》《中国诗词大会》,浙江卫视的《奔跑吧》《王牌对王牌》,湖南卫视的《快乐大本营》《向往的生活》等,都是国内知名的电视综艺栏目。

这类节目并不承担过多的主题要求和宣传任务,其主要目的是为了满足观众的娱乐需要,为生活增添欢乐。它的特点是强调娱乐性,强调亲切感,追求热闹、好玩、轻松。节目现场应当具有轻松愉快的气氛,表演环境通常安排在电视台的室内演播室或较小的场所,以造成某种家庭化的感觉。这类节目的主持人像是家庭成员或熟悉的朋友,因此,要求主持人以轻松幽默活泼的风格主持节目。

第二节　电视综艺节目的构思

撰写一部电视综艺节目的台本首先要经过深思熟虑的策划。策划如同导航的灯塔,指明节目的创作宗旨,把握节目总的基调与格调。策划往往是根据党和国家的宣传方针,结合当时的形势来确定一台节目的创意。

一、确立节目的主题

撰写台本时,撰稿人要在创意的引导下为节目确立一个明确的主题。在这个主题的统率下用富有艺术感染力的演出组成一台完整的节目来打动人、教育人、鼓舞人、感染人。这一点在综艺晚会中体现得尤为突出。中央电视台原副台长洪民生说,"主题就是晚会的基调和灵魂,它的确定不是个人的随意想象,而是经过广泛听取观众与专家的意见后确定的。主题既要有浓烈的民族传统节日气氛,又要把晚会放在宏观的时代背景下去立意深化"①。

不同类型的电视综艺节目在主题的选择上有不同的侧重点。如中央电视台春节联欢晚会就有其独特性。"春节是我国传统的民间节日,所以晚会要适应人民在春节期间'团聚、欢乐、希望'的心理需求。同时还考虑到它是供广大电视观众欣赏的一台综合性文艺晚会,所以晚会主题就是'团结、奋进、欢乐、多彩',这八个字确定的主题思想可以说是'和民心、顺民意'。"②而某一部门或者某一省份举办春节联欢晚会的主题可能就有所不同。如文化部是艺术家荟萃的部门,所以要求以高雅艺术为指导,以高质量、高标准、高品位为特色,体现艺术的时代性标准。

再如 2008 年 2 月 5 日晚(农历腊月二十九),在湖南省遭受 50 年不遇的重大冰灾取得阶段性胜利之后,湖南卫视制作了大型专题综艺晚会《爱心大融冰,我们一起过年》。晚会策划周密,内容感人,以"赈灾"和"春节"两大主线贯穿始终,将新闻事件、真实故事、动人歌曲等有机结合,围绕"抗冰"中心事件展开,同时汇集了多个小主题,如"奉献""团结""感恩"等。这些小主题由浅入深,层层递进,汇聚成"众志成城、抗击冰雪,大爱无言、共建家

---

① 洪民生.追忆[M].北京:中国国际广播出版社,1990:6.
② 张凤铸.中国电视文艺学[M].北京:北京广播学院出版社,1999:439.

园"这样一个大主题。

总之,在创作一台电视综艺节目时,首先要考虑为节目设定一个明确的主题。只有确定了节目的主题之后,才能考虑整台节目的构思。鲜明的主题可以把很多零散的节目串联起来,像一根红线把珍珠连成一串,让每个节目处在恰当的位置,使整台节目产生更强烈的艺术效果。另外,"一组好的电视综艺节目不仅需要有鲜明的主题,而且这个主题必须正确、积极、健康、向上"①。

二、设定节目的风格

风格是创作者对生活与世界的观照方式。文学史上著名的人文主义、浪漫主义、批判现实主义便是典型的观照世界的不同方式。风格是多种多样的,作品的风格来自作品的总体面貌。"而贯穿于创作者全部创作中的最能体现总体面貌的则是创作者精神个性与审美形式的独特性,因为成熟而优秀的创作者总是以自己独特的审美角度、艺术方法与技巧去表现那些自认为最有价值、最值得表现、最得心应手、最符合自身精神个性与情感体验的东西。"②他们在审视作品内容的社会历史内涵与情感思想的个性特征时,总是选择那些与特定审美意蕴相契合的艺术形式与技巧,以构成有较高审美价值和鲜明艺术风格的作品。也就是说,作品风格体现在作品的内容与形式上。电视综艺节目的风格包括叙事风格、结构风格、舞美风格、灯光风格、主持人风格、包装风格等。总体来说,电视综艺栏目的风格较为统一,下面重点介绍电视综艺晚会的风格设定。

电视综艺晚会的风格不是单一的,内容不同,主题不同,风格也就不同。每一台优秀电视综艺晚会,总是以独特的风格表现导演的独创性。虽然综艺晚会的风格是灵活多样的,但应遵循下列基本原则:

- 晚会总体风格要服从晚会主题的需要;
- 晚会节目内容的设定要体现晚会的风格;
- 晚会舞美设计、灯光设计、服装设计等要体现晚会的风格;
- 晚会主持人风格要与晚会整体风格紧密结合,共同服务于晚会的主题。

三、确定节目的结构

电视综艺节目的结构就是将各种类型的节目按照一定的方式,利用丰富的电视手段将

---

① 陈志昂. 电视文艺的生机与危机[J]. 中国电视,1995(9):52.
② 彭吉象. 艺术学概论[M]. 北京:北京大学出版社,2003:165.

其有机组合在一起。按照何种方式组合，什么样的结构方式才能创造出优秀的电视综艺节目，使作品达到审美愉悦的效果，这对于节目的创作非常重要。

（一）线条组合结构

这种结构是以节目的时间进程为线索，主持人通过串联词将单个节目串联起来，形成一个完整的节目体系，类似金针穿线。虽然简单，但是层次分明，条理清楚，使节目连贯通畅，易于被观众所接受。由于这类节目结构方式以时间为轴，由主持人进行串联，所以主持人频繁地上台播报容易引起观众的审美疲劳，同时造成节目的节奏拖沓。随着电视综艺节目的发展，单一的线性结构方式难以满足观众的需要，所以逐渐出现了双线结构甚至多线结构的方式，使得电视综艺节目的结构方式更为灵活。

（二）段落组合结构

电视综艺节目尤其是大型综艺晚会，是由若干个相对独立的小节目组成的。导演在编排这些节目时，有很强的主观意识即编导思想在内。"或按节目类型，呈跌宕起伏的马鞍形设计；或依出情、出彩、出趣、出味等高潮点设计；或考虑演员知名度的高低，将其出场顺序错开；或为情绪、情景、情节的需要而转换。总之，有意将整个晚会节目分割成若干段落或单元、版块，每个段落或单元间才有主持人及串联词的出现，每个段落间都会设计一个高潮点。"[①]如 2001 年中央电视台春节戏曲晚会《世纪春华》就采用了段落组合结构，整台晚会分为《闹春宵》《赏文章》《满庭芳》《重回眸》《谱新篇》《会群英》《传薪火》七大版块，晚会各段落之间高潮迭起，获得了独特的艺术效果。

（三）篇章组合结构

庆典类、纪念类电视综艺晚会或大型文艺演出，场面宏大，隆重热烈，规格较高，在结构处理上往往采用篇章组合式，即根据内容和风格的不同，将整台晚会分为若干个篇章，每篇内设置若干个节目，形成相对独立的单元，如上、中、下篇或第一、第二、第三、第四篇，又或直接设篇名，用以表明或强化晚会的立意及主题。如《英雄儿女——纪念中国人民志愿军抗美援朝出国作战 70 周年文艺晚会》，用八幕剧的形式呈现，分别是：回家、出征、铁血、家国、战魂、团圆、丰碑、和平。随着交响合唱《中国人民志愿军战歌》响起开篇，八幕剧浑然天成，传达出编导对晚会史诗品格和庄严凝重效果的艺术追求。

（四）环节组合结构

环节组合结构就是根据节目主题需要，在节目中设置几个环节，形成节目的"隔断"。

[①] 何丹.电视文艺[M].北京：中国广播电视出版社，2002：104.

如新中国成立60周年联欢晚会,是一个序章和四个乐章,四个乐章的标题分别是《这是伟大的祖国》《是我生长的地方》《在辽阔的土地上》《充满明媚的阳光》。这种方式既使节目的节奏富于变化,又环环相扣,与传统节目表演区别开来,让人耳目一新。

此外还有多元综合结构、编年史诗结构、散点式结构等,这里不再一一叙述。

构思一台电视综艺节目,从表面上看,确立节目的主题、设定节目的风格和确定节目的结构,是依次进行的。实际上,它们是"三位一体"交叉、持续进行的,彼此互相生发,最后达到和谐统一。例如近几年的央视春晚:

> 2018年以"喜庆新时代,共筑中国梦"为主题,生动展示中国共产党第十八次全国代表大会以来中国共产党和中国国家事业的历史性成就、历史性变革,展望全面建成小康社会、全面建设社会主义现代化国家的光明前景,弘扬中国精神、中国价值、中国力量。除央视1号演播厅主会场外,在广东珠海、山东泰安等地设四大分会场。
>
> 2019年以"奋进新时代,欢度幸福年"为主题,坚持守正创新,弘扬主旋律,传递正能量,努力营造出欢乐祥和、喜气洋洋的新春氛围。依坚持"开门办春晚",在"一带一路"沿线国家找寻节目创编元素,让老百姓在春晚大舞台上展现风采。分会场的数量由四个缩减为三个,分别是:井冈山市、深圳市、长春市。全方位的科技驱动和技术创新是晚会的亮点,晚会在4K、5G、VR、AR、AI等多方面进行技术创新,通过5G网络向全国转播分会场节目。
>
> 2020年以"共圆小康梦,欢乐过大年"为主题,临时推出防控新冠肺炎疫情节目,主持词大幅增加向白衣天使和武汉人民致敬的内容,在艺术上、技术上和新媒体传播三个方面有较大的突破。在河南郑州、粤港澳大湾区设立分会场。现场采用5G+8K技术实现多机位拍摄,并制作8K版春晚。5G网络已全面覆盖春晚主会场与分会场。现场还采用虚拟网络交互制作模式(VNIS),实现主持人与嘉宾的互动场景演示。
>
> 2021年以"万民安康辞鼠岁,欢歌笑语迎牛年"为主题,紧跟时代发展,紧扣社会现实,紧贴火热生活,在欢乐吉祥的新春氛围中为全球华人献上一台强信心、聚民心、暖人心、筑同心的文化盛宴。

四、电视综艺节目构思的三个环节

电视综艺节目构思的全过程由三个环节组成:收集材料、提炼思想和结构布局。三者相互渗透,密不可分。

第一,收集材料是基础环节,包括以下三个要点:

(1)搜索。这是由构思开始引发收集材料的活动,目的在于尽可能发现和占有各种有关的材料。

(2)识别。对材料进行分析和鉴别,弄清楚材料的突出特点和本质含义,以便物尽其用。

(3)整合。把经过识别的各种材料按它们本身固有的联系组织成有机的材料序列——节目的内容。整合包括局部整合与总体整合。前者把材料组织成意义完整且又相对独立的局部;后者把各个局部组织成整体节目。它们都有明确的指向性。经过整合,材料发生了从无序到有序的质变,成为便于视听、易于理解的节目内容。

第二,提炼思想是核心环节。从材料中提炼某一相对独立的思想,再从相对独立的若干组成部分提炼整个节目的主要思路。节目思想的提炼有两种基本取向:一是从材料到思想,称为归纳提炼,即在揭示诸种材料内蕴的基础上升华,形成节目的中心思想。二是从思想到材料,称为演绎提炼,即从某种理论或者方针政策出发分析材料,在揭示其特点的基础上提炼出新的思想。

第三,结构布局是重点环节。确定结构是为内容寻找恰当的表现形式,使整个节目秩序井然,形成一个完整的有机的整体。具体要求包括:

(1)统一有序。在形式上将节目内部划分为若干子结构,使它们形成某种不可分割的联系,共同为体现节目思想服务。

(2)内外协调。合理安排各个构成部分,在内容分量、时间长短、插播资料分布以及节奏韵律等方面形成和谐的关系。

(3)丰富多样。调动电视特有的手段和表现方式,以独特多样的节目形式强化视听印象。

(4)尊重受众。尽可能按照受众的认知方式与接收习惯安排节目,以雅俗共赏的内容与喜闻乐见的形式赢得受众的认可。

第三节　电视综艺节目台本写作

电视综艺节目台本是节目的总设计蓝图。节目的主题、构思、基调、结构、形式等方方面面的问题,都需要体现在台本之中。好的电视综艺节目离不开优秀的台本。台本执笔主要由节目编导人员完成。

电视综艺节目台本一般包括主体内容、主持人串联词、字幕三个方面。下面分别论述。

一、主体内容

在电视综艺节目台本中,首先要清楚地呈现本节目的全部主体内容,即用语言文字具体详细地表述节目要表达什么及如何表达。节目的内容设计和形式构成,要一一写明。是电视综艺晚会还是电视综艺栏目,必须一目了然,绝不可以空洞、含混。特别是对于节目的技术处理方式,要"几乎调动所有的电视艺术手段,如音乐、音响、演员、布景、服饰、美术设计、形象造型设计、色彩搭配、灯光照明、镜头切换等,成为进行二度创作的文字依据"①。

例如,纪念抗日战争和反法西斯战争胜利50周年大型综艺晚会《光明赞》片头和序幕的文本:

片头(供电视直播用)

以律动感很强的不规则节奏的音乐为衬底,运用三维特技排出片头字幕:

"音乐诗《光明赞》——纪念抗日战争和反法西斯战争胜利50周年大型文艺晚会"。

人民大会堂。

工作灯下,可见舞台上一道展示全民抗日形象的雕塑幕。在显著位置上,可见镂空的"光明赞"三个大字。

钟声三响。

场灯压暗。一束追光投向指挥。

随着指挥手势,在《义勇军进行曲》前奏声中,舞台两侧千名合唱队员爆发出激奋人心的"啊——"声合唱,揭开《光明赞》序幕……

从雕塑幕后射出的电脑灯光束,透过镂空的"光明赞"三个大字直射观众,给人以强烈的立体感……

序幕

小军鼓声骤起……

150名着节日盛装的三军仪仗队从两侧边幕列队上场……

仪仗队站定后,队形突然向"人"字展开,在振奋的军鼓和辉煌的军号声中,由两组移动站台推出60名参加过抗日战争老战士。他们白发苍苍却神采奕奕,在灯光映照下,胸前的军功章发出熠熠光芒……

在爆发的欢声中,60名少先队员手捧花束,从两侧太平门登上舞台。祖国的

---

① 张凤铸.中国电视文艺学[M].北京:北京广播学院出版社,1999:496.

花朵们,向抗日老战士献花,表达人民对他们的敬慕……

移动站台突然向左右两侧分开,从中走出一个手执一面小型五星红旗的小男孩。他以稚嫩的童声唱起《义勇军进行曲》

三军仪仗队与60名老战士肃立敬礼……

雕塑幕升起……

大幕前,一组移动站台上,由60名老干部、老战士组成的合唱队,在歌声中出现。在站台推向前与另两组移动站台合成半月形时,人们可以看清站在前排的王昆、田华、于蓝、赵子岳、陈强、李炎、寇家伦、苏盛兰、孟于、孟贵斌、李默然等老艺术家。他们肃立、敬礼、引吭高歌……

《义勇军进行曲》在振奋人心的高潮中结束。

鸽哨声突起……

鸽铃声大作……

一块蓝天白云大幕在舞台前区落下,直降至台面,成为两米高的一道屏蔽,遮住老战士、仪仗队等队伍……

透过蓝天白云大幕上方,一个新奇的表演区尽收眼底:大幕前搭起的多层架子上,扮成和平鸽形象、浑身缀满铃铛的演员,在抖动中组成各种图案……

蓝天白云大幕最上方空间,由杂技演员扮演的"飞天",在空中以高难度动作腾身飞舞……

一个高科技遥控的和平鸽模型,由剧场二楼飞向舞台……

蓝天白云大幕起……

晴朗、明亮的和平景象中,展开了和谐、安详的《和平鸽舞》……

领舞为沈培艺。

舞到酣畅时,音乐突转。在不规则的定音鼓、军鼓、小军鼓等打击乐的敲击声中,画外朗诵进入……

以上文字是对本节目的部分主体内容的精心设计,包括对画面、音乐音响、灯光照明、演员形象、道具、外景、特技、三维动画、字幕、演播室美术设计等的规定与要求。里面的每一句话都包含着信息,接下来的节目制作与演播,就是把这些文字语言转化为视听语言。

电视综艺节目台本除了用陈述方式写作外,也经常使用说明方式写作。如某年央视春晚第一时段第二版块"民俗歌舞"台本:

第二版块 民俗歌舞 时长:3'57"

《新年好》演唱者:解小东、孙悦、陈好、黄晓明。

高台花鼓表演者:山西稷山安福艺术学校。

木偶戏表演者:春天等。

(台口。主持人董卿带四川、台湾两位小朋友上台)

董　卿:这两个可爱的小朋友,一个来自四川,叫×××;一个来自台湾,叫×××。来,一起向观众拜个年好不好?

小朋友:过年好——

董　卿(问川童):你知道"团团"和"圆圆"吗?

川　童:知道,那是我们四川的两只大熊猫,送给台湾小朋友了。

台　童:我也知道,妈妈还要带我回家去看它们呢!

董　卿:一定要和它们多和几张影,发到网上给叔叔阿姨看好不好?

台　童:好……

(两个孩子进侧幕,董卿向台中央走去)

董　卿:观众朋友们,两年前的今晚,就在这个春晚的舞台上,亿万观众通过投票,为一对赴台大熊猫取名为"团团、圆圆"。明天它们就要在台北的新家与台湾同胞见面了,度过它们在宝岛的第一个春节……

(引出下一个节目)

对节目时长的规定、括号里文字等,具有说明性和解释性。它们本身不构成节目主体的内容。在综艺节目台本中,这类说明性的文字往往穿插于各个篇章、段落、版块、节目之间。

二、主持人串联词

主持人串联词是电视综艺节目中的重要语言形态。它是主持人的工作台本,是主持人语言的主要内容,也是强化节目主题、增强节目艺术感染力的重要手段。串联词的主要功能是烘托气氛,抒发情感,承上启下,引出节目。作为一种特殊的电视艺术文体,它有着自己的表达方式、语言风格与美学追求。串联词不可长篇大论,力求语言简洁明快,具有文学性、节奏感和音韵美。"它是结构一台节目的脉络,是渲染气氛的兴奋剂。"[①]

(一)开场白

开场白的任务是将观众导入节目的情境,为整个节目奠定基调。因此开场白要用有力

---

① 吴郁.当代广播电视播音主持[M].上海:复旦大学出版社,2008:318.

的话语吸引观众的注意力,调动观众的情绪。一般来说,开场白有以下几种常用的方法。

1. 开门见山式

开门见山式开场白大多用在栏目性的综艺节目中。这种节目总在固定的时间与观众见面,就像如约而至的老朋友,通常以"观众朋友,晚上好,今天我们的节目……"之类开场,直爽真实,带给观众亲切感与熟识感。

虽然这种开场方式简单明了,但也容易变得公式化,所以导演要针对每期节目进行适当的调整,使节目在简洁之余富有新意。

2. 层层铺垫式

层层铺垫式开场白是时下许多综艺节目常用的方式。这种方式不直接介绍节目或者嘉宾,而是从主持人或者别人的故事说起,调动起观众的收视兴趣后,再顺势转入节目。这种方法能够为节目设置悬念,制造噱头,常常能获得意想不到的效果。

例如,湖南卫视《乘风破浪的姐姐》第一季第一期节目开场白:

> 有人说,每个人的历史,从出生前就开始了。爱与烦恼,幸福与秘密,时间与魔幻,永恒交替。
>
> 女人,从母亲开始,就是我们一生中,最早记得和最后忘却的名字。而每个女人,砺砺一生,都在面对性别与年龄、生活与自己的锤问。
>
> 三十岁以后,人生的见证者越来越少,但还可以自我见证;三十岁以后,所有的可能性不断退却,但还可以越过时间,越过自己。
>
> 三十而励,在时光的洗练、时代的铿锵中,我们不断更新,对世界、对生命提问的能力;三十而立,我们从每一篇寓言里辨认自己,也认识他人的内心、他人的真理;三十而骊,骊色骏马,飞云踏海。我们关心成功,也关心失败,更关心每个人要面对的那座山;我们关心美好,也关心热爱,更关心日新月异的未来。
>
> 努力与翻越,不馁与坚信;肆意笑闹,青春归位。
>
> 一切过往,皆为序章;直挂云帆,乘风破浪。

以上开场白紧紧抓住"女人三十"这个核心,诗化地述说女性灿烂的成长与蝶变,高度契合节目宗旨,既温婉又豪迈,一气呵成,穿透主题。

需要提醒的是,层层铺垫式开场白应当注意两点:(1)铺垫的内容应当与节目紧密结合,否则容易让观众产生牵强甚至无趣的感觉;(2)铺垫的内容不宜太长,以免影响节目节奏,造成主次混乱的情况。

3. 营造氛围式

营造氛围式开场白,通常是主持人一上场就念一段充满感情、诗意与哲理的道白。这种道白常常使用对偶与排比等修辞方式,调动观众的情绪。主持人用高亢明亮的声音郑重宣布节目开始。

例如,《中国诗词大会》第四季第一期开场白:

> 《中国诗词大会》是与大家一年一度的相约,今年已经是第四个年头了!我们携手走过了一个又一个春夏秋冬。一起看"人面桃花相映红",一起听"稻花香里说丰年",一起叹"霜叶红于二月花",一起盼"风雨送春归,飞雪迎春到"。
>
> 季节有四季,诗词也有四季,代代相传,生生不息!就让我们在《中国诗词大会》花开四季的舞台上,再一次来感受,中华文明的璀璨辉煌!品味诗意人生,看四季风光!

营造氛围式开场白可以从回顾历史事件和人物说起,可以从某些事情或情景说起,也可以从周围的环境或特定的地点说起,借这些具体的东西表达感情、抒发胸臆,容易引起观众心灵上的共鸣。

(二) 节目之间串联词

节目之间串联词的基本作用是承上启下,完成节目与节目之间的衔接和转换,使不同的节目上下连续、整体贯通。串联词可以从节目内容、表演者、主持人、演出背景等角度对上一个节目进行点评、发挥,并引出下一个节目。

1. 关联式

一台晚会的节目之间一般来说都存在某种内在的关联,如主题的关联、表演者的关联、节目细节的关联等。关联式串联词就是将节目与节目之间隐含的关系巧妙地表达出来。

2. 过渡式

有时候,节目与节目之间并没有太多的直接联系,这就需要用过渡式串联词将前后不同的节目衔接起来。通常是以称赞上一个节目或主持人发表感慨的方式从上一个节目转到下一个节目。

节目过渡的方法有很多,可以三言两语就介绍出下一个节目,"或说一些看似无关紧要的话,再转到下一个节目,有时候可以制造悬念。比如给出一些线索,让观众猜下一个节目是什么或是谁出场,也可以是在主持人之间进行一些问答式对话或开一个小玩笑等方式"[①]。

---

① 吴保和.电视文艺节目策划与创作[M].北京:中国戏剧出版社,2003:123.

3. 引导式

引导式串联词多用于艺术水准较高或者与晚会主题结合紧密的节目中。这种串联方式要根据观众的兴趣，针对观众关心的东西进行节目与节目的衔接。在观看综艺节目时，观众大多对节目的内容、演员以及演出的背景资料感到好奇。因此串联词可以从这些方面下手，挖掘节目背后的信息，以便丰富节目的内容，加强对观众审美的引导。

例如，2019年央视主持人大赛文艺类6号选手迟茜的三分钟自我展示：

人生如戏，光影似梦。观众朋友们大家好！欢迎收看《光影人生》，我是主持人迟茜。

今天我们要聊的这部电影，是关于一个特殊的群体。在一片平静的海面上，一艘小船正在孤独地行驶，忽然船上的父亲抱起自己的儿子跳进了水中，他们的脚上还绑着重重的石块。这是电影《海洋天堂》中的一个画面，电影的主人公大福是自闭症谱系障碍患者，他的父亲王心诚患有癌症晚期，绝望的父亲决定带着自己的儿子一起走。大家一定会觉得这样的行为过于残忍，对吗？但其实，在现实生活中，很多自闭症家长的愿望，就是比自己的孩子多活一天。电影《海洋天堂》导演薛晓路是北京星星雨教育研究所的志愿者，我也是这里的志愿者。

从2014年开始，我始终在"小星星"们的身边，陪伴他们，我更想走近他们的心里。他们和普通小朋友一样喜欢唱歌，喜欢画画，对世界有着很美好的想象，但他们的家庭不得不面临很多的误解。曾经这里有一位家长问老师："我什么时候能听自己的孩子叫一声妈妈？"不是因为自闭症小朋友没有语言能力，而是因为一些人认为自闭症孩子的出生是母亲导致的，就不让孩子叫妈妈。这么多年了，她一直被自己的孩子叫作姐姐，星星雨的老师跟她身边的人进行了沟通，她终于第一次听到了自己的孩子喊出了那一声她梦寐以求的"妈妈"。用科学、正确的眼光去看待自闭症，不歧视、不排斥，可能就是我们能做到的对他们最好的关怀。

在电影的最后，父亲离开了，大福在大家的帮助下平淡而又幸福地生活着。相信只要有爱，我们都能点亮夜的星光。

感谢收看《光影人生》，我是迟茜，再会。

选手先聊电影《海洋天堂》，然后说到自己作为志愿者五年来陪伴自闭症小朋友的故事，最后回到《海洋天堂》的结尾。虽然这不是标准的综艺节目，但综艺节目中串联词应该如何关联、如何过渡、如何引导，以达到恰如其分的表达，这段自我展示具有直接的借鉴意义。

（三）结束语

节目结束前,通常还有一段结束语,给整个节目画上一个圆满的句号。结束语的表达方式有很多,可以是戛然而止,也可以是语已了情未了,还可以说一段话让观众有回味的余地。结束语的要求就是让观众明白地知道节目结束了。

1. 直接宣布结束

大多数综艺节目采取的都是直接宣布结束的方式。当然,这种方式在一些特殊的时刻,如节日前后,会加上一些祝福语。

例如,中央电视台"梅州月·中华情"中秋晚会结束语:

鲁　健：四海再唱中华情！
孟盛楠：明月一轮到梅州。
侯佩岑：月圆彩云追。
罗　洁：天地如胸怀。
吴大维：挽起五湖和四海。
众　人（齐）：都是一个爱！
鲁　健：亲爱的观众朋友们,中央电视台"梅州月·中华情"中秋晚会到这里就要和您说再见了。
孟盛楠：朋友们,在此祝您中秋节快乐！再见！
鲁　健：再见！中秋节快乐！
罗　洁：中秋快乐！

2. 抒情性总结

许多大型晚会的结束语需要对整台晚会进行总结,使晚会的主题得到深化,使观众的情绪得以升华,给观众留下一个美好的印象。所以串联词要有情感的强度和语言的力度,要将思想和主题蕴含于富有感情的话语之中。

例如,中央广播电视总台2021年春节联欢晚会的结束语：

任鲁豫：今宵的守岁,我们喜气洋洋；
李思思：今宵的团圆,我们欢乐吉祥。
尼格买提：我们和玉鼠再见,感慨万千；
龙　洋：我们向金牛报到,金春你早。

张　韬：我们在春天里，向春天问好。

任鲁豫：开局"十四五"，开启新征程。

李思思：我们油已加满，整装待发；

尼格买提：我们劲已鼓足，绝不服输。

龙　洋：山再高，往上攀，总能登顶；

张　韬：路再长，往前走，定能到达。

任鲁豫：我们在春天里，为祖国和人民祝福——

李思思：唯愿山河锦绣、国泰民安；

尼格买提：唯愿和顺致祥、幸福美满。

龙　洋：旧岁已展千重锦，新年更进百尺杆；

张　韬：举目已觉万山绿，宜趁东风马蹄疾。

任鲁豫：朋友们，让我们更加紧密地团结在以习近平同志为核心的党中央周围，同心同德，顽强奋斗，乘风破浪，扬帆远航，奋进在全面建设社会主义现代化国家的新征程上，为实现第二个一百年的奋斗目标，为实现中华民族伟大复兴的中国梦而——

众　人（齐）：努力奋斗！

任鲁豫：亲爱的朋友们，2021年的春节联欢晚会要跟您说声再见了，再次祝福大家新春快乐，明年的春晚——

众　人（齐）：再见！

这属于抒情性总结。情绪高昂，感情充沛，语言壮美，语气饱满，可谓"结句如撞钟"。

综艺节目中采用什么形式写串联词，既没有硬性的规定，也没有固定的模式，应根据节目的风格与需要"量身定做"、灵活应变，自由组合。同时串联词的写作要"尽量依照主持人的语言特点、主持风格来设计，多与主持人交流。在充分尊重主持人语言习惯的同时，严格把握文字语言使用中的规范性和准确性"[①]。另外，如果是多人主持，既要同腔合拍，又要彼此话语有别。总之，串联词的写作要服务于综艺节目，它只是一台综艺节目中的一部分，要把这一部分发挥好就需要不断学习，各工种密切配合，共同为创造一台精彩流畅的综艺节目而努力。

三、字幕

字幕语言是电视语言的三大构成因素之一。它既包括有声语言的解说词和同期声字

---

① 胡迎节.浅谈撰稿人在电视文艺节目中的作用[J].中国电视，1994(1):51.

幕,也包括无声的字幕。就常规来说,有声语言是主要的叙事元素,无声的字幕是一种辅助性元素。但这个辅助性元素所起的作用不是消极的、被动的,而是积极的、主动的。

在传达理性意识方面,由于画面语言本身的局限性,无法体现抽象的、哲理的内涵。而解说又转瞬即逝,不便于人们理解和记忆。恰恰在这一点上,字幕具有独到的优势。字幕对观众来说有一个由字面到语义的转化过程,这个过程正是人们理解、记忆所必需的。冗长繁复的解说,不如一行简洁的字幕效果更好。

字幕作为一种独立的叙事层面,它的特点是不干扰画面的叙事,不干扰观众的主要思路,不中断观众的观赏情绪,不破坏镜头的原有节奏。因此,当编导希望保持全片结构完整、叙事流畅,不中断节目画面,而又必须交代一些事情时,便可以选择字幕。这时,字幕便成为保障叙事流畅的一种手段。

电视综艺节目往往由几个段落、章节、版块等组合而成,字幕又成为形成这些节奏的一种手段。可以用片头字幕配合主题音乐反复出现的方式,形成片段;也可以利用叙事性、抒情性、议论性、说明性字幕,给观众以情绪的缓冲。这时,字幕不仅可以调整节奏,而且成为电视综艺节目的一个重要结构方式。

电视综艺节目常用的字幕有以下九种:

(1)片头字幕。电视综艺节目的片头设计大多都有字幕,主要用来标示节目的题目。

(2)节目预告字幕。节目预告字幕有两种类型:一种是在整个节目播出之前,打出字幕,预告节目播出时间、题目等,类似广告的作用;另一种是在节目播出之中,对后面的具体节目作出预告。字幕的预告内容包括:节目的标题、节目的创作者姓名(或加单位)、节目的表演者姓名、节目的伴奏单位(或伴舞单位)等。

(3)唱词字幕。电视综艺节目的核心文艺节目是歌舞、小品、相声,其中少不了唱歌这个部分。由于唱词往往不容易听明白,所以一般会伴有字幕,播出时打在电视屏幕的下方,以便观众了解。

(4)介绍说明性字幕。这是最常见的字幕,几乎各类电视节目都在使用。它可以用来对时间、地点进行补充,对节目中人物的身份进行说明,对节目游戏规则进行解释,等等。

(5)揭示节目内涵的字幕。在一台晚会或一个节目中,主持人不便现场表达而又需要强调的话,或舞蹈表演中不容易表现的内涵,往往借助字幕来完成。

(6)渲染节目气氛的字幕。包括人物情绪渲染、人物性格渲染、环境气氛渲染、突出语言重点的渲染等,特效字幕尤其具备这种功能。

(7)转场性字幕。通过字幕实现画面与画面之间的转换。字幕转场是非技术转场的一种表现方式,利用字幕与所衬镜头组接进行转场,包括无情节字幕衬底画面、有情节字幕衬底画面和叠印字幕衬底画面三类。

(8)演职人员字幕。演职人员字幕与节目预告字幕的不同之处是:前者在节目的末尾,后者在节目的开头。演职人员字幕一般包括：制片人姓名、总策划姓名、总编导姓名、主持人姓名（或解说者姓名）、副导演姓名、摄像师姓名、撰稿人姓名、美术设计姓名、造型设计（或形象设计）姓名、化妆师姓名、服装设计师姓名、灯光照明师姓名、道具师姓名、剧务姓名等。

（9）其他字幕。如起强调巩固作用的重复字幕。

随着电视综艺节目的发展，出现了一种集文字、图形、动画、声音为一体的特效字幕。这种字幕统称为"花字"，是一类字形多样、五颜六色、位置不固定的包装性文字。所谓"花"，一是与节目里传统的字幕形成鲜明对比，二是为节目内容的表达锦上添花。

花字究其实质属于一种电视节目制作、编辑、包装手法，从字数上可分为短花字和长花字。短花字通常只有简短的几个字，一般出现在情节发展比较激烈的情况下，一般被设计得较大较厚重，体现的是转瞬即逝的情绪，目的是带给观众视觉上的冲击，增强节目的冲突感、悬念感。长花字字数较多，镜头时间较长，表达的信息量比较大，多用于舒缓的情感表达以及日常说明、解释性较强的场合。综艺花字通常是在已经剪辑完成的画面上进行创作与合成的，有条件的媒体通常由专门的花字师使用专门的剪辑软件制作完成。

电视综艺节目花字从无到有，从单一到复杂，从无关紧要到综艺必备，只有短短的十年时间。花字的功能包括塑造"人设"、提示重要信息、渲染现场气氛、连接转场等。从某种程度上讲，花字与综艺节目的匹配度越高，笑点和泪点的挖掘就越深刻，所以，"量身定做"的花字已经成为综艺节目制胜的一大法宝。

花字从形式上分，通常有以下三种：

一是新型文字标注型字幕。这种字幕常用来表现画面中的潜台词尤其是带有情感倾向的潜台词，如人物出现惊讶的表情时，出现感叹号或者"惊"等字幕；补充画面内容，如标注地点信息等一些小标识。这类字幕往往使用不同的字体，借以表达出不同的情绪和不同的人物性格。如《我是歌手》用的是蒙纳超刚黑简体，《中国达人秀》用的是碳纤维大黑简体，《中国好声音》用的是时尚中黑简体，等等。

二是图形字幕。这种字幕由于色彩与图案相结合，因此更加鲜明生动。如在《奔跑吧兄弟》中，每次当队员叫到李晨外号"大黑牛"时，屏幕上就会出现一个卡通的黑牛头像。如此巩固"人设"，能加深观众的印象。

三是弹幕字幕。这种字幕常用来展示一闪而过的信息，如在节目中嘉宾遇到尴尬的事情时，用弹幕形式展现嘉宾的心理活动——"我都经历了些什么""我该怎么办"等。

使用花字要遵守以下五条规则：

第一，正确使用各种规范化文字，不能出现错别字和语法错误。

第二，花字必须和节目的内容、情感、风格保持一致，不可以不分场合，不合时宜。

第三，数量适中，除部分解释说明和补充信息的字幕以外，花字一次出现的字数和时间都不宜过长,以免影响观众收看节目。通常情况下,一期一个小时左右的节目,花字数量在 600—700 字之间。

第四,花字的文字和图画应大小适中,位置不挡住人脸和重要画面。

第五,花字的颜色与其他搭配元素应和该屏画面的颜色和所表达的内容情绪相匹配。

思考题:

1. 分述节庆类晚会、主题类晚会与行业类晚会的各自特点。
2. 举例说明怎样确定一台电视综艺节目的主题和结构。
3. 电视综艺节目台本应包括哪些内容?
4. 怎样才能写好电视综艺节目主持人串联词?
5. 简述电视综艺节目字幕的形式及其作用。
6. 为某大学撰写一台毕业晚会台本。

第五章　电视纪录片文本写作

与很多电视节目一样,电视纪录片的创作也要同各种文本打交道,有不少的案头工作要做。当然,不同类型的纪录片,对文本的依赖程度有很大区别,像《西藏的诱惑》《江南》《复兴之路》这样的片子,对解说词的写作就很重视,而像《八廓南街16号》《英与白》这样的纪录片,可以不怎么依赖解说词进行表达。由此可见,各类纪录片的写作工作量是不同的。

虽说写作的工作量有多少之分,但一般说来,纪录片创作过程中需要进行两种写作工作:一种是电视纪录片蓝本写作,另一种则是电视纪录片解说词写作。

第一节　电视纪录片概述

纪录片是电视和电影中都存在的一种艺术样式,而且无论在电影还是电视中,纪录片这一片种都具有独特而重要的位置。它以记录历史、还原现实为己任,集现实的真与艺术的美于一身。其独特的艺术魅力使这一片种历久弥新,散发出熠熠光彩。

一、纪录片的历程

电视纪录片的发展经历了上百年历程。在电视出现之前,纪录片一直以电影为主要载体,被称为纪录电影,如1917年商务印书馆拍摄的《商务印书馆放工》《庆祝欧战胜利游行》等。20世纪40年代,世界上最早出现的一批电视纪录片,通常就是一段现场报道的新闻片。1951年,爱德华·默罗创办了《现在请看》节目之后,这种被称为系列新闻纪录片(News Documentary Series)的节目类型,渐渐摆脱了传统电影纪录片的影响,使电视纪录片有了新的样式,开始形成自己独特的表达方式。

新中国的纪录片最早主要是由中央新闻纪录电影制片厂摄制的新闻纪录片,先后有《收租院》《深山养路工》《太行山下新愚公》《放鹿》《东江万木滚滚流》《泰山压顶不弯腰》《临澧人民有志气》等作品。改革开放以来,随着电视的普及,纪录片开始活跃起来。1978年9月30日,中央电视台开办的《祖国各地》,成为中国首个专门播出电视纪录片的节目。1989年《地方台50分钟》开办,成为地方电视台纪录片精品的展示橱窗,对推动地方台纪录片发展起到了极大的促进作用。进入20世纪90年代之后,中国电视纪录片发展跨入了一个新时期,出现了《望长城》《流浪北京》《沙与海》《英与白》《幼儿园》《舌尖上的中国》《美丽中国》等优秀作品,以及中央电视台《东方时空》的《百姓故事》、上海电视台《纪录片编辑室》等播放纪录片的节目。2011年1月,以播出纪录片为主的专业频道——央视纪录频道正式开播。

二、纪录片的特点

对纪录片这一概念的表述众说纷纭,但归纳起来,这个片种具有如下几个本质属性,这些属性构成其基本内涵。

(一)表现对象的非虚构性

纪实是纪录片的本性,纪录片从它诞生的那一天开始就以"真实"为第一要义。与其他艺术门类相比较,影视艺术能视听同步地对客观物质现实进行复原,这种视听形象纪实性能有效地建立起现场感和真实感,使纪录片能有效地记录客观世界"纯真的原貌"。而纪录片又是以记录真实存在着和存在过的客观世界为目的的一个片种,因此,在建立"真实感"的基础上,纪录片还要求具备真实性,这是纪录片与故事片的根本区别,也是纪录片的生命之所在。

作为纪录片本质属性的真实性,集中体现在表现对象的非虚构性上,这是保证纪录片真实性的首要前提。纪录片直接拍摄真人真事,不容许虚构事件,"记录真实环境真实事件里发生的真人真事",这"四真"是对纪录片最基本的要求。这里所说的表现对象的非虚构性,实际上也就是指这"四真"。

纪录片《我的青春在丝路》由共青团中央宣传部和湖南广播电视台新闻中心联合摄制。共5集,每集讲述一个在"一带一路"沿线国家追寻青春梦想的年轻人的故事,分别是:《我在巴基斯坦种水稻》《尼泊尔的诗与远方》《哈萨克斯坦修井记》《吴哥窟的拼图者》《谈判在非洲》。该片没有从宏大的视角开启内容,而是以青年故事为视角,聚焦丝路上的青年群体,用"小人物"讲述"大题材",让"一带一路"上的真实故事可感可触,也指引着当代青年人从细微处感受思考青春的意义和价值。节目播出后受到各界好评。2019年,该片入选庆祝新中国成立70周年推荐展播纪录片、动画片目录。

长期以来,许多导演都借用纪录片的拍摄手法来拍摄故事片,例如:1966年,BBC播出的根据真人事迹改编的剧情片《凯西回家》(Cathy Come Home)就大量运用了纪录片拍摄手法。1982年,美国故事片《这是"骨髓敲击"乐队》(This is Spinal Tap)在影片的结构和风格上完全模仿纪录片,还宣称自己就是纪录片。1999年,影片《死亡习作》(The Blair Witch Project)同样采用了纪录片的手法来讲述作者杜撰的一群学生失踪的过程,甚至还专门先行制作了一个网页,传出关于这群学生神秘失踪的假新闻。新闻宣称在这些学生失踪一年后,导演找到了他们拍摄的一些片段,并根据这些片段拍成纪录片。但这些片子一旦被证实表现对象是虚构的、不存在的,就往往立马被清除出纪录片的行列,因而被称为"伪纪录片"。因此,是否具备"四真",成为判定一部纪录片真伪的一个基本标准。

(二)客观表达中的主观性

虽然纪录片具有纪实的本性,但无论我们怎样严格遵循客观记录的宗旨,通过纪录片还原的客观物质现实与真正的客观物质现实毕竟不能达到完全一致。纪录片创作者的主观意识无时无刻不投射到他们的作品中去,因此在强调纪录片客观性的同时,我们也应该意识到:"真实"是一个变量,是人介入现实存在的结果。从哲学意义上讲,真实是人们对物质存在的内涵的判定;从美学意义上讲,真实是一个关于现实的神话。

纪录片记录的人和事物都不断发生着变化,而且具有相对性,或者说是两面性,"真实"正是在这种相对性中被人判定的,一旦脱离了人的判定,真实就无法被认识。因此,纪录片呈现的真实世界实际上是经过创作者判定和选择的"真实世界的影像",是一个经过拍摄、编辑处理的现实世界的影像再现,它是通过纪实性和逼真性相互作用,演变出的具有审美功能的特殊形态。

从对真实的认知角度上讲,保持纪录片的真实性首先在于纪录片创作者主观上对真实的追求,在于创作者的创作动机、对现实生活的理解,创作者的良知与真诚,以及创作者意识形态方面的立场与观点。例如:意大利的米开朗基罗·安东尼奥尼是一位以客观记录手法著称的导演,他把纯客观、生活流手法推向极端,但是,20世纪70年代,他以"纯客观"的记录手法拍摄的纪录片《中国》,表现出一个落后愚昧的中国。在画面真实的背后,社会的真实性被否定,遭到中国人民的抗议。这就是观点不同、理解不同、动机不同所产生的影像结果。可见,无论怎样追求客观,融入纪实手法和客观记录中的创作者的主观性在纪录片中仍是不可忽视的。

何况纪录片创作的根本目的并不仅仅是真实地反映生活,更多地还在于表达创作者对生活具有主题意义的价值判断,这是纪录片的思维品格之所在,也是纪录片实现与观众的情感交流的依据。纪录片追求真实,但它绝不是纯客观地实录生活,而是带有主观意识和思想观念,艺术地认识和表现社会生活,并从中体现出一定的内涵和某一主题。正是因为这种创作上的主观性,纪录片才摆脱了单纯记录现实生活流的自然主义,而获得了更深刻的意蕴和更丰富的艺术魅力。

(三) 艺术手法的多样性

电视是一门综合性很强的艺术,它融合了文学、音乐、美术、戏剧等以往所有的艺术门类,也包含了来自这些艺术门类的多种多样的修辞手法。这种融合多种艺术元素的架构,为电视纪录片的艺术表现提供了很大的选择空间。

纪录片由于记录客观事实的需要,基本上采用的是一种记录式的报道手法,也就是文学艺术中的叙述手法,如顺序、倒叙、插叙等。例如:中国早期纪录片《收租院》就采用倒叙手法,全片共 75 个镜头,前 59 个镜头"思甜",讲述人民当家做主的幸福生活,后 16 个镜头"忆苦",控诉"收租院"地主对农民的压迫。

文学中的比喻和象征也是纪录片中常常使用的艺术表现手法。利用蒙太奇手段造成视觉隐喻和象征,早已成为影视艺术中的基本手法。如纪录片《迎接挑战》中,用体育竞赛的镜头和各种科技发展的镜头交叉组接,形成一种比喻,来说明科学技术领域中的激烈竞争。而纪录片《向青石山要水》中,青石山的地下水冲垮了古人立下的"山里缺水 自古为忧"的石碑,这个镜头以象征的手法喻示了古人形而上学的结论被人民的创造精神所冲破。

摄影艺术中的光线影调、构图、景别、角度等造型手段,也都是纪录片中常见的造型手法。而且摄影作品本身也常常被运用到纪录片中,比如《俺爹俺娘》就大量地运用照片,甚至将照片作为纪录片叙事的线索。电视艺术是电影艺术的"近亲",它的艺术手法与电影艺术几无差别,蒙太奇、长镜头、镜头切换、快放、慢放等一系列基本剪辑手法,都从电影借鉴而来。音乐也是纪录片常常会用到的一种表现手法,虽然作为一种抽象的艺术,音乐在纪录片中并不处于特别重要的位置,但是在表达情绪和情感关系的时候,音乐仍然不失为一种好的手段。一些纪录片还会通过对音乐的剪辑组成音乐蒙太奇。

从电视纪录片的发展历程来看,其艺术手法具有多样性:从最初的原始记录,到格里尔逊式、直接电影、真实电影,再到真实再现,纪录片运用各种基本的艺术手法,形成了许多各具特点的创作方法和艺术流派。纪录片创作者对艺术风格的探索从未停止,而且在电影电视特技等技术手段不断丰富的前提下,纪录片创作还呈现出日益多元化的倾向。

(四) 语言元素的综合性

纪录片是视听结合的艺术作品,其表意系统是由视觉语言和听觉语言两大部分组成的。视觉部分包括形体、表情、空间等造型语言和文字语言,而听觉部分则主要由解说词、同期声、音响和音乐组成。

一组组经过精心剪辑的画面,直接呈现出表现对象的具体物像和运动形态,通过直接的视像运动和具体可感的行为时空,带给观众强烈的现场感和直觉体验,是一部纪录片作品形象性的集中体现。但是,这种原始的直观的对行为时空的呈现,在叙事上具有不完整性,在意义表述上具有含混性,因此往往需要由文字语言对画面意义进行概括和补充。

由于纪录片记录的是真实生活,而生活本身并不会像故事片一样充满戏剧性和逻辑性,而且纪录片的拍摄也无法像故事片一样依据剧本严格执行,因此,纪录片的素材往往是片段化的、不连贯的。所以,在纪录片中,更加需要文字语言这些抽象符号参与表意。

解说词是纪录片声音的重要组成部分,也是纪录片抽象表意系统中极其重要的一环,通常还是纪录片的主要叙事因素。作为一种附加于视像之外的声音成分,解说词通常表达的是间接信息,通过对事实的陈述、解释和评价,起到整合画面信息、介绍背景、表达主题和发表议论的作用。当然关于解说词运用的具体情况,还需要根据拍摄的题材、获得的视像素材情况,以及作品的风格定位乃至创作者本身爱好来确定。

同期声是视像之内的声音成分,它与画面天然地、高度一致地结合在一起,但同时,它又与画面作用于形象思维不同,它在表意形式上属于抽象的语言表意系统。因此,在某种程度上,同期声兼具了图像与解说的双重功能。在纪录片这种重视现场感的视听结合的艺术创作中,同期声具有不可忽视的独特作用。它在不破坏画面本来意义的情况下,表达相对完整的抽象意思,而且具有明显的个性化特征和现场感,既增强了语言的权威性,又增强了表意的形象性。

自然音响、效果音响、音乐和字幕也都是纪录片的语言符号,虽然不是主要的表意符号,但能起到很好的辅助表意的作用。如清晨的鸟叫、夜晚的虫鸣、火车的轰隆声,都能非常真实自然地展现现场气氛。《故宫》中,创作者有意识地加入了一些故宫独有的声音,如宫门开启声、钟表声和乌鸦的鸣叫声;《老舍先生》中,创作者利用北京胡同里的"磨剪子嘞——戗菜刀——"的吆喝声及单弦音乐等构造老北京的生活场景;《迁徙的鸟》中,大量的同期声记录了鸟儿在迁徙过程中的鸣叫声、振翅声,以及周围环境的声音;而《俺爹俺娘》中的表现性音乐则适时而起,催人泪下。正是在这诸多表意符号的共同作用下,纪录片才能更好地、创造性地处理素材,才具有如此多姿多彩的艺术魅力。

三、纪录片的分类

(一)国外常用分类方式

美国著名纪录片学者比尔·尼可尔斯在《纪录片导论》中,通过对历史上的纪录片风格及其演变进行系统梳理,将纪录片归纳为六种模式:

1. 诗意模式(poetic)

诗意模式摒弃了连续性剪辑传统和明确的时空感觉,转而探索综合时间节奏和空间布置的形态,注重表达情绪和营造氛围,以独特的方式对来自现实世界的素材进行转化和拼贴。诗意模式的纪录片随着现代主义思潮的出现而出现,深受现代主义的影响而呈现出对碎片化和含糊性的强化,但同时也继承了经典的诗意理念,如追求秩序感、整体感和和谐感。作为经典的诗意模式的纪录片,沃尔特·鲁特曼的《柏林——一个大城市的交响曲》和弗朗西斯·汤普森的《纽约,纽约》都通过大量体现数量、形状、色彩和运动的镜头组接,形成了城市作为这些元素聚集地的诗意印象;巴兹尔·赖特的《锡兰之歌》表现了锡兰在商业和殖民主义冲击下未曾改变的美丽;尤里斯·伊文思的早期影片《雨》则表达了一场夏日阵雨的诗意情怀。

2. 阐释模式(expository)

阐释模式又被称为解说模式,是最常见的纪录片类型。这类纪录片记录现实世界的目的不是为了突出其中的美学或者诗意色彩,而是通过组织一个更具论辩性的结构,向观众阐释某种观点。通常这类纪录片都会以全知视角的"上帝之声""权威之声"来直接表明观点、展开论述或对历史进行叙述,因此有人认为实际上这就是"格里尔逊式"纪录片。由于这类纪录片的"证据式剪辑"逻辑严密、连贯性强,意见表达权威性强、直截了当,因而很受欢迎。但这类纪录片浓厚的说教味一直为很多人所诟病。

3. 观察模式(observational)

20世纪60年代,随着轻便型摄像设备的普及,纪录片出现了"观察模式"这个新类型。它舍弃了诗意模式和阐释模式中所有用于操控的手段,而倡导"观察精神",在前期拍摄中不再进行现场的搬演和场面调度,甚至不再注重置景和构图,在后期剪辑中则摒弃了解说词、字幕、配乐和音效,整部片子通常也没有什么采访内容。该模式强调纪录片应该像镜子一样真实地反映拍摄对象,强调隐藏摄像机在场的纯粹客观观察。然而,这种突出真实感的方式却往往缺乏整体感,缺乏历史语境的展现,要求观众全心投入并自己对影片中的人物和事件作出判断。

4. 参与模式(participatory)

纯粹的观察者角度事实上并不能真正彻底让摄像机"隐身",它的存在对被摄对象和影片真实程度的影响并不会因为形式上的真实感而消失。在认识到这一点后,"参与的观察"开始兴起,参与模式的纪录片也随之盛行。参与模式的纪录片并不避讳拍摄者与被摄对象之间的交流,制作者常常在纪录片中出现。通过记录"在场"的拍摄者与被摄对象之间的交流,使纪录片更具亲切感。

5. 反省模式(reflexive)

反省模式通过对纪录片创作手段本身的解构,对纪录片的真实性予以反思,让观众认识到纪录片创作中的人为操控,认识到纪录片中真实的相对性和不确定性。这种反省自我的主体意识虽然早在1929年吉加·维尔托夫拍摄的《持摄影机的人》中就已存在,但直至20世纪80年代,在批判理论的影响下,《重新集结》《远离波兰》等几部影片的出现,才使这种表达方式类型化。

6. 陈述行为模式(performative)

陈述行为模式通过更自由的叙事结构和更主观的表现形式,突出主观和情感因素,强调创作者对于这个世界的认识的复杂性。陈述行为模式纪录片的侧重点是情感和感性表现力的表达,而不是冷静地向观众展示这个真实世界。它恢复了对于具体的人和事件的关注,试图表现出一种从普通到特殊、从个人到集体、从政治问题到私人问题的主观性。由于肯定了纪录片创作者的高度具体化与生动鲜明的个人视角,并具有将事实和想象自由结合的特点,因此有人认为陈述行为模式本质上是一种自传体例。

比尔·尼可尔斯将纪录片分为以上六种模式,而美国学者巴巴须和泰勒则将纪录片分为解说式、印象式、观察式和自省式四种类型。当然,国外也有以题材和其他标准划分纪录片类型的方法,在此不一一介绍。

(二)国内常用分类方式

我国学者对纪录片划分的方式比较多,有按节目形态分类的,有按作品风格分类的,也有按题材内容分类的,还有按文体构成分类的。

按照节目形态可分为栏目型纪录片和非栏目型纪录片。

按照作品风格可分为纪实型纪录片和写意型纪录片。纪实型纪录片更注重现场感,重视生活本来的情境与过程的展现,多用长镜头和同期声,如《舌尖上的中国》《我在故宫修文物》等。而写意型纪录片则注重意境的营造,重视拓展联想和深化作品哲理,如《诗词中国》等。有的学者还在这两分法的基础上增加了一种类型——综合型。事实上,无论是纪实型还是写意型,都只是一种总体风格的把握。总体风格属于纪实型的作品很可能在细节或局部上使用写意型的一些手法,反之亦然。

按照作品题材内容来分类,可分为社会题材纪录片和自然题材纪录片。社会题材纪录片又可分为人物纪录片、事件纪录片、社会现象纪录片和历史文化纪录片。

按照文体构成可分为新闻型纪录片、政论型纪录片和散文型纪录片。

按照传播载体可分为电视纪录片、电影纪录片和DV纪录片。

第二节　电视纪录片蓝本写作

电视纪录片虽然不像电视连续剧一样需要在拍摄前写出具体到每个表情动作的详细剧本，但为了理清思路、保证拍摄的有序进行，也为了征得播出机构和投资方的认可，创作者也需要在拍摄之前为自己的片子描画一个蓝本。

一、蓝本写作的内容

从目前的纪录片创作实践来看，蓝本主要包含选题报告、编导阐述和拍摄提纲几个部分，这几部分之间呈循序渐进的态势，是纪录片拍摄前期准备工作中的重要环节。但有些纪录片并不写作全部环节，而是视创作需要而定。值得注意的是，有极少数纪录片创作者完全忽视拍摄前的文本写作，既不做选题分析，也不写拍摄提纲，更不用说调查笔录和导演阐述了，认为只需要扛着机器去现场"跟着感觉走"就行了，或者认为自己成竹在胸，不需要用文字方式明确思路和计划，这些想法和做法都是不可取的，毕竟机会永远只会给那些有准备的人。

（一）选题报告

有人说，"有一个好的选题，纪录片就成功了一半"，这话不无道理。纪录片创作者在选题这个环节上总是煞费苦心、踏破铁鞋。如获得第三届国际纪录片最佳长纪录片奖的《高考·毛坦厂的日与夜》在选题时，创作者贾丁在全国范围内进行了大量的案头筛选和调研，最终敲定安徽省六安市的毛坦厂中学作为主要拍摄场所；再如获得2016中国（广州）国际纪录片节"金红棉"最佳新人纪录片奖的《重返狼群》，其选题来自创作者李微漪去若尔盖大草原写生，偶然救活并养大了一只失去父母的小狼崽，最终这只小狼崽由人类养大并重返狼群的故事。

无论题材是踏破铁鞋终得之，还是妙手偶得之，一旦选择好纪录片拍摄的题材后，就应该立即对这个题材进行思考和分析，选题报告就是这种思考和分析的书面表述。写作选题报告主要是为了说明选择该题目的理由，并对纪录片的拍摄内容和预期效果进行简要介绍。

1. 选题报告的基本内容

（1）纪录片标题名称。纪录片拍摄的题材一旦确定，就需要进一步思考从什么角度来讲述事实、说明现象，反映怎样的主题。在对这些问题有一个初步结论后，纪录片的标题就基本有了眉目。值得注意的是，由于此时很多调查和思考都没有足够深入，所以选题报告拟出的标题并不一定是最终成片的正式标题，有的选题报告中还会根据具体情况列出副标题和备选标题。

（2）纪录片的传播渠道和对象。选题的优劣往往是相对的，对选题的最终评审权把握在观众手中，不同的传播渠道和对象对选题有不同的偏好和要求，因此，选题报告应当明确纪录片的传播渠道和对象，将其作为评估选题价值的前提。供电视台播出的纪录片，应在选题报告中明确计划播出的频道和节目、播出时段、节目时长等。有的选题报告中还会单独列出收视对象和收视率预测。

（3）选择该题目的理由。这是选题报告的核心内容，应从各个方面阐述选题的价值和意义，如政治意义、文化价值、商业价值等。同时择要说明拍摄该选题的可行性。

（4）拍摄对象情况简要介绍。作为拍摄可行性分析的重要依据，拍摄对象的情况应当在选题报告中进行简要说明。包括拍摄对象的职业、年龄等基本信息，尤其是拍摄对象所在地点、能接受拍摄的时间、本人及相关人员对拍摄的接受程度等。

（5）简明的拍摄计划。简要说明拍摄计划，包括拍摄目的和预期目标，拍摄场地、路线、设备、人员、经费，拍摄制作周期，片子的主要内容及其基本结构和表现方法等。为了增强选题的吸引力，提高选题通过的可能性，还可以突出介绍片子的创新点、特色，并适当补充一些相关背景，如创作团队的获奖情况等。

（6）节目制片人和主管领导的意见。最后当然不应当忘记选题报告的公文职能，为审核者留下签署意见的一栏。

2. 选题报告的基本要求

由以上选题报告的基本内容可以看出，选题报告是纪录片主创者向制片投资方或者影视机构上级领导申报选题的主要文件，既是一份申请经费和人员的申请书，也是一个关于题材的文化艺术价值和市场价值的评估报告，还是创作人员关于该选题的最初艺术构想。因此，作为一个兼具公文和艺术创作蓝本双重性质的文本，选题报告的写作有一些基本要求。

（1）简明扼要。以最简明、最具说服力的语言进行阐述，从文本内容到文本格式，乃至段落的设置上，都要条理清晰、重点突出、方便阅读、清晰明确。

（2）具有可操作性。突出选题的可操作性，能增强报告的说服力。对于完成选题过程中的难点，要有理有据地详细论述。例如，投资较大的纪录片，应详细规划资金筹集方式和资金用途。

（3）有创新。选题的创新点应重点阐述，包括题材的创新、表现方式的创新等。在保证简明清晰的前提下，选题报告的写作手法也可以适当有一些变化。让人耳目一新的文章既能吸引眼球，又能显示出创作团队的良苦用心。

(二)编导阐述

编导阐述主要是导演或者导演组对作品拍摄的一些基本想法的说明。格式相对自由,内容也并无明确规定,可以是导演对于选题的理解、对拍摄方式的构思,也可以是导演对一些艺术灵感的捕捉和记录。

虽然有时编导会在完成创作后专门写出总结性的编导阐述,但通常而言,编导会在选题报告通过后,进行前期调查和创作构思的过程中写作。在西方国家,如果用两年的时间拍一部纪录片,那么他们会用三个月时间做调查研究,用三个月时间进行实地勘查,总共六个月做前期调查,占整个创作周期的四分之一,可见前期调查的重要性。事实上,成功的前期调查可以大量节省纪录片的创作成本,也可以提高纪录片的成功率。但前期调查的成功不只是多花时间这么简单,还需要做许多工作,编导阐述的写作就对前期调查具有不可忽视的作用。

在调查过程中,编导会观察和采访到很多有价值的信息,例如一处值得拍摄的新场景、一个不小心遗漏的重要人物、一段鲜为人知的故事,等等。通过与拍摄对象的交流,编导还会不断地迸发出创作灵感,比如一趟艰苦旅程中得到的启示、一个打动人心的细节动作等,这些都需要进行记录和梳理,都可以成为编导阐述中的内容。因此,好的编导阐述是进一步细化选题的重要环节,有利于统一创作团队的思想,也是拍摄和剪辑时可以依赖的重要帮手。

编导阐述没有格式和内容上的具体规定,以下几个方面可以作为参考:

(1)拍摄作品的基本目的和构想。在选题报告的基础上进一步深化关于作品的整体构想,结合前期调研的成果明确拍摄作品的基本目的,完善作品的艺术构想。但相较于说明文式的拍摄提纲,编导阐述中的作品构想更像是散文,形散而神不散地描绘作品的蓝图。

(2)在作品中要阐述的观念、表达的思想。对于整个片子而言,不散之"神"应当是作品传达的理念。在写作的过程中,编导对选题的深入思考也多体现于此。因此,对纪录片所要表达的思想观念的描绘往往成为编导阐述中的重要内容。

(3)作品大体的框架结构。随着前期调查中搜集资料的增多,编导对于拍摄内容有了更具体的想法,从而对作品的整体结构有了更完整和深入的构想,这些也常常体现于编导阐述中。

(4)作品的风格样式。作品究竟是拍成快节奏的还是慢节奏的?是口述式还是格里尔逊式?编导在拍摄作品之前,往往会对作品风格和样式进行设定,这是编导阐述中的重要内容之一。

(5)对拍摄对象的理解和认识。前期调查的重点在于与拍摄对象的交流。对其认识的加深,对整个拍摄计划的制订有着至关重要的作用,因此,这些理解和认识也是编导阐述的重要内容之一,同时也是编导阐述写作的一个重要基础。

(6)对表现手法的设想。电视纪录片不是以文字语言为基本符号的纪实文学,而是以视听语言为表现基础的艺术样式,如何运用各种视听符号来表现内容,是编导思考的另一个重要问题。尽管具体如何表现,需要在拍摄和剪辑过程中才能确定,但在编导阐述中还是可以进行大体设想,或者提出总体要求的。例如:

《光明日报》曾评价福建船政学堂:"一部船政史,半部中国近代史。"大型历史人文纪录片《船政学堂》耗时两年多拍摄,于2014年6月在央视纪录频道播出,随即受到了各界好评。该片从"人"的角度出发,将船政人物命运与清末时代背景和国家命运紧密关联,刻画了一批有血有肉的船政人物。作品叙述完整,情节严谨,娓娓道来。对我国海军、海权的认知有极大的教育作用,是一部难得的强国强军的好教材。2014年10月,《船政学堂》荣获全国精神文明建设"五个一工程"优秀作品奖。下面是该片总编导、总撰稿孙原写的编导阐述。

《船政学堂》编导阐述

孙 原

历史人文纪录片,首先应该在题材重大性、视角新颖性和人群关注度上下功夫。为了能给观众耳目一新的观感,《船政学堂》应在以下三方面作出积极努力:

首先是国际化视野。中国近代海军,为何独独诞生在东南一角的福州?福建船政这件事,之于福建和福州,自然有其特定的地域文化意义。然而,如果一味强调所谓的地域性,而不将其置于更广阔的中华大背景,尤其是19世纪后半叶世界大变革的背景下加以审视与表现,这部纪录片就注定只是一张自娱自乐的小格局文化名片。片中涉及的福建船政学堂,是1866年创办及后来近半个世纪的精彩呈现,这在那时是一件具有世界性的事件——在同光中兴的洋务运动大背景下,早有海上强军梦想、又偏巧就任闽浙总督的洋务重臣左宗棠,大胆地在洋人的帮助下选择航海、造船传统深厚的福州开办海军造船和培训基地,这是当时东西方都颇为关注的重大事件;更遑论不久后,他还派出中国历史上首批优秀学生留欧深造。为了充分展示这段晚清政府与西方打交道、洋为中用的历史,我们的拍摄团队远赴英、法,首次寻访到法国法兰西学院院士巴斯蒂夫人、英国格林尼治海事研究所(皇家海军学院前身)所长贝拉米先生等国外学者专家,以及船政留学监督日意格家族后裔等,采访、拍摄了大量留欧学生的历史遗存,第一次披露许多鲜为人知的船政留学生珍贵史实。巴斯蒂夫人等国际知名学者的评论,也是迄今为止国外学者对中国海军、船政学堂以及船政留学生的全新评价。今天的时代应该提倡不同文明的更多了解和交流。一件中国的历史事件,中国人自己看是这个样子,如果也能问问世界是如何看你的,也许会得到另一种思考的视角。

正因如此,创作团队应当对于"船政——中国近代年轻海军",从襁褓到成人各个阶段始终进行国际化视角观察。全片有关船政学堂的各个重要关节点,都同时用彼时的国际环境或国际评论加以观照。观众可以借此产生更宽阔的视野和合纵连横的联想空间,从而大大增加观片的参与感和信息获取。

此外,本片紧密结合当前百姓关注的"海洋、海权""日本自有清之后一贯图谋中国"等热点来讲述故事。如片中很多地方穿插日本海军建军历史、历史上日本海军对中国的图谋史实和战争行为等。这些都使得中外观众对今天日本从海上图谋中国的事实、借助钓鱼岛宣扬"中国威胁论"、妄图复活军国主义的本质有更全面的认知;又如再现晚清中国近代海军派舰巡视中国南海宣示主权,将"琛航""伏波"等军舰舰名勒石为西沙群岛岛名等,都是当前极富观众吸引力且具有深远现实意义的。

为了获得第一手资料和画面,摄制组还克服困难,两度跨越海峡进入台湾地区,寻找1874年日本首次侵台事件中,船政学子们是如何在沈葆桢的带领下驾驶军舰御敌保台,并为台湾早期近代化建设建立卓越功勋的。摄制组在台期间获得了大量珍贵的船政学子保台、建台的文物和图像画面。这些资料首次在荧屏上披露,能大大增强本片的丰富性和厚重感。

(三)拍摄提纲

有人总结说,纪录片的创作流程有三种:一是先写出解说词或脚本,按图索骥地拍摄搜集视听材料;二是先拍摄,再剪辑,最后配解说;三是先列出拍摄提纲,然后根据提纲拍摄,剪辑配解说。其中,第三种方式既不会导致画面成为解说词的"图解",又不会导致盲目拍摄,是纪录片创作理想的选择。因此,在完成选题之后,开始拍摄之前,应该拟定一份详细的拍摄提纲,为纪录片的拍摄工作起到提示和计划的作用。

拍摄提纲在选题策划和编导阐述的基础上完成,是创作过程中始终遵循的线索,也是未来拍摄纪录片的蓝图。一般来说,提纲编写的准备工作要尽量充分,创作者应熟悉素材,明确立意,做到心中有数,使它成为拍摄和剪辑的依据。当然,这些都是以纪录片创作者详细具体的实地考察和周密的筹划为前提的。

拍摄提纲一般包括以下内容:

(1)主题与主要内容。提纲应说明作品的主题。这是创作者在以后整体创作中应遵循的基本出发点。只有主题明确,才能使创作者在创作中始终保持清醒的思路,及时纠正失误与偏差。同时,根据主题要求,提纲还应该说明作品拍摄的主要内容是哪些,也就是用哪些内容表现主题。这是选择形象素材的依据。

（2）结构层次。根据内容的性质，考虑具体的结构形式。哪部分在前，哪部分在后，内容之间如何过渡，形成作品的雏形，这个雏形是后期编辑的依据。

（3）拍摄日程。虽然纪录片的拍摄不像故事片一样可以精确地进行时间管理，但拍摄前还是需要有一个大致的时间安排。因此，比较详细的拍摄提纲也会把拍摄的日程安排写进去，作为以后拍摄过程中的参考时间表。

（4）风格式样。根据题材性质，决定作品的表现风格，是用纪实的方法，还是用表现的方法；加强文学性，还是加强新闻性；是以事信人，还是以情感人，等等。风格的不同决定了内容性质和结构方式的选择。

（5）视听方案。在提纲中要体现出同期声、音乐、音响和解说词综合处理的设想，特别是重点段落和高潮部分，如何发挥出综合效果的作用要尽量提前考虑。

由于纪录片主题和创作方式的不同，纪录片的拍摄提纲有详有略。有的只简单列出拍摄内容、地点、时间等；有的则十分详细，如《郑和下西洋》的拍摄提纲就多达12万字，仅对提纲的讨论修改，就耗费近一年时间。因此，拍摄提纲具体写哪些内容、每一项内容的详细程度如何，都要根据纪录片拍摄的需要来决定。

二、蓝本写作的特点

（一）强调生活积累

电视纪录片蓝本的写作非常重视生活积累，对生活积累的强调是蓝本写作的重要特点和基本要求。一方面，纪录片是对现实生活的记录，是对客观物质世界的复原。而能否真实完整地实现这种记录和复原，有赖于纪录片创作者对世界的认知。创作者对所处的世界的深刻认识是纪录片创作成功的前提。另一方面，由于蓝本写作是在纪录片拍摄前进行的，需要对纪录片拍摄过程中人和事的发展变化，尤其是可能出现的突发情况进行大致的预测，所以如果缺乏对生活的深入理解，就不可能写出具有可行性的蓝本。

（二）注重可行性

注重可行性是纪录片蓝本写作的另一个重要特征。如果缺乏可行性，纪录片蓝本就是一叠废纸，在实际拍摄中将毫无指导和借鉴的价值，甚至会导致拍摄误入歧途。纪录片蓝本写作的可行性，有赖于创作者深厚的生活积累，但也决不能单凭个人以往的生活经验进行主观臆造。在纪录片拍摄过程中，任何妄图导演生活的想法都是违背纪录片本性的，必将在艺术上和道德上都惨遭失败。下面这段蓝本就是一个不具备可行性的、闭门造车的典型：

夜,风雨之夜——一盏煤油灯在风雨中摇摆,周超和一个年轻人冒雨在泥泞的道上同行,然后乘上一条小船,摇摇晃晃地走了一个多小时才赶到周漠水家,进门一看,周漠水的老伴已奄奄一息地躺在床上。周超赶紧打开药箱,马上给病人扎上一根银针,接着就进行人工呼吸,全身按摩,病人脱险了……

　　这样的蓝本就明显不具备可行性。纪录片的拍摄不同于故事片,它只能真实地记录生活本身,而不能根据详细的剧本进行表演,但生活中发生的一切怎么可能与如此详细的拍摄蓝本完全一致呢？所以,纪录片蓝本写作应当注意"留白",不能太"满",因为这样很容易脱离实际。

(三)具备灵活性

　　给纪录片蓝本写作"留白",实际上就是纪录片蓝本写作的另一个特性——灵活性的体现。纪录片蓝本只是一个大致的方案,在拍摄过程中随时都有可能进行调整和修改,有时甚至要做彻底的颠覆。因此,写作纪录片蓝本必须十分重视灵活性,多留些余地。拍摄日程上一定要留有余量,不能卡着时间安排得满满当当,某些题材还要留出大量的机动时间才行。在拍摄场景的选择上,也要多写几个备选项,随时准备应对下雨、停电、不准拍摄等突发情形。只有强调蓝本写作的灵活性,为各种临时调整留出足够的余地,才能更好地保证纪录片拍摄按质按量按时完成。

三、蓝本写作的方式

　　纪录片蓝本包含的文本类型很多,而写作这些文本的方式则更加丰富,甚至可以说每一个创作团队、每一位编导都有自己的写作风格和行文方式。但从文本的结构方式来看,以下几种方式是比较常见的。

(一)列表式

　　电视纪录片的选题报告和拍摄提纲都可以做成表格,以列表的方式进行写作。列表式蓝本的优点是一目了然,便于择要查阅,对于注重文本规范化的电视台或一些大型制作机构十分适用。简洁明了、条目统一的表格,有利于进行规范化管理。比如,创作栏目化纪录片就常常需要填写表格。列表式蓝本的缺点是条条框框的表格割裂了上下文之间的联系,显得不那么连贯。

　　在进行列表式蓝本写作时,除了应遵循前面提到的写作要求外,还应当注意表格作为

一种特有的格式,在排版时的特殊之处,只有保持文本的整洁美观,才能保证阅读的便利。例如:

《纪录片工作室》节目选题申报表

选题名称				
长度	集		预计完成日期	
申报人姓名		性别	年龄	
所属单位			职称/职务	
联系地址			邮政编码	
联系电话		电子邮箱		
申报人简历、主要作品及发表媒体、获奖情况:				
摄制组主创人员简介:				
拍摄内容和主题阐述:				
选题涉及的新问题、新发现和新观点(系列片需分集列出):				
选题现有文字资料、图片资料和影视资料:				
选题的预拍摄地点和采访人物:				

(二)提纲式

由于兼具查阅的便利性和文本的可读性,提纲式的写作方式也许是纪录片蓝本写作中最常见的形式了。一方面,提纲式的写作方式科学使用数字序号,能增强文本的条理性,有利于便捷地查阅文档;另一方面,提纲式写作少了表格中的条框分割,从文本形态上看,更接近人们的日常阅读习惯,上下文之间的联系更有逻辑性,从而更具有可读性。同时,提纲式写作在保证条理性的前提下,还具备一定的灵活性。

在用提纲式写作电视纪录片蓝本时,在书写规范方面有一些值得注意的地方,比如以数字序号排序时,一定要注意理清各级序号之间的层级关系,以免发生混乱。当文本达到一定长度时,应当考虑制作目录。例如:

《生态陇南》拍摄提纲

1. 陇南的生态环境概说
2. 陇南的水:重点拍摄三滩、梅园沟
3. 陇南的山:重点拍摄官鹅沟、鸡山、云华山、五凤山

4. 陇南的溶洞：重点拍摄万象洞、白玉洞

5. 陇南的生态旅游情况；提出的目标：建设陇上江南旅游文化名市

6. 陇南评选旅游形象大使的情况；从天池、月牙湖的迷人风景体现陇南的生态之美，产生山水与人共美的震撼力和吸引力

7. 生态大修补的战役性工程：西和洞山的飞播林带、磨沟铅锌矿的人工林区

8. 退耕还林以及相关的清洁能源的开发利用

9. 水土保持工作，泥石流的治理

10. 荒山造林，呵护生态的护林人杨新采等

11. 城区绿化、公园、绿色山庄、农家乐，仙境一样的生活情景

《"案"藏玄机》制作要点

1. 为观众服务，让历史题材纪录片具备"好看"要素

2. 引起观众共鸣，创作要接地气

3. 塑造鲜活真实的人物

4. "再现"历史的过程中要把握好尺度：一是注意间接再现；二是克制地选择恰当的段落和情节；三是使用写意空镜和情绪空镜替代表演

5. 从设计到施工要把握好各项细节：对于历史事件和人物的呈现要注意距离感的反差；拍摄上，将影像风格的处理与内容紧密地结合起来；大量使用升格镜头

6. 后期剪辑应注意采访和史料文字的呈现，可以用其加强真实感和趣味性；注意剪辑对叙事节奏的重塑

（三）段落式

段落式的写作方法即以分段的方式来安排层次、结构文本，一层意思一个段落，仿佛自然天成，最符合人们日常写作和阅读的习惯，且上下文之间的联系较前两者都更为紧密，读来一气呵成。但与此同时，由于对每个层次没有明显标记，查阅时必须从头到尾通读，而不能像看表格式文本那样以栏为单位跳读，也不能像看提纲式文本那样以序号为线索逐级查寻，所以段落式文本在查阅的便捷性上有所欠缺。

采用段落式写作电视纪录片蓝本时，如果文本较长，表达的意思比较复杂，且层次较多，就可以采用分大段落的手法，在每一个大段落前加上一个小标题，有助于提高阅读效率。

前文提到的几种类型的纪录片蓝本，都可以采用段落式的写法。纪录片《丝绸之路》中《敦煌》这一集的提纲就采用了段落式：

中唐时期的第329窟,它的北壁有两处揭掉的痕迹。究竟上面画的是什么?据说被美国人华尔纳拿走了。

请常书鸿先生讲解壁画之所以能被剥离的理由。

访问美国波士顿博物馆,把其所藏329窟壁画局部《供养菩萨像》复原在被剥离残留的痕迹上。

第三节　电视纪录片解说词写作

解说词是电视纪录片写作的另一重要部分,不同于蓝本写作的是:蓝本的阅读者通常是创作团队或者与创作密切相关的专业人士,而解说词写作面向的对象则主要是纪录片的观众。因此,解说词写作对电视纪录片的作用更为直接和明显。尤其是在依赖大量解说来表现内容的纪录片中,解说词的写作可以说是整个纪录片写作中最重要的工作。

一、什么是解说词

解说词是"电视纪录片与电视专题节目的文字稿。它介绍、叙述新闻事实、节目内容、发表议论或抒发情感"[①]。解说词与其他类型的文本不同之处在于——它的写作需要与画面以及其他表现元素相互呼应。因此在讲述如何写作纪录片解说词之前,我们首先要明确解说词与画面以及其他表现元素之间的关系。

(一)解说词和画面及其他表现元素之间的关系

电视纪录片属于影视艺术的范畴,以视听语言为艺术表现手段。视觉语言与听觉语言只有相互配合得当,才能清晰地表达意义,真切地表露情感。在这种复合语言体系中,画面是视觉语言中最基本的元素,解说词则属于听觉语言的范畴。

解说词虽然作用于观众的听觉器官,但一定要立足于观众的视觉感受,因为它是对画面元素的扩充、延伸、概括与升华。

1. 解说词与画面的关系

(1)电视纪录片画面的局限性

电视纪录片画面的局限性主要体现在以下方面:

[①] 赵玉明,王福顺.广播电视辞典[M].北京:北京广播学院出版社,1999:253.

- 历史上发生的事件难以完整再现；
- 画面无法预测和展望未来；
- 难以直接揭示复杂的人物内心世界；
- 难以表达不具备形象性的问题；
- 画面具有多义性特点；
- 无法全部回答记录的基本要素。

正是由于画面的这些局限性，电视纪录片的声音在表达意义方面有着重要的价值。观众可以通过解说词把画面感受同听觉感受相衔接，对不断变化的画面进行必要的整合和重组，充分领略画面之间的逻辑关系，并通过这种引导，顺利进入特定的画面情境和氛围之中，体会电视纪录片的主题与内涵。

（2）解说词与画面的互补关系

解说词与画面是一对孪生兄弟，二者息息相关，相互映衬。优秀的解说词与画面之间的关系既要"形合"，更要"神合"，使之成为水乳交融的内在统一体。所谓"形合"是指在表层意义上，解说词与画面表达的信息内容应当大体一致，但一致不等于重合，解说词应当补充完善画面在传达信息时不足的地方；反之，画面对解说词也应当起到补充的作用。而所谓"神合"则主要指在深层内涵上，解说词与画面表达的意义应当高度统一，同时解说词应对画面起到深化和升华的作用。实践证明，好的解说词可以进一步开拓电视画面的思想和艺术境界，使电视画面的视觉内涵得到更清晰的呈现与更深刻的阐发。

2. 解说词与其他表现元素的关系

好的解说词不仅要与画面配合得当，还要与其他表现元素相互辉映。

同期声是指现场拍摄时同时录下的声音，包括被访者和记者之间的现场交流。经过精心选择的同期声往往具有一定的主观意图，表达特定的意义。例如在纪录片《我的抗战》中，有一些抗战老兵讲述当时抗战的经过。由于他们本人是历史的参与者和见证人，又因为他们讲述亲身经历的事情，这种讲述本身就是活的历史，更容易让观众感受到历史的真实。以记录为己任的电视纪录片，应当注重同期声的表达，在写作解说词时充分考虑与同期声的配合使用。

音乐、音响、字幕乃至剪辑节奏等都是电视纪录片解说词写作时应当考虑的表现元素。总之，解说词不是一种独立的文字，它的作用是在同画面语言、音乐语言与音响语言的结合中体现的。正是多种表现元素的有机结合，才赋予了电视纪录片独特的魅力。

（二）解说词的作用

在与画面及其他表现元素的合作之中，电视纪录片的解说词发挥了自己特有的功能和作用。

1. 补充作用

解说词能弥补画面不足，使叙事更加清晰完整。一方面，由于电视纪录片只能拍摄到"现在"，而无法在镜头中展现过去与未来，所以解说词的补充作用首先体现在对背景资料和环境的交代上。如事件发生的历史背景、时代背景和社会环境等很难通过画面展现的内容，都可以借助解说词清楚地表达。另一方面，解说词能补充交代画面不能说明的各个叙事要素。我们知道，叙事的基本要素是五个"W"和一个"H"，但这些要素并不都能通过画面展现。例如，时间要素就常常不能通过画面准确表达，还有人物的年龄、经历等都很难通过画面展现。解说词对这些要素的补充说明，有助于纪录片更完整地叙事。例如，纪录片《舟舟的世界》中，解说词作为一条主线，从始至终都在辅助片子的完成。人物纪录片中涉及的多种拍摄要素，如时间、地点以及其他相关背景和事实，很多是难以用画面去陈述的，解说词的运用弥补了"画面缺失"的不足。观众通过解说词了解了舟舟的病因以及他的家庭。

当然，解说词不仅能直接发挥补充作用，还能调动观众的想象力。因此，解说词写作应当注意保留想象的空间，不能太实、太满。

2. 衔接作用

由于电视纪录片记录的现实生活千头万绪、十分琐碎，所以画面往往都是零散的、不连贯的，而这些零散的片段最终要整合起来流畅完整地叙事，离不开解说词在其中所起的衔接作用。

这种衔接作用既可以体现为对多个镜头的信息整合，对多义的画面指向进行规定和引导，又可以体现在对两个镜头转场时的承转组接上，说明前后画面的逻辑联系，起到顺利过渡转场的效果。在很多情况下，解说词还可以将单纯的整合和承接加以变化，实现强调、设置悬念等叙事功能。

3. 深化作用

解说词不仅是对画面的一种补充，更是一种提高，因此，它还具有深化画面含义、升华纪录片意境的作用。一方面，解说词通过对纪录片主题的阐发实现其深化作用；另一方面，解说词通过对画面意境的营造实现其升华功能。同时，解说词的深化作用既可以以感性的语言通过抒情的方式实现，又可以以理性的语言通过论理的方式实现。

（三）解说词的特点

电视纪录片解说词是一种特殊的文体，必然有一些独特之处。

1. 非独立性

与其他文体相比，解说词具有非独立性的特征。解说词不是独立地表达含义，而需要与其他表现元素配合使用。这是解说词具有非独立性特征的原因,也是其非独立性的基本表现。解说词是应电视而生的,而电视是视听的艺术,脱离画面的解说词不仅容易流于空洞抽象,而且也失去了其作为解说词的基础。这种与其他元素配合起来共同表意的特点,要求电视纪录片解说词的写作要把握好"跟""贴""让"三字诀。

2. 离散性

电视纪录片解说词具有离散性。它不具备一般文章从头至尾一气呵成的连贯性,而总是时断时续的。"从文字上来看,它断断续续,段落和段落之间常缺乏语言和形式逻辑上的连贯性。"[1]离开了画面、同期声等元素,单独看解说词,往往前言不搭后语、莫名其妙。

3. 通俗性

电视纪录片解说词具有通俗性。对大多数普通观众而言,电视艺术是一次性的,转瞬即逝。电视纪录片解说词也是一次性产品,人们通常不会反复研读。解说词与大多数文本不同,它是用来听的,不是用来读的。正因为如此,解说词的写作要特别注重通俗性,不仅在遣词造句上要通俗易懂,还要在韵律、修辞和朗读上用心,使解说词既易懂,又好听、易记。

4. 概括性

电视纪录片解说词还具有高度概括性。解说词主要作用于人的听觉,不仅要通俗易懂,还要求简明扼要,否则就如同《大话西游》里啰唆的唐僧,简单的语言却让听者绕昏头。因此,无论是补充信息、抒发情感还是深化主题,电视纪录片解说词都应当进行一定的概括、浓缩,使之精练有力。

二、电视纪录片解说词的写作技巧

(一)铺陈法与提炼法

电视纪录片解说词基于画面,又高于画面,它绝不是对画面内容的简单重复。写作解说词的时候,应该围绕画面,从横向和纵向两个维度展开。基于画面信息横向叙述事实,我们称之为"铺陈法";而沿纵向提升意义、阐发主题、营造意境,我们称之为"提炼法"。

1. 铺陈法

所谓铺陈法,是指电视纪录片解说词要配合画面铺陈来写,充分发挥叙事功能。

---

[1] 任远.纪录片的理念与方法[M].北京:中国广播电视出版社,2008:337.

(1) 铺陈的两个层面

在"叙述"这个环节上，解说词要将有必要向观众解释说明的内容铺陈开来，叙述清楚，以补充画面之不足。

这种补充有事实性的说明。如说明事件发生的时间、地点、人物等。《雕塑家刘焕章》用一句解说词介绍了主人公的身份："他姓刘，名焕章，今年已经52岁了，现在是中央美术学院雕塑系的副研究员。"这说明解说词既要"贴"画面，又要避免与画面信息重复。但在某些特定情况下，解说词也可以与画面信息重复，产生一种强调的效果。例如纪录片《交换伤病俘》中，有一组画面是我方被俘的伤病员从美军的汽车里一个一个被抬下来的镜头。解说："抬下来的，抬下来的，还是抬下来的！"对细节的强调中又饱含着情感。

对画面的补充还有知识性的解释，如解释背景、概念等。《如果国宝会说话》第一集对人头壶的起源做了如下解说："人头壶，红陶材质，由仰韶文化先民制作于六千至六千五百年前。那时候的人们不断打磨手中的石器，开始驯养家畜、开垦田地、形成聚落。人类历史进入了新石器时代的纪元。陶，是人类第一次从无到有的实验。在双手的作用下，土壤、水、火交织在一起发生物理和化学反应，实现质的转换。从对泥土的把弄开始，人类认识到自身创造万物的非凡能力。初生如光明照耀，死亡如黑夜降临。"

(2) 铺陈的两个维度

铺陈可以沿时间轴线展开，形成纵向铺陈，也可以沿空间轴线展开，形成横向铺陈。

山东电视台制作的纪录片《风范——天下第一藏》讲述了中国近代大收藏家张伯驹的故事，其中一段解说就从纵、横两个维度展开陈述：

> 这里是位于北京城西的承泽园，张伯驹的旧宅。
>
> 承泽园作为圆明园附属园林，近三百年来，先后有几位清朝的亲王在此居住，在最后卖给北京大学之前，承泽园的主人就是张伯驹。呈现在我们视野里的仅仅是它面积的四分之一，事实上，像这样的豪华宅第，在张家的鼎盛时期还不止一处。
>
> 承泽园是一个清幽去处，张伯驹平时不问俗事，一心一意做自己的学问。有时候，文化界的朋友悄然而来，来了，也无非是相互研习书画、谈论词曲。
>
> 有人曾经描写他所见到的张伯驹，说这位大公子：面庞白皙，身材颀长，肃立在那里，平静如水，清淡如云，举手投足间，不沾一丝一毫的烟火气。

这段解说词对宅子背景的交代，既从纵向延展到"近三百年来"的所有权更替，又从横向说明了宅子的大小。且由地及人，描摹了宅院当时的主人——张伯驹的外貌和性情。语言优美简洁，表意清晰，尤其是最后一句话，使张伯驹先生的"真文人"形象呼之欲出。

2. 提炼法

所谓提炼法,是指电视纪录片解说词既要配合画面写,也要写出画外之意,达到提炼内容、开掘思想、升华主题的目的。

事、理、情是纪录片的三个重要因素。"'事'是片子所反映的对象、表达的客体,它常常叙述的是一个或一段故事,反映的是故事里活生生的人;'理'是故事中所蕴含的思想和哲理,它往往需要提炼和升华;'情'是创作者在叙事和说理中的情感体验和抒发,它最终是通过作品与观众的互动完成的。"①"理"和"情"都需要解说词从具体的人与事中提炼出来。如此"提起来写",便可在叙述的基础上反映出一种感悟,在"以事信人"的基础上,以情感人,以理服人。

(1)"理"的提炼

解说词的高度概括能力使它在说理方面有着天然的优势,解说词的写作要注重对纪录片主题的开掘、思想的升华。用来说理的解说词,应高度概括,要言不烦;也要因事说理,不能空发议论。

例如,《西藏的诱惑》中讲到不幸翻车遇难的作家龚巧明时,有这样一句解说:"你去了,带着你生前最喜欢的一段格言:'生命的方式只有两种,腐烂或是燃烧'。"将深刻的关于人生的哲思用十五个字的解说予以精辟概括。这样"讲理"触及心灵,言语虽不多,却意味深长。

(2)"情"的升华

解说词还可以在画面的基础上进行情感升华。抒发情感的解说词,可以调动各种修辞手法,增强文学色彩。但绝不能脱离画面、脱离事实。如纪录片《云下边的山》中有这样一段感情炽烈的解说:"俗话说,无巧不成书。在中国近代史上,有这么一位先行者——他出生在广东香山;他年少时就读于夏威夷檀香山;他的衣冠珍藏在北京西山;他的遗体安葬在南京紫金山;他姓孙,名叫中山。他的生生死死都离不开这个'山'。是啊!他就是一座大大的山;他就是一座高高的山;他也是一座渴望见到太阳,然而却始终未能见到太阳的山……"这段解说词在对内容进行巧妙串联的同时,表达出强烈的崇敬之情。情感缘事而发,有落点,才显出真情实感。

当然,解说词如果通篇都"铺开写",平铺直叙,其节目只能算是长新闻,不能称为纪录片;如果通篇都"提起来写",围绕理性思考组织素材而不注重叙事,其节目只能说是新闻评论,也不能称为纪录片。因此电视纪录片解说词既要"铺开写",又要"提起来写",将叙事、抒情、议论融于一体,与画面等其他表现元素实现"无缝衔接"。

---

① 李红.电视专题解说词写作技巧[J].新闻前哨,2006(1):78.

(二)散布式解说与连贯式解说

电视纪录片经常将解说词和当事人的采访同期声穿插起来,有时甚至细致到一句解说词穿插一句当事人同期声采访。在这种情况下,解说词是一句句或者小段小段不连贯的话,就会呈现出一种散乱的状态,我们不妨称之为散布式解说。但另一些纪录片的解说词又是大段连贯的文字,甚至就是一篇一气呵成的美文,我们姑且称之为连贯式解说。

纪录片解说词是否连贯,主要根据纪录片主题表达的需要,以及画面、声音等素材的质与量来决定。从风格上看,散布式解说常见于纪实风格的纪录片,连贯式解说常见于写意风格的纪录片。从题材上看,社会生活题材的纪录片常用散布式解说,而强调说理的政论片、难以理解的科教片、缺乏表现材料的历史题材纪录片等,则常用连贯式解说。

1. 散布式解说

解说词作为电视纪录片听觉语言的重要组成部分,除了要与视觉语言配合外,还要与其他听觉语言相协调。正因为要给同期声"让位",解说词才会不连贯。因此,散布式解说的写作特别强调与同期声的协调。解说词与同期声或承接、或递进、或并列、或对比,关系应十分"亲密"。从语言风格上来看,散布式解说应力求精练、质朴、简约。例如:

《一带一路》第一集《共同命运》(节选)

解　说:在这条东西大通道的最西端、地中海西海岸的伊比利亚半岛,一直传承着一项源自中国的古老技艺——手工造纸。昆卡是西班牙中部一座依山而建的城镇,依然保持着浓郁的中世纪风貌。古风犹然的小城里,桑托斯很可能是手工造纸技艺在西班牙的最后一位传人。桑托斯将沉淀的植物纤维搅拌均匀,然后抄出厚厚一层纸浆。他打算用这批手工纸为一位葡萄牙诗人制作诗集。由于年岁不饶人,这将是他最后一次造纸了。

同期声(西班牙手工造纸人桑托斯):我认为纸是最卓越的文化贡献,我们常说我们生活在石油时代,其实更应该说,我们生活在纸的时代。

解　说:西班牙是欧洲最早掌握造纸术的国家,但这项技术正是沿着东西方古老的贸易通道经阿拉伯人之手辗转从中国传入的。

同期声(西班牙手工造纸人桑托斯):其实造纸术正是沿着丝绸之路这条贸易路线传播的。

解　说:在漫长的岁月中,穿行于草原和沙漠之间的贸易通道往来着商队与僧侣、使节与游客、学者与工匠、朝圣者和艺术家、得胜之师与败军之将、逐水草而居的族群和迁徙的部落。

2. 连贯式解说

连贯式解说的写作更强调解说词本身的连贯性、流畅性,相应地,对语言的美感也要求更高。例如,《西藏的诱惑》的开篇语就如诗一般:

> 像旭日诱惑晨曦,像星星诱惑黎明。西藏对人的诱惑,那样强烈,那样不可遏止。对具有献身精神的艺术家来说,像蓝天诱惑雄鹰,像山野诱惑春风,像草原诱惑骏马,西藏对人的诱惑,那样巨大,那样难以摆脱。

连贯式解说是比较完整的文章,开头、主体和结尾通常一应俱全,往往更讲求解说词本身的谋篇布局。解说词开头的写法主要有开门见山式、由远及近式、寓意式、强调式、介绍式等,结尾的写法有总结式、提出问题式、寓意式、意犹未尽式等①。如纪录片《龙脊》的结尾:"农历八月,龙脊上的十几所学校都开了学。潘能高家田里的稻子也灌满了浆。用不了多久,就是龙脊收获的季节。"用一句话阐发出田间水稻的象征意义,含蓄地表达出对希望工程救助下的孩子们寄予的希望,既充满寓意,又回味悠长。

(三)自述与他述

纪录片解说词写作可采用第一人称,即自述;也可采用第三人称,即他述。不同人称会产生不同的表达效果。第三人称是最常见的方式,使用第三人称解说,能以全知的视角进行全方位叙述,有利于客观展现事件全貌。

第一人称叙述有较强的主观性,但能带来亲切感和真实感,近年来纪录片采用第一人称叙述的比例大大增加了。例如,张新伟在拍摄以自己父亲为题材的纪录片《老张》时,因为导演——"我"的主观介入,让父亲忽略了摄影机的存在,只把摄影机当作了一个倾诉的对象。在母亲跟父亲吵架那一场中,父亲对着摄影机大发了一通针对自己婚姻的牢骚:"结婚多少年了,都是我受气。"再如,第一人称纪录片《四个春天》在镜头语言上,也使用了多角度、多景别的镜头对父母的诗意生活进行了展示。

值得一提的是,自述与他述在纪录片解说词中并非排他性的存在,它们有时也同时出现在一篇解说词中。

(四)序列与并列

解说词层次的安排主要有两种思路——序列与并列。

---

① 钟大年.纪录片创作论纲[M].北京:北京广播学院出版社,1997:315.

所谓序列,即前后文之间按时间顺序或者事件发展的因果关系连接。以时间为线索,强调因果关系的解说词更具故事性。在强调故事化表述的今天,序列式解说词越来越受到重视。许多纪录片在解说词写作时都特意加入一条时间线索。

所谓并列,即解说词的各层次之间并无明显的时间或因果关系,是围绕同一主题的素材的并列。由于纪录片的素材往往都是片段性的,情节不连贯,戏剧冲突不明显、不集中。并列式解说尽管戏剧性较弱,但更符合纪录片这一片种的特性和拍摄方式,因此应用得更加普遍。

序列与并列常常同时出现在一篇解说词中。有的纪录片在整体架构上有一条时间线索,但在具体内容的安排上却采用"同题集中"的并列手法;有的纪录片总体上用几个典型事例并置的手法,但在每一个事例的叙述中却按照时间顺序或因果关系展开。

电视纪录片解说词的写作固然有一定技巧、规律可循,但要真正写出好的解说词,不仅要有一定的专业知识,还需要长期的积累和练习,需要良好的文学、历史基础,需要丰富的社会阅历和创作经验,更需要作为纪录片工作者的责任感和良知。

思考题:

1. 电视纪录片拍摄提纲的主要内容有哪些?
2. 电视纪录片蓝本写作的特点与方式有哪些?
3. 电视纪录片解说词有哪些特点?
4. 电视纪录片解说词有哪些写作技巧?

第六章　广播电视短剧写作

广播电视短剧是现代媒体艺术中的轻骑兵,短小精悍却拥有相当多的受众,颇受欢迎。广播电视短剧的制作周期短、成本低,可以充分发挥电台电视台的自身力量进行制作。人们在繁忙的工作之余,可以从广播中收听短剧,也可以在家里观看短剧。不需要花费太多时间,就可以获得放松休闲的效果。

第一节　广播电视短剧写作概述

一、广播电视短剧的产生与发展

广播剧是适应电台广播需要而产生的一种艺术形式,它是以语言、音乐和音响为手段,由机械录制而成的戏剧形式。1924 年,英国广播公司播出的《危险》是世界上第一部由电台录制的广播剧。20 世纪 30 年代,中国一批戏剧家为宣传抗日写过广播剧,成为中国广播剧的先驱。1950 年 2 月,中央人民广播电台录制并播放了中华人民共和国成立后的第一部广播剧《一万块夹板》。之后,广播剧剧目日益增多。在 1980 年后作品更是越发丰富。因为听众只能凭听觉进行欣赏,所以广播剧以人物对话和解说为基础,并充分运用音乐伴奏、音响效果来增强气氛。它要求语言个性化和口语化,富于动作性,演员播演要吐字清楚,表达准确生动,感情充沛真挚。配乐应当富有特色,波澜起伏,动人心魄,音响效果必须逼真,解说词必须帮助听众了解剧中情景和人物的动作状态。广播短剧就是篇幅较短、内容精致的广播剧。广播短剧的种类较多,与商业电影相似,有侦探、武侠、言情、悬疑、神鬼、惊悚等类型,拥有众多的听众。

电视短剧在中国电视史上有独特的地位,中国电视刚诞生时就播出了电视短剧《一口菜饼子》。20世纪60年代,中国涌现出一批电视短剧,如上海电视台的《红色的火焰》、广州电视台的《谁是姑爷》、哈尔滨电视台的《生活的赞歌》等,它们为宣传党和国家方针政策,进行意识形态教育发挥了重要作用。20世纪80年代,电视短剧奉献了《少帅传奇》《新岸》《周总理的一天》《神算子》《一个医生的故事》《牛玉琴的树》《太阳花》等优秀作品。80年代末期,随着电视连续剧的火爆,电视短剧数量逐渐减少。90年代随着情景喜剧、栏目剧的兴起,电视短剧以新的形式引起人们的注意,创造了较好的收视成绩。1993年情景喜剧《我爱我家》首播,创下收视神话。后来的情景喜剧《编辑部的故事》《家有儿女》《武林外传》《一家老少向前冲》等都有不错的收视率。栏目剧也引起了不错的反响,如重庆电视台的《雾都夜话》、陕西电视台的《都市碎戏》、广西电视台的《南国故事会》、湖南经济电视台的《经视故事会》、内蒙古电视台的《生活秀》等都成了地方电视台播出脍炙人口的电视短剧的平台。

电视短剧包含系列剧和单本剧。系列剧虽然有数十集,但每一集其实都是独立的短剧,因此可以划分到电视短剧范畴中。① 单本剧一次讲述一个完整的故事,有情节的发生、发展、高潮、结尾,三集以内(或分为上、中、下集)的电视短剧可称为单本剧。

广播电视短剧的时空结构短小精致,但情节曲折,叙事简洁,以细节取胜,以情感动人。大致说来线索只有一两条,人物只有三四个,段落只有六七段。人物个性鲜明,多是生活中常见的普通人,有平常人的喜怒哀乐和心理需要,与日常生活比较相似。矛盾冲突集中,没有太多的戏剧性冲突,更多的是生活和工作中的烦恼。电视短剧的镜头语言比较简洁,少有花里胡哨的视听语言技巧。广播短剧的范围要宽一些,惊悚、探险、传奇、侦探故事等都可以出现其中,让人在短暂的时间内获得戏剧性的体验。

二、广播电视短剧的特点

与电视连续剧和电影相比,广播电视短剧有自己的特点。

首先,广播电视短剧的制作费用低廉,电台电视台容易投资,也比较容易收回成本。电视连续剧的制作周期较长,投资巨大,制作单位要承担较大的投资风险。电影的篇幅相对于电视连续剧而言较短,但是拍摄制作成本极其高昂。

其次,广播电视短剧从形态上与电视连续剧、电影相比,精致小巧,电视系列剧虽然总长度与电视连续剧不相上下,但是类似珍珠链条,是由短剧连接而成的。电视连续剧情节发展数十集甚至上百集,人物众多,线索复杂,情节波澜起伏。电影则尽其所能进行叙事和

---

① 有学者认为电视电影也是电视短剧,而本书认为电视电影虽然形式上与电视短剧类似,但因为影像语言的本质差异,电视电影是电影的电视化,并不能说是电视短剧。

表情,视听语言相当复杂,人物性格多样,冲突层出不穷。广播电视短剧则形态短小,情节较简单,人物有些扁平化,着重以对话描写人物。

最后,广播电视短剧在艺术风格上相对纯朴真实,因为制作较简单,经费不多,导致它常常采用较低廉的设备进行制作,真实性成为其重要特征,从而使得其艺术风格质朴无华。电视连续剧的风格多样化,类型种类众多,电影的画面效果和音效更是一流,为受众提供了大量的艺术精品。但是,广播电视短剧质朴的风格也具有独到的美,并与观众具有亲近性,具有独特的艺术魅力。

第二节 广播短剧写作

一、广播短剧文本的特征

(一)听觉性——用耳朵写戏

通常我们把广播短剧称为"声音艺术"或者"听觉艺术",这就包含两层意思:一是广播短剧只能听,不能看,没有可视的艺术形象;二是广播短剧全凭声音手段塑造形象,表现主题、人物、情节。声音是构成广播短剧艺术的唯一物质材料。无论是语言、音乐还是音响,广播短剧的三大声音元素都必须通过听众的听觉感知才可以表情达意,完成一部作品。因此,在文本写作上要格外注意这种听觉表现性,即"用耳朵写戏"[①]。

比如,在广播短剧文本中如果出现这样的台词——"请你把那个东西拿给我",恐怕听众再认真也听不明白。因为它不像影视剧或舞台剧中,人们对情节是可视的,一看就知道谁让谁拿什么东西。可广播短剧是听觉艺术,拿什么东西必须讲清楚。这句台词就可以改为——"××,请你把××拿给我。"这绝不是啰唆,而是为了表意清晰准确。

虽然失去视觉手段是广播短剧的弱点,但只有听觉手段(语言、音乐和音响)不仅可以充分调动听众的想象力,使之必须直接参与创造,从中获得特殊的艺术享受,而且正是由于失去了视觉手段,广播短剧在描述情节时获得了更大的自由空间,幻想、梦境、回忆等都可以成为广播短剧理想的题材。但由于广播短剧只有听觉手段,所以不宜表现人物众多的场面和复杂的情节,要求线索单纯清晰,人物集中。

---

① 郑柯.编辑手记——广播剧语言指瑕[J].潇湘声屏,2000(12).

(二)冲突性——不同于传统舞台剧

传统舞台剧的内容往往以突出、集中的方式表现矛盾冲突,这种"冲突"大多是"情节式"或"事件式"的,也就是常说的"外部冲突"。而广播短剧既可以采用这种传统方式,也可以更多地表现人物内心的细微变化,即所谓"摆脱舞台剧传统"①。广播短剧不一定用充满矛盾的情节去展现主题。虽然这种手法在舞台剧中给人以"散""淡"的感觉,但在广播短剧中却可以创造出清浅澄澈和单纯婉约的美感。具体来说,一是广播短剧的戏剧冲突仍以"动作"为主要表现手段,外部动作较少且不易表现,更多是展现人物的内心动作;二是以情感冲突代替情节冲突,更注重表现人物的情感运动和变化。

(三)情感性——着重展现人物内心情感波澜

广播短剧擅长表"情",往往由一种特定的、内在的情感为主要支柱来支撑全剧。同时,与传统舞台剧"因事生情"的抒情手法不同,广播短剧表"情"多采用以情"叙"事的手法。中央人民广播电台制作的广播短剧《沙宝》,就是通过叙述西北一户普通农民三口之家栽种果树抗击风沙的故事,表现了一股风沙无法掩埋的战胜恶劣自然环境并代代相传的坚强精神。从孩子沙宝盼望小树苗成长,到沙宝因保护小树苗在风沙中丧生,再到父母坚强抗击风沙,完成沙宝的心愿,在沙地上种出大片果园,西北人坚强的品格显露无余,艰苦环境下人们抗击自然灾害的坚强精神令人敬重与钦佩。

另外,广播短剧写"情",主要在于展现人物内心情感的波澜。虽然没有剧烈的外部情节冲突,但是人物内心的情感运动变化轨迹异常清晰和细腻。无论是解说中的外部动作所展示的"情",还是人物对话或自身独白中的直抒胸臆,情感的波澜时刻贯穿在广播短剧的始终。如武汉人民广播电台录制的广播短剧《夏日里最后一朵玫瑰》,讲述的是一个原本打算入室盗窃的小偷杨乐遇上了病重的女高音歌唱家唐叶,点燃了内心对音乐的渴望,从此改邪归正的故事。剧中有几段杨乐的内心独白,如他在起初面对唐叶不知自己真正盗窃目的的偷乐,到慢慢向往与唐叶通过音乐以平等的朋友方式进行沟通,再到后来改过自新,完成唐叶的遗愿,也完成自己的梦想——考取音乐学院,表现了这一过程中内心的矛盾与情感的变化。虽没有大起大落,但细腻的笔触带领听众与剧中人物一起完成了一次感人的艺术旅程。

(四)艺术性——充分展现社会生活的小镜头

不同于传统舞台剧或一般影视剧作品,广播短剧因其线索简单、人物集中的特点,展现

---

① 张凤铸.中国广播文艺学[M].2版.北京:北京广播学院出版社,2000:278.

的是一个个社会生活的小场面。它以颇具个性的人物语言生动地展现某种生活情趣,揭示社会问题,蕴含深刻的生活哲理。广播短剧的艺术性不在于对宏大场面的铺陈,无论是反映大时代的变革,还是人们内心的冲动,都是从生活化、细节化的场景入手着力表现的,从而充分展现社会生活的小镜头。如黑龙江人民广播电台制作的《特殊旅行》,就讲述了一对面临离婚的年轻夫妻相约完成一次"分手旅行",在野外突遇狼群,患难中找回失去的爱的故事。全篇只有两人的对话,却非常清晰地表现了旅行一开始两人矛盾重重的"斗嘴"、在危险面前两人的生死相约、巧妙与狼群周旋和最终重归于好的温馨等多幕生动的生活画面。听来让许多年轻夫妻感同身受,引人深思。

此外,广播短剧依靠听众展开联想和想象感受剧情,参与创作,因此更重视同听众的心理交流。同时,为了争取收听的专注度,适应广播的线性传播特征,广播短剧还必须激发听众的兴趣,使听众快速进入剧情。这也是广播短剧文本的特征。

二、广播短剧文本的结构要求

一部广播短剧的成功,除了本身选题内容之外,关键还要看其结构安排是否得当。虽然不同题材的广播短剧的结构会有所差异,但基本规律还是有章可循的,具体表现在以下方面。

(一)衔接自然紧密

传统舞台剧依靠内在的逻辑关系来转承幕与幕、场与场之间的衔接。广播短剧不仅要让人听清楚它的内在逻辑,更要让听众从外部感受到它的场景之间自然、顺畅、紧密的衔接。它不像舞台剧可以借助字幕或其他手段,广播短剧的声音是其唯一可以提示衔接的有效手段,因此一定要让听众听明白和有感觉。尤其是在体现故事主线、主要人物的行动线和内心发展的线索时,必须环环相扣。

(二)场次安排适度

听众仅能凭借听觉来欣赏广播短剧,因此广播短剧创作要比电视电影或传统舞台剧等视听综合艺术创作付出更多的劳动。为了避免听众收听广播剧时产生疲劳,广播短剧创作者应该在适度的场景变化中寻找扎实的内容,即广播短剧的结构要"一步一景"。"一步"是指每场戏要短,"一景"则是说每场戏都要有实实在在的内容。当然,一般情况下,广播短剧的场次安排、情节段落不宜过多,创作者对整部戏的时间、容量在创作初期就必须心中有数。

比如广播短剧《铜钢琴》,讲述了北漂小伙子与地下通道的盲人演奏家的故事。全剧一共有五个场景:中秋节前一天,小伙子张其因为给地下通道的盲人演奏家周养菊老人打抱不平而与老人相识,老人答应中秋节当天带单簧管给张其吹奏莫扎特的名曲。中秋节那天,张其满不在乎地失约,没想到几个月后在地下通道里两人再次偶遇,老人带着单簧管等了张其三个多月,终于兑现了承诺,张其感到愧疚。在陶陶居小饭馆里,老人讲述了自己的"仰仗"(理想)——用吹长笛挣的钱在公园造一架铜钢琴。地下通道维修,老人不见了,却留下了话儿,会换个地方继续完成自己的理想。张其在公园里畅想铜钢琴建成的场景。这部短剧场次虽然简单,却带领听众"一步一景"地感受到这位老人梦想的坚定,也体会到剧中年轻人张其对生命、对理想的领悟。

(三)场景丰富多彩

广播短剧的场景要尽可能丰富多彩。这一方面是为了避免听众长时间处于同一场景下产生收听疲劳;另一方面也是为了使故事情节跌宕起伏、人物形象更加丰满。同时,也有利于音乐、音响发挥转场、烘托气氛等作用。但广播短剧的场景并非为了丰富而丰富,一定要符合剧情发展的需要,并且具有典型代表意义,这样才能体现出前面所要求的"衔接自然紧密"。

(四)节奏张弛有致

激昂与舒缓交替,紧张与轻松相间,这样才能使人们自然地产生愉悦感。广播短剧,这种以听觉为唯一传播手段的艺术形式,更要注重把握节奏的张弛有致。一味的紧张会对听众心理造成压迫感,影响听众对人物形象和剧情发展的感知,并且由于缺少变化,听众也容易产生收听疲劳。而紧张过后的娓娓道来,平静背后所隐藏的无限动力,更容易使剧情引人入胜。

比如,在广播短剧《特殊旅行》中,年轻夫妻在分手之旅的途中,你一言我一语地"斗嘴",节奏轻缓,没有大的波澜。突然,两人看到一只被捕狼器夹住的母狼,气氛开始紧张。而后,他们合力救了母狼,节奏到达高潮后趋于平静。没想到刚放松下来,又有一群狼来围攻他们的帐篷,节奏再次紧张至顶点。获救的母狼一声嚎叫唤走了狼群,报答了这对年轻夫妻,两人也重归于好,剧情再次从激越的顶点回归到温情舒缓的结尾。整个剧作张弛有致,尤其在结尾处,留下无尽的意味,这也是广播短剧表情的重要手段。

(五)人物关系简单明了

如前所述,由于听觉传播的特征,广播短剧的场次段落安排讲究适度,不易表现复杂的人物关系。因此,在结构上要注意人物关系简单明了。只有这样,才能使听众毫不费力地掌握人物之间的矛盾与纠葛,更清晰直接地知晓他们之间的关系。如果人物众多、关系复杂,一是听众不容易理解和把握;二是容易使剧情显得散漫,不容易推进节奏和情节的变化发展。

三、广播短剧文本中的语言写作

声音包括语言、音乐和音响三部分,其中语言是广播短剧文本中最重要的构成元素。"因为用任何手段表现人物行动、性格、意态、感情等,都不会比语言更清楚、更准确、更生动、更深刻,所以,广播短剧首先要重视语言。"[1]

一般来说,广播短剧中的语言分为"人物语言"和"解说"两大类。依靠个性化的人物语言来塑造人物形象,凸显人物性格;依靠解说来转承剧情,解析人物内心世界或事件背景及发展。总之,广播短剧中的语言是推动情节发展的重中之重。

(一)人物语言的写作

人物语言包括人物对话、旁白和独白,在写作过程中有具体要求。

1. 人物对话

对话,是戏剧中表现情节冲突、塑造人物形象的重要方式,是戏剧中最基本也是最主要的艺术表现手段,在广播短剧里更为重要。为了使听众感知到生动逼真的人物形象,广播短剧中的人物对话应该重视性格化和行动性。

(1)人物语言必须反映人物气质,揭示人物性格,即性格化

一般情况下,口语化的人物对话更容易被听众接收。但如果是一个书呆子气严重的人,"满口之乎者也"也未尝不可。这就是凸显人物气质。包括语言中一些具有个性化的用语和说话方式,都是表现性格的有效手段。比如,在《特殊旅行》中,女主人公莎莎是一位外语翻译,她的语言中就经常夹杂一些英文单词和句子,尤其在表现愤懑和不满时,似乎只有通过这样的方式才能表现其内心的情感。一个活生生的、有些骄纵又脆弱的年轻女翻译的形象就跃然纸上了。当然,更重要的性格特征是通过蕴含在人物语言内的气质特征表现出来的。比如,在广播短剧《铜钢琴》中,在北京地下通道吹长笛的盲人艺术家周养菊,并不是靠卖艺谋生的,而是希望通过这种方式实现自己造一架铜钢琴的梦想。他有着比较丰裕的家底,吹长笛并非为了糊口,而是有着高尚的艺术追求,因此他的语言雅致豁达,充满文化意蕴。如在一个冬天的傍晚,两人再次相遇,在陶陶居饭馆里,盲人艺术家周养菊老人要请北漂青年张其吃饭,他们之间有这样一段对话:

张　其:行,您看着点,我买单。

---

[1] 张凤铸. 中国广播文艺学[M]. 2版. 北京:北京广播学院出版社,2000:300.

周养菊：您这是骂我！这顿饭我结。

张　其：（着急地）那哪成，怎么能让您……

周养菊：你肯定在琢磨，我哪儿来的钱，是不？告诉你呀，我，卖艺讨钱跟糊口无关，明白不？

张　其：不明白。

周养菊：我有家产，老辈留下来的古玩，卖一件够吃半年。你看，我叫周养菊，这"养菊"俩字儿，你乍一听肯定以为是花把式，种花的意思？非也。裱画，四周边加一分旧纸，这道工序叫"养菊"。

张　其：那你……

周养菊：别急，我知道你还想问啥。我喜欢乐器，主要是管乐。见天吹吹，来点钱。家里有口从前养荷花的缸，卖艺的钢镚儿一天一倒，快满了。

张　其：（吃惊）一缸钱？

周养菊：一缸钱还远远不够呢，慢慢攒着，总有成了的那一天。

张　其：啥成了？

周养菊：成了一个仰仗！

张　其：仰仗？

周养菊：（惬意地喝一大口酒）这仰仗啊，跟你们说的理想接近，就是——我用吹长笛攒来的钱，铸一架铜钢琴。你知道紫龙晴公园吗？

张　其：知道，我上班经过……

周养菊：门口那块地，我看上了，摆钢琴！

张　其：给谁弹？

周养菊：咳！是雕塑。紫铜浇铸，不能弹！

张　其：得多少钱啊？

周养菊：七八万吧。

张　其：你，靠这些钢镚儿攒七八万？

周养菊：对呀。

张　其：那得多少年？

周养菊：该多少年就多少年。

张　其：那……那……

周养菊：那什么？（喝口酒，吃口菜，不紧不慢地说）你们现在的小年轻啊，把目标定得太实太近，我特意往远定，越远越有意思——这就叫仰仗。仰仗，明白不？人活着啊，得有一个仰仗。有了它，路再远、再难，你都会活得有滋有味。踏踏实实地走在路上，那才是最重要的。来，喝！

从这段对话中,我们似乎可以看到老人虽已年过半百,却依然执着于自己的梦想,而且那种豁达开朗、洒脱淡然的气质,与北漂青年急于求成、只顾眼前利益的心态形成极大的反差。尤其是那段对"仰仗"的剖析更让人有醍醐灌顶之感。现实生活中,大多数中青年人恐怕都有和那个北漂青年一样的心态,而老人却悠然洒脱充满梦想地生活着。

人物对话的性格化,其实就是一种个性化的展示。这种个性化不是温吞吞的,而是要具有典型性、特征性。著名编剧郑柯在《编辑手记——广播剧语言指瑕》中对语言个性有一段极为形象的描述,他说:"广播剧语言要有个性,语言有了个性,人物才出性格。什么叫语言个性?要么烫嘴,要么冰镇,千万莫喝温水,容易拉肚子。"[1]说的就是这个道理。

(2)人物语言不仅要反映人物的动作表情,也要反映人物的内心活动,即行动性

具体来说,人物的对话一是要体现在一定的矛盾冲突或情感交流之中,避免给人停滞或闲散的感觉;二是要注意提示人物的行动,包括外部动作和内心动作;三是要注意让人物多交流,对话转换频繁且衔接紧密。

如在广播短剧《特殊旅行》中,主人公是一对年轻夫妇——石岩和莎莎。两人刚走出灌木丛,突然发现不远处有一只饿狼,跳跃着,号叫着,他们之间有这样一段对话:

莎　莎:啊!那是什么?
石　岩:天哪!是只狼!
莎　莎:(哆嗦地)快跑!
石　岩:别动,它会追你的!
莎　莎:那,那怎么办?
石　岩:(停顿)退到灌木丛里去,轻一点。

这段对话提示了两人行动的方向。随后两人退回到灌木丛,继续对话:

石　岩:怪呀,它应该扑上来的呀?嘿,它的左前爪被什么东西夹住了,是捕狼器!这东西我见过,链子的一头是长长的铁锥钉在地里,另一头是个弹簧大夹子……哦,没事了,它目前对我们构不成威胁!
莎　莎:我们赶紧走吧!
石　岩:居然还有人敢捕狼!
莎　莎:我们快走吧,石岩!

---

[1] 郑柯.编辑手记——广播剧语言指瑕[J].浙江广播电视高等专科学校学报,2000(12):46.

石　岩：啊，是只母狼。你看它的乳房，一定是刚生下小狼不久。

莎　莎：哺乳期？

石　岩：对！

莎　莎：那它的孩子呢？

石　岩：当然在狼窝里。

莎　莎：是个狼妈妈？

石　岩：是。

莎　莎：我们救救它吧。孩子找不到妈妈，多可怜啊！会饿死的！（急）你快去救，快去救它啊！

石　岩：你喊什么？救它，救它，你怎么能接近它？

莎　莎：你就不能想个办法？

石　岩：想什么办法？

莎　莎：我看你就是不想救！Cold－blooded Animal！（冷血动物）

石　岩：对，我冷血动物，你热血动物！你留这儿，安慰它吧，跟它说英语，反正在它听来都一样！

这段对话揭示了石岩这个地质工作者带着对自然界的了解判断被捕饿狼的基本情况的心理过程，从最初的惊恐，到随后的沉稳，再到分析狼妈妈的境况，内心的行动趋向鲜明。而妻子莎莎从惊恐到同情母狼、央求丈夫施救的心理与行动变化也清晰可见。尤其是两人的一问一答，暗示了后文将小狼引到狼妈妈跟前施救的策略，可谓巧妙自然。两人语言以短句为主，交锋犀利频繁，还原了现实生活中一些年轻夫妻的语言本色，亲切可感，充分展现了人物对话的行动性。

2. 旁白和独白

旁白和独白是人物的内心语言，运用在广播短剧中应注意，"一是要富有戏剧性，把人物内心的隐情表达得清楚深刻；二是大段独白要特别注意抒情性"[①]。

在广播短剧《铜钢琴》中，整个故事就是由北漂青年张其的独白串联起来的。他以这样一段独白作为开场：

张　其：（自述）听人说，北京是个福地，只要有本事，到处都是机遇，还有大把大把的钱等着你去挣。于是，刚走出大学校园，我就风风火火地挤进"京漂"大军的行列。IT行业、短信写手、应聘、打工、跳槽……如今一晃，已过去三年零四个月，

---

① 张凤铸.中国广播文艺学[M].2版.北京：北京广播学院出版社，2000：302.

我是废寝忘食、追星赶月、疲于奔命。我想，人这一生啊，谁不巴望着混出个模样来？谁不想尝尝当款爷的滋味？可是，自从我有了一次奇遇，我的脚步开始变得踏实和从容。这次奇遇并不惊心动魄，却触动了我浮躁的心灵。那是个秋天的夜晚，在北京一个地铁站的地下通道里……

独白揭示了故事发生的背景。人物的身份、内心的情感与戏剧冲突有机融合，将这种人生的转折放在一个颇具戏剧性的"奇遇"里，引人入胜。

在广播短剧《圣旅》中，女主人公胡惠文面对躺在病床上熟睡的已到恶性肿瘤晚期的丈夫——在西藏工作了21年刚刚回到无锡家中的优秀党员干部任国庆，有一段非常动情的内心独白：

胡惠文：睡吧，好好地睡一觉吧，你太累了。西藏，多么遥远的地方，它整整拴住了你21年，现在你终于从西藏的家回到了无锡的家，你不会走了，你答应为我慢慢细说在西藏21年的点点滴滴，可那儿并不是我们长相厮守的家啊！盼了你21年，你却又让病床紧紧拴住了，你真的要让我永远独守那个空空的家吗？

（二）解说的写作

解说，是广播短剧艺术创作的一种手段，或者说，使用解说，是广播短剧的一个特征。但这个解说不同于影视剧中的解说，它不是为了对现有的艺术作品进行"广播化加工"，而是与广播短剧的故事情节有机融合，配合剧中人物语言推动情节发展，与人物语言一同构成广播短剧文本的主体部分。广播短剧解说的写作要注意以下问题。

1. 解说应该配合展现情节

解说在广播短剧里虽然只是配合展现情节，但这种"配合"讲求富有戏剧色彩，要求能够增强戏剧的表现力，紧扣情节发展，帮助表现情节和人物动态。具体体现在引领听众进入戏剧情境，配合情节展现戏剧情势和推动情节发展等方面。

首先，解说要引领听众进入戏剧情境。广播短剧没有视觉辅助，因此故事发生的时间、地点、出场人物、事件背景等需要通过解说来交代清楚。这时，解说要尽量营造"好戏在后头"的意味，引发听众的兴趣。比如可以采用设置悬念的方法，或者渲染气氛和营造意境，当然也可以直接提醒听众关注剧中的主人公。总之，要根据剧情来设计解说语言。

如广播短剧《落星石》，讲述了明朝两位著名的文学家归有光和吴承恩在太湖岸边的长兴县衙共事一年中发生的动人故事。剧目开头这样解说：

> 江南春夜,月光正明,浩瀚的太湖,波光闪闪。长兴县后衙,鬓发皆白的县令归有光,沐浴焚香,端坐厅堂,在月光下弹起了古筝……

意蕴悠然,既点出了剧中的主人公归有光,又自然地把听众带入了太湖岸边江南月夜的情境,与后文归有光弹琴吟诗的出场融为一体。

其次,解说要配合情节展现戏剧情势,即将矛盾双方紧张激烈的情况和态势勾勒出来。

再次,解说要推动情节的发展。这种推动往往是顺着前面的故事将客观形势的新变化、新情况或者始料不及的新事件点出来,尤其是将一些剧中无法直接表现的情节或者不宜直接表现的情境由解说表现出来,使剧情不断向前发展。如当归有光与吴承恩两人正切磋琴箫、讨论文学时,一段解说使剧情陡然陷入紧张:

> 斗转星移,不觉到了夏日。火伞高张,暑气升腾,炎炎烈日中,归有光和吴承恩也遭到了意外的打击……

虽然只有短短两句话,却让剧情来了个大逆转。这种直接讲明的方式比通过人物语言或其他方式更明白清晰,使整个剧情衔接紧密,节奏张弛有致。

2. 解说应着重描绘剧中人物的形象、情感和行动

解说不仅要配合展现剧中情节,也要配合表现剧中人物,尤其是仅凭人物语言或行动不足以揭示人物的内心情感时,解说便可以帮助表达。另外,对于人物的外貌形象,包括衣着、道具和人物的动作等,也都可以通过解说来着力刻画。在描述和刻画中,要力求入情入理[①]。

3. 解说应明晰自己的身份特征

广播短剧的解说必须明晰自己的身份特征,只有明确自己处在什么位置,才能正确选择解说的角度,恰当地表达感情。

一般来说,解说有三种类型:局外知情人、局内人和局外观察人。局外知情人,与剧中人物没有任何关系,但是他了解这些人物的性格、命运和结局,往往以第三人称出现。解说灵活自如,表达感情也比较自由,使用得最多。局内人,往往是剧中的主要人物,他以第一人称出现,仅能把自己经历的事情讲出来,而没有经历的就无法解说了,在情感表达上也同样会陷入这样的困境。局外观察人,他和剧中人物没有关系,对他们的发展也没有事先的预知和了解,只能把现场观察到的情况解说给听众,情感表达只能是事后抒情或议论,局限性较大。

解说的身份是根据剧情需要设计的,其情感表达只有与身份相符,才能显得自然、亲

---

① 张凤铸.中国广播文艺学[M].2版.北京广播学院出版社,2000:306.

切、可信。

通常情况下,解说的情感表达有两种色彩:一是"冷眼旁观",二是"热烈动情"。情感色彩是由题材内容决定的。比如,在社会问题讽刺剧和喜剧中,解说往往采用冷眼旁观式。但这种冷眼旁观不是没有情感,而只是用外表冷漠的形式表达对人物和事件的一种态度:鄙视、嘲讽或批判。冷漠的外表下隐藏着解说的情感倾向,甚至更为深刻犀利。而对于正剧和悲剧,情感表达的色彩大多是热烈动情式。

4. 解说应避免冗长、重复和不规范

解说是广播短剧艺术创作的一种辅助手段,千万不能喧宾夺主,因此要避免一段解说上千字,冗长拖沓,影响剧情发展。同时,对于剧情已经展示过的情节或者音响效果提示过的内容,解说就不必重复,因为那样只能显得啰唆,根本不能起到强调的作用。另外,如果使用解说,就要注重规范,不能想起来用两段,想不起来就干脆不用,让听众毫无章法可循,这是创作中一种不负责任的表现。

四、广播剧的新发展——广播小品

随着广播媒体新一轮的发展热潮,伴随性收听尤其是车载收听成为广播发展的主要方向。长篇幅广播剧因为剧情铺展时间较长、进戏较慢,需要连续收听才能明白人物关系、主要矛盾等,因此对于随时插入收听的车载听众来说,广播剧的艺术魅力就大打折扣了。而此时,一种建立在广播剧基础上的新的艺术形式——广播小品,便应运而生。

广播小品沿用了广播剧的某些表现手法,同时又吸收了小品中的艺术精髓,以短小精悍、戏剧感强、平实幽默等特点,受到听众的欢迎。比如北京人民广播电台的《都市人》、浙江人民广播电台的《阿亮的烦恼生活》、山东人民广播电台的《老鲁一家亲》等,都是当地家喻户晓的优秀作品。

这些广播小品在创作中表现出一些共同特点。首先,在故事情节展开上,尽量遵循人物少、事件简单、时间短的原则,采用"快切入、快推进、快收拢"的方法,开门见山,直奔主题,见好就收,戛然而止,使听众能在短短几分钟内感受到事件发展变化的整个过程,并产生相应的情感变化。其次,在情感表现上,突出荒诞色彩,加强情感的冲击力。这借鉴了小品等传统曲艺的表现手法,将误会、巧合、夸张、对比等作为设计结构和展现情节的主要手段,将生活进行夸张、变形处理,在不可思议的情节背后展现一些意味深长的道理。最后,大量运用富于智慧和幽默的语言。这对于广播小品而言是其艺术生命的根本。广播小品的幽默只有通过语言的幽默来完成。目前一些作品大多以乡音俗语来增强语言的亲和力,但我们还应重视挖掘更高层次的语言幽默,比如由语体变异、语义变异、语音变异、词曲隐意和夸谬产生的幽默等。

第三节 电视短剧写作

一、电视短剧的特点

《雾都夜话》制片人马及人认为,栏目剧是根据现实生活题材创造并组织群众表演,以电视栏目形式(有主持人、相对版块化等)播出的故事剧。他还指出,电视短剧具有形态生活化、人物平民化、表演群众化、视听语言平淡简洁、语言地方化、情景真实化等特点。这些基本概括了电视短剧的特点,下面择其重点进行分析。

其一,形态生活化。电视短剧的情节十分生活化,剧情与生活很贴近,情节就是生活中的喜怒哀乐和柴米油盐,琐碎而平淡,没有惊天动地的大事,也没有紧张的戏剧性冲突。"悲欢离合,宛如平常一首歌。"短剧的内容因此显得平民化,都是老百姓的家长里短。电视短剧成为民生戏剧,老百姓可以在电视中看到与自己的生活类似的欢乐与哀愁,容易引起共鸣。电视短剧的形态生活化还包括情景真实化。电视短剧的场景大多都是生活中的场景,故事主要发生在家里和办公室,如情景喜剧《编辑部的故事》主要发生在办公室,《我爱我家》《家有儿女》《一家老小向前冲》《外来媳妇本地郎》主要发生在家里。

其二,人物平民化。电视短剧的主角是平常老百姓,人物的语言——台词都是日常生活中的语言。而且因为电视短剧播出平台都有地方性,所以台词经常就近取材,运用当地方言。方言的运用使得电视短剧容易引起当地观众的共鸣,让观众产生亲近感。

其三,表演群众化。电视短剧的演员有两大类:一是职业演员,像《我爱我家》《编辑部的故事》《家有儿女》中的演员。二是群众演员。电视短剧中的栏目剧、新闻剧等经常是真实的群众演员在表演。剧组在拍摄时招聘演员,演员的表演是本色表演,举手投足与生活中的叔婶哥嫂的动作相似,从而非常容易引起观众的参与感与认同感。有表演天赋和表演热情的观众如果参与了短剧的表演,在观剧时无疑会获得"高峰体验"。另外,群众参演也能为剧组节约成本。一般来说,电视短剧的制作成本极为低廉。

其四,视听语言平淡简洁。电视短剧的镜头和声音极为简单,很少运用具有强烈修辞效果的特殊镜头语言和音响效果。镜头的切换速率不快,大量使用长镜头,叙事节奏缓慢,极少使用特写、慢镜头、特殊过渡等电影式镜头语言。音响也十分生活化,声音大多来源于生活场景。

二、电视短剧编剧构思

相对而言,电视短剧不像电影剧本那样集中凝练,不像戏剧剧本那样有诗意化的台词,也不像电视连续剧那样矛盾冲突环环相扣。电视短剧篇幅短小,时间和空间的容量有限。所以,编剧构思有自身的特色,一般分为以下几个步骤。

(一)确定主题

主题是作品表现的政治理念和伦理观念。在编剧写作中,主题来源于生活经验推动情节发展的思想、理念和动机。来源于生活经验意味着主题并不是抽象的政治理念和伦理观念,而是具体可感的思想、理念和动机。电视短剧的主题是情节发展的动力,围绕普通百姓的工作和生活展开。在剧本写作构思时,要抓住人物的需求,因为需求形成动机,促使人物行动,行动施加于他人,他人会产生反应,形成反动作,于是产生冲突,形成情节。

(二)设计人物

人物是剧本的核心。主题是关于人的主题,情节是人的命运演变,视听语言是为塑造人物形象服务、表达人物情感和揭示人物精神风貌的工具。在影视剧本写作中,设计人物要把握好身体和精神两个层次。身体是人物看得见的部分,包括外貌、服饰、动作、表情等在电视荧屏上可以看到的内容。精神是人物看不见的部分,包括心理、情感、性格、潜意识、气质、修养等需要观众分析感受才能把握的部分。看不见的部分是沉没在海平面下的冰山,看得见的部分只是冰山一角。所以,在写作时,人物的形象要浮现在作者的大脑中,在想象的空间中行动。电视短剧的人物大多是平民百姓,他们与生活中的人物极其相似,不粉饰也不戏剧化。人物总有种种小缺点但不是阴谋家,向善却喜欢占便宜。如李冬宝幽默风趣却总喜欢耍点小聪明;傅明有长者之风,沉稳却总以老干部自居,等等。

人物设计还包括人物关系的设计。按照戏剧冲突的双方,人物可以分为正一号、正二号、反一号、反二号等。正一号和反一号之间形成正面冲突,正二号是正一号的帮手,反二号是反一号的帮手。正一号、反一号人物身体和精神的设计要全面而深刻,是电视短剧着力刻画的重点。而正二号、反二号虽然在人物关系中不是最重要的,但是在剧情发展中却不可或缺。因为有时解决剧情发展问题的钥匙就掌握在看似无关紧要的人物手里。需要指出的是,电视短剧中的人物关系不能太复杂,多线条的复杂叙事在电视短剧中不大适用。

(三)编排情节

电视短剧的情节尤为重要,从一定意义上来说,与电影相比,电视短剧的人物关系不会太复杂,人物的个性也不会太鲜明突出,视听语言也不会太讲究。电视短剧是影视艺术中的轻骑兵,小巧精致是它的艺术特质。电视短剧中的电视系列剧一般是情景喜剧,每一集都是独立的单元,每一集都有相对完整的情节。电视栏目剧则在20—45分钟内讲述一个完整的故事,情节线索简单,冲突波澜不多,一条情节线、两三个人物、四五处场景、六七个段落就形成了一部电视短片。

在确定主题后,编剧在情节编排前期要拟定一条情节线。主题是情节发展的推动力。一般而言,电视短剧的情节有缘起、发展、高潮、结尾四个阶段。在剧本构思时,缘起是情节发展的逻辑起点。在发展部分,人物根据需要产生动机,从而诉诸行动,冲突是潜在的而不是现实的。在高潮部分,人物不同的动机逐步发展到一定的程度,由量变达到质变,形成冲突的高潮,其中包含动作、言语、情感、视听语言等元素的高潮。肢体动作、言语和内在的情感冲突白热化,形成极大的张力,给观众留下深刻的印象。在结尾部分,冲突的结果出现,矛盾得到解决,结局或喜或悲,往往干净利落。

三、电视短剧写作

编剧在写作正式的剧本之前,要写出故事梗概和剧本大纲,以对剧本有一个整体的把握。故事梗概指的是编剧在创作阶段为剧本提供的故事概要,一般遵循时间序列,规定事件过程,注意事件之间的内在连贯性,简要表述矛盾冲突,对于人物的思想性格、环境与景物,只做抽象的描述。故事梗概可以反映出故事的大致轮廓。还有一种梗概是简单介绍故事情节,概括地叙述影片主人公的命运,故事发生的时代和背景,主要情节及戏剧冲突、悬念、结局等。一部电视短剧的故事梗概字数在600字左右。

剧本大纲是编剧在创作前经过缜密思考对剧本各组成部分所作的蓝图设计,包含剧本的主题、人物小传、情节概要等。它具有较完整的艺术构思,是未来剧本的基础,一般要交代故事发生的时代背景、社会环境、时间地点等;对主要人物的思想脉络、性格特征、行为动作贯串线有较清晰的考虑,以求在整体的艺术结构中展现人物之间的矛盾冲突;还有由一系列连贯事件组成的情节及情节变化过程中产生的悬念。剧本大纲对全剧结构的疏密错落、起伏跌宕做有节奏、有层次的统一布局。

编剧只有先写好故事梗概和剧本大纲,规划好全剧的轮廓,再展开剧本写作,才能做到胸有成竹。

剧本写作就是通过视听感觉建构形象体系,用文字进行表达。剧本只能写看得见的和听得到的,这是剧本创作的局限。作品看不见的和听不见的内涵只能通过艺术手段进行表现,这是剧本形式与内容的二级结构,用文字把想象进行物化。在编剧的大脑中会出现银幕形象,像放小电影一样。编剧在想象中完成剧本的第一次创作。更重要的是,编剧要综合运用感觉、知觉、直觉、想象、理解、体验、领悟、表达等思维,最后用文字表达出来,也就是写出剧本。剧本提供了影视作品的符号系统。

影视戏剧剧本是叙事和造型的结合。作为一剧之本,剧本提供故事和造型方面的构思。剧本与影视戏剧作品的关系类似草图和建筑的关系。剧本提供拍摄的设计蓝图,而导、演、摄、美、录把设计蓝图变成现实。剧本的叙事部分,包括主题、人物、情节、结构、台词等;剧本的造型部分,包括光影、色彩、构图、蒙太奇和场面调度等。在供拍摄用的分镜头剧本中,作者要写出造型方面的设计。

电视短剧写作相对而言集中在剧情的设计上,人物动作和台词是电视短剧写作的主要内容。

(一)情节写作

大致而言,剧本开头有两种方式:热开场与冷开场。热开场即以强烈的外部动作开场,动作在前,动作的目的和意义的说明在后,用设置小悬念的方式引出总的悬念,在小悬念揭开的同时,介绍全剧的总情境。开头用精彩的场面吸引观众的注意,设计悬念引起观众的收视欲望,让观众集中注意力寻求事件的来龙去脉。在电视短剧中常用热开场,甚至通过画外音提出疑问,制造悬念。在电视栏目剧中,经常由主持人出场开头,概述情节核心,提出道德质疑,制造情节悬念。冷开场是交代事件缘由,从故事的源头讲述,娓娓道来。情节的时间顺序与逻辑顺序统一。不管是热开场还是冷开场,都要初步交代全片的基本情境,交代时间、地点、人物关系、人物生存状态等。

情节的发展部分要为冲突激烈化做准备,将人物带入冲突的进程中,每一个动作都有施动者和受动者。人物进入情节的方式有主动和被动两种。人物主动进入情节,是指人物为了满足某种需求在现实情境中主动采取行动,并对他人产生作用。《我爱我家·丈母娘到我家》中,和平的妈妈帮傅明找对象就是一个主动进入的过程。在一头热的寻找对象的过程中,她闹出了许多笑话,最后把自己给套进去了。人物进入冲突的被动方式是因为某种误会或巧合,进入他人施加的动作中,从而卷入情节。湖南经济电视台的《故事会·为爱赎罪》中,吕小慧的父母认为吕小慧的私生子是房东路清华的,不由分说把外孙交给了路清华。路清华被动地接受并抚养了这个孩子(非亲生)三年,并与妻子离婚,最后因为善良和责任心与吕小慧在一起了。在这个故事中,路清华就是被动卷入情节的。

发展可以分成展开和递进两部分。在展开部分,情节发展进入外部行动的进程,刚开始,人物不会遇到太大的阻力。在递进部分,矛盾逐渐加强,人物受到的阻力越来越大。这些阻力相互作用,推进人物动作,推进人物关系发展,推动情节发展,深化冲突,使冲突走向高潮。冲突深入发展的阶段性标志是人物关系发生变化,主要人物内心思想感情发生变化。在发展的最后,潜在的矛盾浮出水面。

情境激化、人物关系的变化导致高潮的到来。情境激化指在外来因素的刺激下,情境由平衡状态转化为戏剧性冲突的状态。在剧本中,往往通过"外来人"的闯入,打破日常平衡状态,造成总情境发生激变。人物关系的变化指人物关系的发展和深化。

高潮部分表现为动作、情感、命运、性格、视听语言的高潮。动作的高潮是动作的顶点,人物之间的冲突白热化,激烈的身体冲突和心理冲突通过动作和台词表现出来。情感的高潮是人物感情最强烈的时刻,也会引起观众强烈的情感触动。命运的高潮是主要人物关键的命运转折点。性格的高潮是人物性格集中体现和最后爆发的地方。视听语言的高潮指配合高潮的视听影像和音乐具有强大的冲击力。电视短剧的主题思想通过高潮部分集中表现出来。

电视短剧往往在高潮部分解除悬念、解决问题,很少出现类似电影的激烈冲突或大场面,也鲜有精彩的视听语言。随着矛盾的积累,在高潮部分解决问题后,结尾很快就到来。

结尾部分在强调和深化主题方面十分重要,往往采用典型场面再次点明全剧的主题思想。电视短剧的结尾往往采用封闭式,让观众获得一个心理的满足,或留有余味,或戛然而止。

(二)台词写作

台词可以传达谈话人的心理活动,又能与对手交流,影响彼此的情绪、情感、思想和行为。台词的主要功能是叙述说明、推进剧情、刻画人物性格、揭示人物内心世界。台词要求符合人物的身份和性格,具有个性色彩,闻其声如见其人。台词要符合人物关系和规定情境,在具体的情境中,人物会有不同的心理和思考,也就会调整自己的言语方式。台词要具有动作性,因为电视剧的台词都是在人物的动作之中完成的,台词和动作结为一体,动作会影响台词的内容和表达方式。台词要精练、简明、生动,必要时蕴含丰富的潜台词。潜台词意味着对话要简洁,尽量把信息埋在"水下",言简意赅,生动有趣。台词要与画面及其他表现元素(如音响和音乐)密切配合,电视荧屏提供的是多媒介的整体,台词自然受到其他元素的影响。另外,由于电视短剧表演具有生活化特征,台词也要生活化、口语化。

台词是电视剧剧本写作的重要组成部分,电视短剧的剧情相对简单,场景主要在室内,动作不会太复杂。电视短剧往往因为幽默滑稽的台词而让观众开心不已。《我爱我家》是中国第一部情景喜剧,也是中国情景喜剧的高峰,创造了收视神话,俏皮风趣的台词给人们留下了深刻印象。《武林外传》则是中国后现代喜剧的代表作,运用了诸多现代街头俚语、网络热词等,时空交错,获得了很好的喜剧效果。

请看《家有儿女》的台词:

刘　梅:孔子的老师是谁?

刘　　星：钻子，没有钻子哪来的孔子呢？

这里就在"望文生义"了，把孔子理解为人打的洞，由此联想到先有钻子，再有孔子。由误会产生幽默的效果。

刘　　星：小雨，你说咱俩是好兄弟吗？
夏　　雨：那当然啦！"流星雨"说的就是咱俩！

这里用了当时的流行语"流星雨"把哥俩的名字串联在一起，证明了两人是天生的好兄弟。

妈　　妈：嘿，我真不该生你这个不懂事的！
刘　　星：谁要你生了？经过本人的同意了吗？

顽皮的刘星质疑妈妈，认为妈妈生自己没有经过自己的同意，就让自己来到世界上。刘星并没有责任，妈妈"后悔"生他，但不能怪刘星。这颇有些强词夺理的意思，但也不乏道理。

夏　　雨：只许姐姐放火，不许弟弟点灯！
夏东海：不准乱改成语！只许州官放火，不许百姓点灯！
夏　　雨：但咱家只有姐姐没有州官！
刘　　星：你一进门就给我们俩下马威！
夏　　雨：而且还交男朋友！
刘　　星：而且还把男朋友带家里来！
夏　　雨：还两次！
夏东海：能不能留个频道也让我们说两句啊！
刘　　星：跟她相比啊！小雨送小妹妹一根鸡毛，算得了什么啊？
夏　　雪（尖叫）：我要和你们这两个小坏蛋决斗！！

在家里，夏雪、夏雨、刘星三人发生了纠纷，两个弟弟联合挤对夏雪，活用成语"指控"姐姐享受"特权"，还主动揭发姐姐带"男朋友"回家，最后导致夏雪"气急败坏"要跟他们拼命。

(三)电视短剧写作格式

1. 常用格式

电视短剧写作一般以场景来划分文字的自然段落,在每段之首专用一行文字标明场号或镜号,场面发生的时间、地点等,从技术上明确规定拍摄的方法(比如注明特写、推、淡出等),例如:

第一场 地点、日或夜、内或外

A:(台词)

B:(台词)

第一行:写场次、时间、地点、拍摄环境。

另起一行:人物动作和台词。一般一个人的动作和台词写成一个自然段。交替进行。

2. 好莱坞格式

悉德·菲尔德在《电影剧本写作基础》中介绍了好莱坞常用的一种写作格式,相对比较严谨,在电视短剧中可以运用。

(1)外景:亚利桑那沙漠、日景

(2)灼热的骄阳照在大地上,一望无际的荒漠。远处,一辆吉普车穿过荒野,卷起一团尘雾。

(3)运动摄影。吉普车在灌木丛和仙人掌中急驶。

(4)内景:吉普车,主要表现乔·查科

(5)乔鲁莽地开着车。吉尔坐在他的身边,她是一个媚人的20岁左右的姑娘。

(6)吉尔

(7)(喊叫着)

(8)有多远呢?乔:大概有两个小时吧,你怎么样?

(9)吉尔疲惫地笑了笑。吉尔:我能坚持下去。

(10)忽然,马达突突作响,他们担心地相互看看。

(11)切至……

简单明了的写作规则:

第一行(1):一般的或具体的故事发生的时间、地点。室外:外景是在亚利桑那沙漠的某地,时间是白天。黑体字。

第二行(2):空两行,介绍人物、地点和动作。对于人物和地点的介绍,只用了很少的几行。

第三行(3):空两行。"运动摄影"是指摄影机焦点的变化。(注意,这不是对于摄影的

指示,只是建议)

第四行(4):空两行。从吉普车外传到车内。焦点对准了乔·查科这个人。黑体字。

第五行(5):新出现的人物要用黑体字。

第六行(6):说话者的名字要用黑体字,并且居中。

第七行(7):对话时场景说明要另起一行,写在说话者下面的括号内。切忌滥用,只能在最需要的时候使用。

第八行(8):对话要居中,两边均要留空格,不与上下的叙述部分混在一起。不同人物的对话要另起一行。

第九行(9):场景说明还包括这个场景中的人物要做些什么,是作出反应,还是沉默或其他。

第十行(10):音响效果和音乐效果要用黑体字。

第十一行(11):如果要标明一个场面的结束可以写"切至""化至""淡出"等过渡方式。

3. 分镜头剧本

分镜头剧本是依据文学剧本写出的可供拍摄的台本,主要内容包括:

(1)按顺序列出镜头的镜号。

(2)确定每个镜头的景别:远景、全景、中景、近景、特写等。

(3)确定每个镜头的运动方式和镜头过渡的技巧。(如推、拉、摇、移、跟、升、降、切、淡、化、划等)

(4)简洁生动地描述画面内容、人物动作和语言。

(5)设计相应镜头的音乐、音响。

分镜头剧本是在文字剧本的基础上进行的影视语言的再创造,它是编剧在大脑中设计出来的"小电视"。分镜头剧本为电视剧的摄制提供依据,全体摄制组人员依据分镜头剧本的要求进行摄、录、编等工作。

分镜头剧本的格式包含镜号、机号、景别、技巧、时间、画面内容、音乐、音响、备注等,其含义如下:

(1)镜号:镜头的顺序号。

(2)机号:现场拍摄一般有多台摄像机同时工作,机号代表这一镜头是由哪一号摄像机拍摄的。前后两个镜头由两台以上摄像机拍摄,通过特技机进行现场编辑,单机拍摄就无须标明。

(3)景别:一般有远景、全景、中景、近景、特写等。

(4)技巧:包括摄像机拍摄的运动方式,镜头画面的组合技巧(如分割、键控)以及镜头间的组合方式(切、淡、化、划等)。在分镜头剧本中,技巧栏一般只标明镜头间的组合技巧。

(5)时间:指镜头画面的时间,以秒标明。

(6)画面内容:推、拉、摇、移、跟等拍摄运动方式可在这一栏中与具体画面结合在一起加以说明。

(7)音乐:说明音乐的内容(曲子的名称)及起始位置。

(8)音响:在相应的镜头上标明使用的音响效果声。

(9)备注:方便导演记事而安排的,可把拍摄地点、特殊要求、注意事项等写在此栏。

参考格式如下:

镜号		机号		景别	
技巧		时间		音响	
音乐		备注			
画面内容					

思考题:

1. 广播短剧有什么艺术特点?写作时要注意什么问题?
2. 电视短剧有什么艺术特点?写作时要注意什么问题?
3. 请以《钱包掉了》为名写一个电视短剧。

第七章 广播电视主持人节目台本写作

在当今广播电视传播中,主持人节目已经是常见的节目类型。"主持人节目中的播音员直接向受众表达自己的情感,直接向受众陈述自己对某个问题的看法、观点,必要的时候还可把受众请进直播间,面对面地交换看法、意见。这些形式在非主持人播音中是看不到的。"[①]主持人节目通常有事先准备的节目台本,这种台本的写作有其特定的要求和技巧。

第一节 广播电视主持人节目概述

主持人节目的核心是主持人,主持人在节目中以第一人称出现,主导节目的进程。主持人的言谈、行动、情感、心理、个性、气质等个人元素都会呈现在广播电视受众面前,并且成为节目魅力的一个重要方面。主持人、嘉宾、受众是主持人节目的三大要素,在节目中形成三元互动的灵活格局,共同构建谈话的氛围场。主持人是节目运转的轴心,负责采访报道、组织讨论、串联节目、陈述事件、制造气氛等。主持人可以是单一型主持人,也可以是集策划、导演、主持为一身的全能型主持人,甚至有的主持人还掌握着节目的人、财、物的支配,成为节目的核心人物。

一、主持人节目的特征

广播电视主持人节目具有个性化、人格化、互动性的特征[②],节目的内容和形式围绕主持人进行,主持人的话语方式、思维模式、内在气质等影响着节目的风格,节目的程序、台本

---

① 张颂.中国播音学[M].北京:北京广播学院出版社,1994:461.
② 吴郁.当代广播电视播音主持[M].上海:复旦大学出版社,2006:75.

写作等应突出主持人的特点。从一定意义上来说,节目提供了展示主持人魅力的空间。主持人主动参与性的强化,对主持人自身素质的要求非常高。主持人需要有机智的头脑、犀利的语锋、敏捷的反应判断能力,并能灵活地解决现场随时可能出现的紧急情况,具备相当强的控场能力。此类节目主持人具有如下五个特征:

一是主体性。主持人是节目的主体和核心,节目离开特定的主持人,就可能黯然失色。崔永元离开《实话实说》后,《实话实说》收视率一路下跌,最后节目被撤下,就是典型的主持人主体效应。

二是专业化。在分众传播的今天,频道专业化成为一种趋势,主持人在主持某一类节目时,也会成为这一行业的专门人才。

三是个性化。在分众传播时代,主持人节目的个性化已经成为一种趋势。节目的个性化与主持人的个性化是统一的。节目个性化的定位、选题、角度、表达策略都通过主持人的个性化行为具体表现出来。中国电视节目已经逐渐由单一的公共话语方式转化为多元的公共话语和个人话语共存的方式。主持人和观众之间的交流变成个人之间的交流,营造平等、自由、活泼的类似朋友之间的交流氛围成为节目生产者的追求。主持人必须具有亲和力,能够用自己的情绪感染观众。真正意义上的主持人节目是与众不同、独一无二的。

四是人格化。主持人作为节目的核心,其语言表达、面容、服饰、知识结构、风度、气质、个性、修养等都会对观众产生影响。主持人的身体语言和精神风貌传递的人格信息是全方位的,并直接影响节目的传播效果。主持人和观众之间会产生人际交流,在节目营造的文化空间中建立类似朋友之间的交流模式,形成约会机制。

五是标识化。主持人就是节目的标识,受众收听、收看到主持人的声音、形象,就知道自己在收听、收看哪个节目。如同电台的呼号和电视台的台标,主持人已成为节目的形象标识。

二、主持人节目的种类

大致而言,主持人节目形态有杂志类、访谈类、服务类、讨论类、竞技游戏类、真人秀类等。

一是杂志类主持人节目,指采用杂志组合编排节目,把若干不同内容、不同体裁、不同形式的节目单元加以组合,由节目主持人串联成一个有机整体的节目样式。[①] 其采取的样式与出版发行的杂志样式相似,围绕同一个主题,各版块"形散而神不散",题材灵活多变,知识性较强,主持人在其中发挥串联组接的作用。如《新闻周刊》《全景》等。

---

① 吴郁.当代广播电视播音主持[M].上海:复旦大学出版社,2006:79.

二是访谈类主持人节目。主持人邀请嘉宾就某一社会问题、新闻事件、名人人生等进行交流,评析社会事件,分析问题症结,回顾人生历程等。如《鲁豫有约》《对话》等。

三是服务类主持人节目,指以实用信息为重,直接为受众日常生活、学习、工作服务的主持人节目。用主持人带动节目的进程,提供法律、教育、经济、文化、生活等方面的服务。如《今日说法》《法制进行时》不仅传播了法律知识,而且主持人的人格魅力和文化修养也给观众带来了独特的影响。

四是讨论类主持人节目,指听众打进电话,或者电视台邀请观众走进节目现场,与主持人就关心的问题进行讨论的节目形态。此类节目把大家关心的问题披露在受众面前,进行开诚布公的讨论,形成活泼的谈话场,节目气氛活跃。如《一虎一席谈》。

五是竞技游戏类主持人节目,指主持人调度嘉宾或选手的知识才智、体能和技能进行比赛的节目。节目具有悬念性和戏剧性,比赛进程跌宕起伏,容易吸引受众。如《最强大脑》《快乐向前冲》《快乐大本营》等。

六是真人秀主持人节目,指让观众报名参加,在节目中设计考验环节,让观众在体能和智能的双重考验中赢得最后的胜利,并获得丰厚奖品的主持人节目。此类节目把娱乐节目的游戏性和纪录片的真实性结合在一起,使情节跌宕起伏,扣人心弦。丰厚的奖品激发了选手的挑战欲望,也挑起了观众的关注热情。如《绝对挑战》《生存大挑战》等。

需要注意的是,在媒体融合发展的今天,节目形式越来越多样化,更多呈现出创新型、融合型特点,我们应用辩证的眼光看待主持人节目的发展。

三、节目主持人

节目主持人是节目和受众的中介,以自身的学识及智慧为根基,通过语言驾驭节目进程的人。[①] 主持人对节目的核心理念、进程、表达方式、效果、艺术手段、气氛等都要有全方位的把握,并按照编导的预先设计完成节目的介绍、引导、参与等任务,根据现场的需要快速反应,保证节目流畅地进行。

广播电视节目主持人必须具有较高的政治自觉性,较强的快速反应能力、语言表达能力、节目驾驭能力,良好的人格魅力、文化修养等。主持人在台上表现出来的是综合素质。所谓"台上一分钟,台下十年功",只有经过长期的磨炼,主持人才能具备得心应手的驾驭能力。

一是政治自觉性。主持人要有较高的政治自觉性,政府对文艺工作者的要求是:"以科学的理论武装人,以正确的舆论引导人,以高尚的精神塑造人,以优秀的作品鼓舞人。"广播

---

① 吴郁.当代广播电视播音主持[M].上海:复旦大学出版社,2006:73.

电视作为党和政府的喉舌,在社会舆论中发挥着至关重要的作用。广播电视是社会公器,必须为广大人民群众服务。主持人并不是以私人的身份出现在电视上的,这与境外电视节目有很大不同。主持人要准确把握党和政府的方针、路线、政策,褒扬真、善、美,贬斥假、丑、恶,在纷繁复杂的社会现象面前坚持党性原则,不能逾越公私界限,更不能违反政治制度、社会秩序和道德伦理。

二是快速反应能力。主持人节目的现场情况变化无常,主持人要能随机应变,稳妥地把握节目进程,并创造节目的闪光时刻。即兴交流是主持人的亮点,同时也给主持人带来挑战。主持人需要对节目有全面深入的了解,熟悉节目涉及的时代背景,同时在节目进程中要有敏锐的感受力、快捷的思考能力和巧妙的应对能力。

三是语言表达能力。主持人的语言首先应做到规范、标准,在传媒环境的公共场合表达时应发音标准、语音悦耳、语意准确。语言是一门艺术,主持人语言是一种交流语言,自然、生动、活泼、形象。主持人的语言具有个性特征,撒贝宁的幽默、尼格买提的热情、董卿的知性等都给观众留下了深刻的印象,人际交流的特点使得主持人能够展现自己丰富的个性特征,同时,语言的个性化也可以使节目具有个性特征。

四是节目驾驭能力。在一定意义上,主持人与主持人节目如同指挥与乐队的关系,乐队演出成功与否,与指挥的把握和调度有直接的关系。主持人要有敏锐的接收信息的能力,深刻地理解节目的策划安排和嘉宾、观众的意愿,及时作出精彩的反应。策划固然可以在节目开始之前写好台词,但是在节目现场会有许多变化,嘉宾、观众与主持人之间的交流会带来许多意想不到的情况。主持人在紧张热闹的节目现场要"眼观六路,耳听八方",观察嘉宾和观众的细微反应,根据节目进程,及时作出调整。

五是人格魅力。主持人节目强调的是人际交流,这种双向交流相对于单向传播来说最大优势在于主持人、嘉宾、观众能以真实的形象呈现在观众面前。同时,主持人在言谈举止中散发出内在的人格魅力。"内容为王"是广播电视界的口号,而主持人的人格魅力也是主持人节目的重要内容。独特的人格会对观众产生强大的亲和力和感召力,它是主持人内在的知识结构、道德修养、气质情感集中反映出来的精神层面的特性。

六是文化修养。节目主持人特别是谈话节目主持人拥有良好的知识结构、文化涵养、修养风度,会直接影响节目的质量水准。良好的文化修养能帮助主持人理解社会、时代和人生,能够准确深刻地理解节目的目的和意图,更好地完成主持任务。"主持人首先是个人,然后是个文化人、电视人,最后才是个节目主持人。"[①]知识能让人耳聪目明,同时也会让人反应敏捷。主持人良好的文化修养本身也是节目深层次魅力的来源之一。

---

① 王群,曹可凡.谈话节目主持概论[M].北京:中国传媒大学出版社,2007:31.

四、主持人风格

主持人风格指的是主持人在主持节目过程中表现出来的具有个性化的主持特征,具有一定的稳定性,包括外部条件如声调、音色、音域、音量、相貌、态势、服饰和内部素质如气质、风度、思想、情操、文化、性格等。这种风格具有较强的审美特征。

具体而言,主持人风格有如下类型:

一是睿智型。睿智型主持人具有良好的文化修养和敏捷的思维能力。这样的主持人能够透过生活、社会现象的表面深刻把握人生、社会哲理,并引导嘉宾阐发自己深层次的人生经验和对生活的理解。如主持人白岩松。

二是犀利型。犀利型主持人是指具有质疑和敏锐特征的主持人。态度认真、目光犀利、反应灵敏、语言机智,步步紧逼,环环相扣,直面问题,使嘉宾在交流中感受到压力。但是,犀利不等于刻薄,主持人毕竟是公众人物,要代替观众对嘉宾提问,真正问观众所问,想观众所想,平等地与嘉宾交流。如主持人董倩。

三是儒雅型。儒雅型主持人是有"书卷味"的主持人,举止大方得体,气质文雅,音质醇厚,有学者风度。中国文化传统令观众对儒雅型主持人有天然的信任,而儒雅型主持人往往拥有良好的知识结构,能够在较高的层面观察问题和分析问题,在与嘉宾的探讨中深入话题。儒雅型主持人良好的文化功底使其语言具有独特的魅力,规整的语言结构、文雅的语言风格、美妙的辞藻等都能给观众留下良好的印象。如主持人鲁健、陈伟鸿。

四是情感型。情感型主持人讲究以情动人,在节目中自然地与嘉宾进行信息的交流,也进行情感的交流,营造真挚感人的氛围。主持人态度亲和、音调醇美、动作大方自然,与嘉宾交流如遇故交。如董卿在主持《朗读者》时总是表现出体察人心的特点,以真诚的态度面对嘉宾和观众,自然地进行情感的交流,使节目呈现出生命之美、文学之美和情感之美。

五是幽默型。幽默实际上是一种智慧,往往能够给观众带来身心的愉悦,使节目具有独特的亲和力。主持人要对事物有透彻领悟,并能联系其他事物进行趣味性的比较和替代,在语言上常用夸张、反语等修辞方法。撒贝宁的幽默感是很出色的,在节目进程中时常迸发出智慧的火花。窦文涛的幽默是《锵锵三人行》中不可或缺的元素,通过调侃自己,引发观众会心的微笑,在节目进程中随机把握幽默时刻,形成了热闹轻松的节目氛围。

六是活泼型。在综艺类主持人节目中,活泼型主持人为数不少。活泼型主持人可以与嘉宾和观众进行及时的交流,营造活泼的氛围,使节目具有独特的感染力。如《快乐大本营》的主持团队,善于制造活泼的气氛,他们用热情的主持带领观众度过开心的节目时光。

需要注意的是,主持人风格并不是单一的,一名优秀的节目主持人身上往往体现出多种风格,以适应不同的节目主题和需求。

第二节　电视主持人节目台本写作

一、电视主持人节目台本写作要求

电视主持人节目台本是节目的蓝本,虽然主持人和嘉宾、观众可以有自由发挥的空间,但事先的文字规划必不可少。节目的场景设置、灯光、背景音乐、视频、图片和主持人的服饰、发型、表情等在台本中都要体现出来,其中最重要的是主持人和嘉宾的台词准备。

在台本写作之前要注意如下问题。

首先,主持人在主持节目时,主要运用的是谈话体。主持人、嘉宾、观众之间的交流是以谈话的形式进行的。主持人与播音员的本质区别在于主持人的交流方式是人际传播,而播音员是单向传播。节目中的人际传播类似于生活中的人与人之间的交流,在平等、融洽的氛围中交流对人生、社会、文化的看法。谈话体要求口语化,对象明确,语言自然、平实、生动、灵活。谈话时要考虑对象的年龄、职业、文化层次、喜好、社会身份等,同时也要考虑具体的语境,注意对象的情绪状态。主持人一方面要营造轻松自然的氛围,另一方面还要注意推动节目进程,完成节目主持的任务。主持人不能随便讲话,说话要受到节目的制约。主持人的语言应符合社会政治、道德等方面的要求,符合社会主流价值观。谈话体的台本写作要求灵活多变地运用语言技巧,简繁得体、雅俗到位。简洁是一种优良的语言品德,主持人的语言切忌烦琐。因此台本中要多运用干净的短句,准确表达,直接交流。在雅俗之间,主持人的语言要把握好分寸,太俗会流于平庸,太雅会曲高和寡。这在台本写作中要高度重视。

其次,要注意主持人的角色,写作台本时要从主持人的视角出发,使其言谈举止都与角色相符合。在一定意义上,主持人就是一个角色,既要完成个体的表现,也要完成节目要求的任务。台本写作要充分考虑主持人的个性,突出其个性。实际上,在节目策划时,节目主持人的角色特征就已经设计好了。活泼的人气明星、循循善诱的长者、温文尔雅的学者、憨厚搞笑的喜剧角色、亲切温和的倾听者、插科打诨的小角色、雍容大方的智者等,不同的角色有不同的言语方式。台本写作要再现情景,言语的口吻、词语选择、发音习惯、修辞技巧等都要与节目策划所追求的主持人形象相一致。

再次,台本写作要与主持人的风格相一致,占据主导地位的主持人有自己的个性化服饰、言语、肢体语言等特征,台本写作要突出其特点,打造品牌。因为性格、气质、生活阅历、文化素质等不同,主持人形成了不同个性,个性体现在节目中就是形态各异的独特的主持风格。白岩松的敏锐、撒贝宁的幽默、海霞的热情等,使观众在观看节目时感受到主持人特殊的魅力。因此台词写作时一定要注意突出主持人的风格。

最后,台本写作要有在场感。节目录制现场是一个文化空间,主持人、嘉宾、选手、观众构成一个文化场,在台本写作时要预先想象文化场的种种情境、情势、情态,主持人和嘉宾、选手、观众的话语要切合当时的情境、情势、情态,逐步推进话题的展开。所谓情境就是节目现场的整体氛围,台本写作一定要在想象中感受节目现场的整体情境,并有效地设计情感的进程和波澜。情势是主持人、嘉宾、选手、观众在对话中形成的内在力量的展现和对抗,现场气氛和谐是节目成功的重要因素,但不同角色之间的力量对抗也是隐形存在的,如在《时事辩论会》《锵锵三人行》中甚至会出现言语的交锋。主持人要合理地运用对抗,使得节目具有戏剧性,提高节目的吸引力。矛盾的产生、发展、高潮、结局也是台本写作设计的重要部分。情态是节目现场呈现出来的形式上的特点,如欢快、热烈、严肃、和谐等。台本写作要充分设计理想的情态,准确把握主持人、嘉宾、选手、观众的心理状态、情感状态、思维特点,合理有效地把节目推向情态的高潮,以求产生理想的节目效果。

二、电视主持人节目台本写作格式

主持人节目是围绕一定的话题进行的,节目台本的写作必须讲究话题的设计,即话题的展开、衔接、结束的方式和技巧。节目台本应根据不同的素材内容和栏目要求,考虑不同受众的心理和主持人的个性形象,设计不同的话题进入方式、衔接方式和结束方式,使节目的传播达到整体的优化。

(一) 话题的展开

话题的展开就如同写文章要写好开头,要从节目的角度对每一篇稿件或资料进行话题的设计、加工。设计话题的开头,归纳起来,较为常用的方式有以下十种:

提示式 这是从传统的有稿播音演变而来的话题进入方式,也是最简单的进入话题的方式。提示式的优点是开门见山,直奔主题,较为简洁,适合简单的话题或者内容排得较满的节目。缺点是较为单调,对话题缺少铺垫,生动性也显得不足。

承上式 这种话题进入方式一般用于两个话题之间,也是话题衔接的一种技巧。承上式进入的方式衔接紧凑,适用于一个节目中内容较为短小、不太复杂的话题之间,便于受众把握节目的层次结构,同时也具有开门见山、直奔主题、简洁明了的特点。它的不足之处与提示式相似,对于一些内容较长、较为复杂的话题不太适用。

渐进式 这种话题进入方式对话题有一种铺垫作用,有些稿件内容较长而且较复杂,不容易一下子引起受众的兴趣,这时如果采用开门见山的方式进入话题效果就不佳,而需要设计一个渐进式开头,做适当铺垫。这种渐渐把内容引入话题的方式进入自然,富于情趣,容易引起受众的兴趣。而且这种渐进式开头也可以拉近主持人与受众的距离,使人感到亲切、热情。具有铺垫作用的渐进式开头,是主持人使用频率较高的一种话题进入方式。

举例式　这也是一种有效且较为常用的话题进入方式。主持人往往从自己或身边人的实例,又或是受众较为熟悉的事情说起,从而展开话题。用一个大众普遍关心的例子开头,能够一下子抓住受众的注意力,引起受众的共鸣。

推荐式　即把受众最可能感兴趣、最需要的内容推荐给受众的话题进入方式。在设计推荐式开头的时候,要注意用语朴实、亲切自然,不用那些华而不实的泛美之词以及那些容易使人产生广告宣传联想的词语,以免弄巧成拙,欲速则不达。

交互式　如果是两位主持人共同主持节目,有些话题的展开便可以用交谈的方式进行。交互式语言自然通俗而又浅显易懂,形式轻松活泼,受众容易理解。因此,交互式也是主持人较常采用的话题展开方式。越是高深的内容,开头越要简单生动,才能让受众认同和接受。

过渡式　两人共同主持,有时会出现一人的话题已经结束,另一人由于某种原因没有立刻进入衔接状态的情况,这时,有经验的主持人马上就会选择一个过渡式开头。利用过渡式词语有限的空间迅速理清思路,稳定情绪,然后从容转入下一个话题。由此可见,过渡式也是话题衔接的技巧,可以使话题转换自然,浑然一体,不留痕迹。

回顾式　这是用回顾受众比较熟悉或感到亲切的人与事的方式展开话题。回顾式容易使受众产生亲近感,缩短传受双方的距离。

摘要式　这是一种把话题的主要内容提炼出来先说的话题进入方式。摘要式的长处,一方面是使需要的受众做好认真收看的准备,另一方面可以让不需要的受众松弛一下神经。这是对受众的尊重,尊重他收看的选择权,避免其因话题内容无法满足需要而对节目产生失望心理。经验告诉我们,传播内容如果不符合受众的需要,受众就会产生一定程度的失望心理,这种失望心理积累的结果会导致其对传媒信赖感的降低,而受众的尊重心理得到满足后,则会在一定程度上降低其失望心理的消极影响。

接力式　两位主持人共同主持节目,新话题由前一话题的主持人在其话题的结尾说出,下面话题的主持人就像接力赛跑一样,接过话题,顺势展开,这是一种利用前面话题对受众产生的吸引优势实施的话题进入方式,也是话题衔接的技巧之一。在两个衔接比较紧密的话题之间,用这种接力式可以使内容既连贯紧凑,又有所间隔区分,形式活泼自然。

以上介绍了十种话题进入的方式与技巧,但这十种方式与技巧只是基本的归纳与概括。在实践中,大可不必拘泥于这十种方式,而应有更加生动、丰富的创造。话题进入方式是节目主持人需要下功夫去研究的。优秀的节目主持人往往会为了节目一个精彩的开头而绞尽脑汁,他们把话题的开头视为自己独特的个性形象标志,足见话题进入方式的重要性。

(二)话题的衔接

话题的衔接主要依靠串联词,串联词是主持人组织、串联各节目的话语。它承接上一个节目,开启下一个节目,是主持人穿梭于节目内容和受众之间的手段和途径,也是达到理想的传播效果的关键因素。因此,串联词一要准确,与节目内容准确联结;二要简洁,不喧宾夺主;三要有情感性,能感染受众;四要灵活多变,忌千篇一律。

1. 串联词的作用

首先是衔接作用。各节目、各新闻都是相对独立的,主持人运用串联词使各节目、各新闻组合为一个有机的整体。长期以来,电视新闻的编排都是把一条一条新闻串接起来的,每条新闻相对独立,相互之间关联性不大。这样对于线性编排的电视新闻节目来说,很难形成一个有机的整体。而采用串联词则可以将独立的新闻进行承上启下的连接,使单条新闻融为一体,形成一个完整的新闻组合。在其他节目中,串联词同样是内容的黏合剂。

其次是点评作用。节目主持人可以在串联词中简洁地表达自己的观点,或者参与到讨论中,对事件进行评述、总结。注意主持人的点评必须准确到位,点到即止。

最后是发挥主持人作用。主持人利用串联词把自己融入节目中,也就是把自己的表情、声音、语态等与节目融为一体,将节目内容自然地传达给受众,给受众以贴近感和亲切感。可以说,串联词是主持人自我展示的一个载体,不少主持人因此而展现出自己的主持风格,不少节目也因主持人的出色串联词而独具特色。

2. 串联词的特点

首先,串联词必须简短明了。它不是节目的主体,所以不能喧宾夺主。

其次,串联词应该使用受众喜闻乐见的语言,雅俗得当,合乎事理。

最后,串联词的花样繁多,语言表达应别出心裁、生动巧妙。

3. 串联词的写作技巧

要写好串联词,关键是找到节目之间合适的关联内容,这种关联可以是关联词、关联句,也可以是语气关联、逻辑关联、情感关联等。

(1)关联词串联法

这是最常用的一种方法,在上下节目之间找到一个关联词或句。例如,上一条新闻说的是小偷行窃围观者不愿管,而下一条新闻说的是农民不愿打消费官司,这两条新闻都有"不愿意"这一层意思。所以,"不愿"就可以作为一个关联词。两条新闻之间的串联词可以这样写:"看见小偷在光天化日之下行窃不愿管,说来原因是多方面的。有时候愿与不愿既有主观的原因,又有客观的原因。就拿现在的一些农民来说吧,遇到消费纠纷时,宁愿私了也不愿打官司,这是为什么呢?"

有时候关联词要换成关联句才能更流畅。如《此处何时才有人行道》与《明晚又有流星雨,市民肉眼可见着》之间的串联词可以这样写:"人走人的道儿,车走车的道儿,宇宙间的星星更是按照各自的轨迹运行。记者刚才从有关部门了解到,今年天文奇观好戏连台,刚刚欣赏完500年一遇的狮子座流星雨,双子座流星雨又将于明晚划亮夜空。"

(2)同类串联法

同一个主题的节目的上下连接,可以从上一节目的结尾接着说,引出下一节目内容。比如在《我市开展"3·15"大型投诉活动》和《"12315"今天太辛苦》两条消息之间可以这样串联:"从现场投诉的效果来看,今天可以说是个让消费者放心、让造假售假者胆战的日子,当然仅仅靠这一天解决不了所有的问题,广大观众都有一个愿望:让'3·15'变成'365'。不过,一年365天都在开通的'12315'投诉热线,也只有今天最热。"

(3)语气串联法

当节目之间很难找到关联词的时候,可以用一种语气关联的办法进行串联。语气关联的种类很多,用法也很灵活。

(4)情绪串联法

情绪串联法分为转移串联法和顺势串联法。如果连续几个节目都使受众的心情紧张,为了调节一下受众的情绪,就可以使用情绪转移串联法。而同一种情绪之间节目的串联就更方便了,利用顺势串联法便可以自然地过渡。

(5)点评串联法

对上一条比较有分量的新闻做简单的点评,既能够体现编辑思想,增加报道力度,又能够自然地过渡到下一条新闻。如上一条新闻是《直击"村官"公选》,下一条新闻是《峨眉山市:全力抢救"12·11"事故伤员》,可使用点评串联法:"选'村官'曾经被村民们认为是走过场的事儿,现在都是'公推公选''明来明去',村民们说,他们就需要这样透明的选举。好了,我们来看下面一条来自峨眉山市的消息……"

总之,串联词的表现形式多种多样,写作起来应"因事而宜"。

(三)话题的结束

主持人应根据稿件内容和受众心理需要的不同,选择适宜的话题结束方式。或强调、或重复、或感叹,使受众从不同的话题结束方式中受到感染和激励,得到教育和启迪。俗话说:"编筐编篓,全在收口。"主持人选用适宜的话题结束方式,能够升华话题的思想意义,深化传播的目的性和针对性。常见的话题结束方式主要有以下十种:

回题式　这是一种回报话题的结束方式。回题式结尾简洁明了,话题内容较为短小,不需点评,在前后内容衔接紧凑的情况下,常采用此种方式。

重复式　主持人在结尾重复话题中的某些内容,便于受众记忆和加深理解。只要主持人心里时刻想着受众,就能够发现那些受众需要并且值得在结尾重复的话题。重复式话题结束方式是维系主持人与受众感情的有效方法,也是实践中常用的话题结束方式。

强调式 对话题结尾有些需要引起受众特别注意或加深印象的内容,主持人可以选用强调式话题结束方式加以突出。这种方式既加重了话题结尾强调的意味,又加重了关切的色彩,使人听起来真挚热诚。

归纳式 归纳式结尾可以帮助受众得出明确的结论,给受众留下清晰的印象。广播电视语言稍纵即逝,受众接收信息的方式主要是伴随性理解,不具备反复收听和停下来思考的可能,所以主持人要充分考虑到这一特性,在需要的时候给予必要的归纳和总结,使受众在轻松、毫不费力的情况下,理解话题的内涵。

点评式 点评式是主持人结束话题的一种主要方式。主持人对话题内容阐述一番见解或感想,以议论的方式结束话题,深化话题的意义。在设计点评式结尾的时候,要注意以下几点:一是点评要有意义,要善于以小见大,以点带面,从个别现象中发现具有普遍意义的观点,不能空发议论。二是要有感而发,不能无病呻吟、牵强附会、故弄玄虚、刻意拔高。三是讲究分寸,议论、点评要以党和政府的政策为依据,对人、对事都不能感情用事妄加评论,或者轻易地判断是非曲直。四是要注意留有余地,不绝对化,不以偏概全,不强加于人。五是要有真知灼见,确实给人以启发、警醒,"语不惊人死不休",语意平平淡淡,则不如不点评。总之,点评式结尾方式是主持人结束话题的重要方法,是需要主持人下功夫思考和准备的。好的点评如同画龙点睛,使人回味无穷。

联想式 有些话题需要由主持人在结尾做举一反三式的联想和引申,从而使话题更具有普遍意义,给人以启发和实际的帮助。主持人要善于使用联想式结尾,把话题内容的意义引向深处。

建议式 在有些话题的结尾,主持人可以通过向受众建议做某件事情、尝试某种方法或者提醒注意的方式结束话题。这种结束方式既委婉得体又显得亲切热情,受众乐于接受,是主持人常用的一种话题结束方式。

呼应式 主持人以某人某事进入话题,而在话题的结尾又回到此人此事上来,并由此做一定的引申,深化话题的意义,使受众加深理解,留下完整深刻的印象。

感叹式 主持人适时抓住传受双方共同的感情凝聚点,或感慨或赞叹或抒情,让受众在主持人的感叹抒情之中受到感动,受到激励,从而产生行动的力量。注意主持人的感叹必须缘情而发,这情既是主持人内心情感的真实流露,又与受众的感情息息相通。多发有情之声,这是主持人赢得受众认可的一个重要条件。

综合式 如果某个话题用单一的方式结尾不能够满足表达的需要,就可以综合使用几种方式结束话题。综合式话题结束方式便于精练、简约地表达多层含义的内容,形式生动活泼,受众容易接受。

例如,中央广播电视台《中国诗词大会》第二季总决赛的结尾,董卿这样说道:

> 从大漠孤烟塞北,到杏花春雨江南,从山水田园牧歌,到金戈铁马阳关,我们在吟诵着千古绝句,我们也在体味着人间百态。所以无论明天,你将回到哪里,身处何方,又将展开怎样的人生,不要忘了在这段日子里,我们所共同体会到的,那份感动、那份沉醉、那份喜悦、那种振奋,那是你们所绽放出来的光芒,那也是中国诗词永恒的魅力。海内存知己,天涯若比邻。中国诗词是中国人的精神礼赞,《中国诗词大会》也将是你们永远的精神家园。人生自有诗意,亲爱的观众朋友们,让我们相约《中国诗词大会》,明年再见!

这段结尾既切合节目内容引用了古诗词,又升华了节目的意境和意义,并对新一年的节目做了展望,使受众留下了心理期待。董卿温婉知性的表达和节目相得益彰,使人回味无穷。

思考题:
1. 主持人节目与播音节目有什么不同?
2. 主持人有哪些类型?主持人的个人特点与节目有什么关系?
3. 请给一期《朗读者》写一个主持人节目台本。

第八章　广播电视策划文案写作

策划是事功之学,可以称之为把事情做好的艺术。中国古代有许多这方面的良训,随着社会的进步和科学的发展,在现实生活中,策划的应用越来越广泛。如今,各行各业,各种事务,大到国计民生,小到个人生活,到处都可以看见策划的身影,由此也产生了很多策划的经典案例和大师。人们通过总结策划方面的理论和实践,形成了一门新的科学:策划学。策划的原理、方法和艺术,理所当然成为办好广播电视的重要门道,策划文案写作也因此成为广播电视人的一种看家本领。

第一节　广播电视策划及文案写作概述

广播电视策划与广播电视媒体与生俱来,各电台电视台的创新与创意无不与出色的策划相辅相成。策划成为各电台电视台安身立命的基本手段。

一、策划与广播电视策划

（一）策划及其特点

"策划"一语古已有之。《论语·述而》中,有"必也临事而惧,好谋而成者也"。《左传》中有"凡事预则立,不预则废"。《孙子兵法》有云:"故策之而知得失之计""夫未战而庙算胜者,得算多也;未战而庙算不胜者,得算少也。多算胜,少算不胜,而况无算乎?"这些都是关于"策划"的早期表述。

作为一个词语,"策划"最早见于《后汉书·隗嚣传》:"是以功名终申,策画复得。"这里"画"与"划"相通,"策画"即"策划"。在古语中,"策"的一项本义是指计谋、办法,如决策、献策、下策、束手无策等;"划"有计划、谋划、筹划、指划等意,即对事务预先作出相应的部署安排。两者合为一语,各自原来的意思更加强化了。

"策划"的现代定义是什么?《企业管理百科全书》中说:"策划是一种程序,在本质上是一种运用脑力的理性行为。"[①]基本上所有的策划都是关于未来的事物,也就是说,策划是针对未来要发生的事情做当前的决策。这指出了策划的创意性质及思维特点,并说明了策划作为一种理性思维的事功目标指向。

《文化产业创意与策划》一书中说:"策划是一种为达到一定目标而进行谋划、决策的程序。即人们针对某一特定问题,在有效创意的基础上,来设计、选择能产生最佳效果的资源配置与行动方式,进而形成正确决策和实施方案,并努力保障目标实现的过程。"[②]这个解释揭示了现代策划的内涵。在现代社会,所谓策划,就是精心谋划事务,把想法变成企划,运筹于帷幄之中,决胜于千里之外。论本质,策划即事先谋划某事务的程序和过程,属于管理学范畴,既需要科学,也需要艺术;策划的要素包括特定事项、创意设计、实施方案、预期目标等。

从各种各样的策划案考察不难发现,凡策划的产生都有前期调研、进行策划、撰写策划书这样一个工作流程。其中,前期调研主要是解决为什么策划和策划什么,为此要广泛搜集信息资料,多多益善,好策划是用脚"想"出来的。进行策划是具体思考、设计所要策划的事项,在思维激荡的状态下进行,完全仰仗发散思维和创新思维,常常先集思广益,再关起门来设计。撰写策划书是把策划的结果形成文字稿,它是策划付诸实施的"底本",往往可以使用较长一段时间。如电视台的一些常青树栏目,尽管在几年甚至十几年间里不断改版,但不管如何调整,除非栏目停办,原先确定的目标价值、栏目风格等是基本不会动摇的。当然,实际工作中,情形要复杂得多。

综合人们的认识和论述,可知策划有以下几个主要特点。

第一,策划具有创意性。策划基于现实而超越现实,是思维突破陈规的过程与结果,是头脑风暴和思维智慧的结晶。出色的策划往往出人意表,前无先例,也难以模仿。策划与创新堪称一对孪生兄弟,策划的灵魂便是创意。人云亦云,陈陈相因,名不副实的策划毫无意义。

第二,策划具有目的性。策划总是有的放矢,针对性非常强。对于某一件事,或从无到有,或在纵向、横向上希望做得更好,因此往往"直奔主题",推崇"大手笔"。不论什么样的策划活动,宗旨都是为了实现可持续发展。否则,就可能是"瞎折腾""馊主意",既没有意义,也无法进行。

[①] 哈佛企业管理丛书编委会.企业管理百科全书[M].中国对外翻译出版公司,1979:4.
[②] 严三九,王虎.文化产业创意与策划[M].上海:复旦大学出版社,2008:15.

第三,策划具有科学性。策划建立在前期调查研究和较长时间观察思考的基础之上,基于对事物的正确判断,兼顾主观意愿和客观条件,鉴往察来,知己知彼。要遵循科学原理和基本程序,并借鉴经典案例,"大胆假设小心求证",宏微并举,最后达成事半功倍。心血来潮的突发奇想、"拍脑袋"的决策,甚至胡思乱想、信口开河,那不是真正的策划,也不可能策划出什么像样的文案来。

第四,策划具有前瞻性。策划是未雨绸缪,规划明天,勇于进行探索性的实践,其中包含对事物前景的大胆预测。"春江水暖鸭先知",策划应观念和行动都快人一步,甚至大大超前。

第五,策划具有工程性。策划同时是理论的和实践的、思考的和行动的,一边想一边写,由最初的想法到最后的方案。如果一个策划最终没有"出图纸",即没有形成可以付诸实施的方案,或者形成的方案不具有可操作性,那么再好的创意和设计也没有意义。

第六,策划具有风险性。策划既然是一种前瞻性的筹划,势必具有不确定性,这种不确定性意味着风险。所以,过去和现在,"金点子"无价,策划也不全都是成功的,也有失败的教训。

策划的特点显示了策划的意义和功用,给出了为什么要重视策划的理由,说明了怎样达成高水平的策划的途径。应当强调的是,在"草根文化"畅行的时代,做策划并非专家的专利。

(二)广播电视策划

把策划应用于广播电视领域,就构成广播电视策划。这种策划多由广播电视媒体从业者去做,也可以由局外人如策划创意机构、媒体专家来完成。

归纳起来,种种广播电视策划全系于广播电视媒体实务,包括广播电视媒体的节目策划、经营策划、管理策划和频道(频率)策划等。当代广播电视策划,从性质和规模来看,可以分为两大类:单一性策划和综合性策划。

单一性策划即单项策划,可以微观落实到一项项具体事务。如广播电视经营策划,可以是某一场电视演唱会、一次传媒活动、一部电视剧的营销策划和一次广告策划等。广播电视管理策划,可以是对某一位专业人才的引进策划。至于广播电视节目策划,堪称应有尽有。大一点的有某类节目、某个栏目、某个综艺娱乐节目播出季的策划,小一点的有某一期节目的策划。像央视的《新闻调查》、湖南卫视的《乘风破浪的姐姐》、浙江卫视的《王牌对王牌》,每一期节目从选题、拍摄、制作到播出,都经过了认真策划。如"《新闻调查》的节目生产,从立项到完成整个传播,一般有七个流程:选题遴选——选题申报——前期调查与拍摄——后期制作——样片送审——节目播出——总结评价"[1]。

单一性策划在广播电视节目中，经常使用"特别节目策划"这种方式。如"十一"（国庆）庆典节目、香港回归和澳门回归特别节目、奥运会申办成功庆祝特别节目、"神舟"飞天特别节目、每年"两会"特别节目，以及一些纪念性日子与活动节目，等等，相当于报刊的"号外"，中央台、省市台、城市台都做，有专门的策划班子负责其事，策划反反复复，精益求精，其中有的已经成为广播电视策划的经典。

综合性策划或曰一体化策划、整合式策划。所谓综合性，是空间意义上的，即囊括广播电视媒体的节目传播、市场营销和管理事务全部。如电台电视台的改版策划。为什么要改版？无非是发现生存危机，或还有进步的潜力。改版通常牵一发而动全身，形诸策划，就是综合性的。结果是节目变了，经营策略变了，管理的机构和机制也作出了相应的调整。如2018年中央电视台、中国国际电视台、中央人民广播电台、电台合并为中央广播电视总台。

再如品牌策划。广播电视传播需要品牌，这种品牌离不开精心策划。因此，策划名主持人、名记者、名栏目、名节目、名制片人和媒体标志，并通过这种品牌设计打响媒体的名声，亮化媒体的招牌，深化媒体的形象，造就或强化媒体的影响力与公信力，是当今广播电视媒体的通用策略，屡试不爽。[2] 这样的策划，也只有综合性统筹才能够完成。像一家广播电视媒体的品牌主持人，与品牌节目、黄金时段、高收视率以及良好的工作环境、优厚的薪酬待遇等是连在一起的，关涉整个媒体的方方面面，属于"大工程"。

不难发现，当今的广播电视策划多为综合性策划。2005年，湖南卫视以引进韩剧《大长今》取得内地独播剧资源优势为契机，用当年的"超级女声"演唱该剧的主题歌，整合频道中的其他节目资源如《背后的故事》和《快乐大本营》等，采取联动性宣传，从而突破了以往只是单一播放电视剧的传统做法，在获得巨大社会效益和经济收益的同时，也创新了电视产业的经营与盈利模式。此类案例甚多。事实上，所谓单一性策划与综合性策划，是相对而言的。在当今时代做广播电视策划，策划节目的时候必须同时充分考虑节目的效益及运行，策划经营的时候必须同时充分考虑节目的内容和形式，单打一、管一点是不适宜的，也是行不通的。这是媒体进入产品时代、资本时代使然，也是广播电视媒体人顺应媒介融合的大势所趋。

随着"策划时代"及"策划人时代"的到来，媒体人更加深刻地认识到，策划对于广播电视的产品生产具有"发动机"作用，对广播电视的传播及其效果具有"翅膀"意义。一个好策划不但能够实实在在地提高节目的质量，提升媒体的知名度和美誉度，并且能够有效地开拓节目资源，激活媒体的创新能力。只有追求卓越，运筹帷幄，因时而变，因势而动，才能不

---

[1] 张洁，吴征. 调查《新闻调查》[M]. 北京：文化艺术出版社，2006：310.
[2] 薛可，余明阳. 媒体品牌[M]. 上海：上海交通大学出版社，2009：87-173.

断推出策划的大手笔、金点子。因此,广播电视媒体的策划进入了一个激烈比拼的新时代,种种策划是全方位的、全天候的,增强了广播电视媒体在网络时代的生存能力。

二、广播电视策划文案写作

(一) 策划书

策划书又叫策划方案、策划报告、策划文案,它既是某项策划的文本呈现,又是该策划得以具体实施的依据。

显而易见,策划进行的过程亦即策划书产生的过程,在同一时间段内,两者相辅而行。落于言诠的东西,讲求具体再具体,一是一,二是二,一字一句白纸黑字,最是笃定,好坏优劣一目了然。做策划主要就是"想",做种种构想、设计、推演,经常要冥思苦想。凡属于"想"的东西,往往囿于思维的抽象性而飘忽、游移、粗疏、模糊,不够实在,不够清晰,不够精细,需要经由物质手段而实化、细化。策划也是这样。一边想一边写,可以及时发现策划的不足之处。最后形成的策划书则成为检测策划可行与否的真凭实据。如果文本显示"不行",就要对原来的策划做修改,甚至推倒重来。事实上,优秀的策划及策划书常常经由肯定——否定——否定之否定,反反复复多次,而后敲定告成。

论流程,是先有策划的实际进行,然后有策划书的文本,策划书不过是策划的结果,是把策划过程中的"腹稿"变成文字稿。但是,作为策划的最终结果和策划实施的依据,策划书的撰稿终究是相对独立的专门性工作,大有讲究。人们做策划,有时候是一个人包揽,有时候是群策群力。一个人包揽的策划往往是边想边写,边写边想,想好了稿子就出来了。群策群力则通常先开七嘴八舌的"神仙会",然后一人执笔对大家的意见去伪存真,去粗取精。广播电视策划多属于这一类。要做新节目,节目要有新的突破,媒体要有新的作为,众同事便以聊天的形式,你一言我一语,在信息和观点的交流与碰撞中,迸发出点子的火花,最后集束这些火花成为策划书。策划书需要对策划中的思考和观点进行阐释、归纳和提炼,需要"点睛之笔",非专门做不可。做策划可以毕其功于一役,有时候则旷日持久。不管何种情形,策划书往往需要经过专门撰稿才能真正出炉。[①]

所谓大有讲究还指策划书的文本格式和语言表述。一个策划书,或长篇或短什,或详尽或简略,自有它通行的格式。一方面,凡策划书都必须遵循通行的规范,合乎特定的文体、语体要求。另一方面,文无定体,自古而然,策划书也如此,不可如法炮制,依样画葫芦,千篇一律。许多时候,一个观点、一种意图,可以有多种表述方法,其中,只有一种表述是最

---

① 包军昊,张晓明. 相聚《新闻会客厅》[M]. 北京:文化艺术出版社,2006:23-50.

合适的。撰写策划书,应尽可能找到这种表述方法,并尽可能表述得准确到位。凡此种种,都属于策划书撰稿的艺术。经常发生的情形是,策划书经由一稿、二稿、三稿,乃至数易其稿,改了十多遍,才最终定稿。可见,对于一个完整出色的策划,"善想"固然重要,但"会写"也是不能忽略的。

策划有大型的、中型的和小型的,策划书与之相对应。大型的策划书通常包括封面、正文和附录。

封面上包括一目了然的策划主题、策划小组名称或参与成员姓名、制作时间及策划书的编号,标题下用括号注明"草案""送审稿""讨论稿""征求意见稿""修订稿""实施稿""执行稿"等字样。

策划书的正文通常有以下 8 个要素,即"5W2H1E":

- 策划什么(What)
- 谁来策划(Who)
- 于何处实施策划(Where)
- 什么时机最好(When)
- 为什么要这样策划(Why)
- 如何实施(How)
- 预算是多少(How much)
- 希望达到的效果(Effect)

正文对上述内容要条分缕析,此外还有摘要和目录,说明策划经过的前言或序文等。

附录视情况而定。可将筹备工作的日程推进表、人员职责分配表以及经费开支预算表放在这一部分,也可以列出一些供参考的文献和相关的策划案例,或列出一两个备选方案,并标明注意事项。如果是节目策划案之类的,有时候还要附上样片。

(二)广播电视策划文案写作要求

广播电视策划文案的产生及写作基本格式如前所述。如做文章归类,虽然广播电视策划文案也需要观点,需要论据和论证,但主要在于说清楚"是什么"和"为什么",因而属于说明文。撰稿须切实达到以下"三要"[①]。

1. 要凸显亮点

做广播电视策划,往往是有竞争机制的,有时候还招投标,同一个目标大家都来做策划,多个方案同时竞争,最后决出胜者。胜者中标"落地"(进入实施阶段),经批准后正式付诸实施,其他方案则被弃入废纸篓。因此,撰写广播电视策划文案,务必凸显本策划的亮

---

① 於贤德.主持人策划与创新[M].武汉:华中科技大学出版社,2005:223-231.

点。否则,连"自己人"也通不过,遑论产生效益。

亮点即闪光点,独家所有的优胜点,在文章中,就是那种"人人意中或有,人人笔下所无"的真知灼见。如前所述,策划的首要特点是创意性,所以广播电视策划文案的最大亮点即本策划的创新点,是独此一家、高出一等的"决胜点"。

主持人张绍刚认为:"决胜点是强有力的企划,有时又是企划创意的独特性,或者是对于企划主题的鲜明切入方式,或实现目标的计划的巧妙之处。"① 虽然他谈的是广播电视栏目和节目的策划,但其实所有策划都是如此。选择一个策划文案,皆看它的"独特性、切入点、巧妙处"等方面的实际功夫。如:

> 2019年1月17日,一支时长为5分40秒的视频犹如"社交病毒"一样短时间就占据了各大社交媒体,《啥是佩奇》准确抓住了大众的兴趣点,成为2019年开年以来第一个"爆款",获得了2.3亿播放量、16亿微博转发量。

家住山区的爷爷踮着脚尖期盼儿子一家回来过年,想送给孙子他喜欢的小猪佩奇,无奈常年与大城市隔绝的爷爷却不懂佩奇是个什么东西,于是想尽一切办法揭开"佩奇"之谜,中间发生了一系列令人捧腹的事件,反映了现代人在城市化进程中的矛盾与冲突。《啥是佩奇》戳中了中国老百姓"回家过年"的社会痛点,折射出国人的社会焦虑,也折射出不断进步的城市与相对封闭的农村之间的落差感,反映了真实的社会现实,引起了受众的高度共鸣。广播电视策划文案凸显亮点的原理也如此这般。这再次证明了,广播电视策划文案的质量始终取决于策划的质量,并不是什么大笔杆子临时"妙笔生花"便可以写就的。如果撰稿时真的拎不出什么亮点,那就是所做的策划乏善可陈,唯有推倒重来。

广播电视策划文案凸显亮点的方法,通常是用理论性语言直接宣示,行文开门见山,要言不烦,语言凝练。离题万里的开头、不得要领的泛泛而谈、缺乏警策性的疲软话等,均会湮没或淡化文章亮点,为策划文案写作的大忌。

2. 要充分阐释

广播电视策划文案要充分说明"是什么"和"为什么",头头是道,一目了然。这是广播电视策划文案的通行格式,更是它作为策划实施依据的规范。

如《新闻会客厅》节目策划方案分为六部分:(1)《新闻会客厅》节目介绍;(2)《新闻会客厅》的理念;(3)《新闻会客厅》节目的特色;(4)开办《新闻会客厅》的必要性;(5)《新闻会客厅》节目的优越性;(6)《新闻会客厅》节目的前景分析。② 由此可知,广播电视策划文

---

① 张绍刚.电视栏目节目策划[M].北京:北京广播学院出版社,2000:261.
② 包军昊,张晓明.相聚《新闻会客厅》[M].北京:文化艺术出版社,2006:30-33.

案的阐释是围绕它的创意进行的，主要有两个方面：一是这个创意的具体内涵，二是这个创意的每一个根据。即实实在在地说明两层意思：一是本策划给出一种什么样的创意，属于真正的创意还是人云亦云的老生常谈；二是相比较而言，这个创意的优胜之处在哪里，到底是不是"金点子"。两层意思归结到一处，文案就会非常有说服力。

阐释属于论理的范畴，有多种方式。广播电视策划文案的阐释以"说明"为主要表达方式，构成一种"陈述性说明"，陈述观点，陈述缘由，陈述构想，陈述细节。有时候也进行对比或旁征博引，但像写论文那样，拉开架势大发议论，滔滔不绝，是不合适的，也是不允许的。广播电视策划文案要吸纳前期调研的成果，把相关的事实作为说服人的论据，但只要达意即可。毕竟，策划书不是调研报告，有关资料可以放在附录中。

3. 要条理分明

条理分明是文章写作的通行要求，也是广播电视策划文案上述"二要"得以实现不可或缺的技术手段。要达到条理分明，一是讲求逻辑性。大小、轻重、主次、先后、详略的确定及其组合排列合乎逻辑，一层一层地写，不能颠三倒四、纠缠不清。二是条点化行文。根据文案内容的逻辑事理，通过数字序码一部分一部分、一点一点地排列下来，由这些序码完成行文的过渡，没有太多"因为""所以"之类的关联词，文章清清爽爽。

此外，广播电视策划文案的表述要留有余地，不要动不动就用"之最""空前""划时代""经典"之类的大话空话。

第二节　广播电视频道策划书写作

广播电视作为媒体，或为综合频道（频率），或为专业频道（频率）；或以新闻立台，或以文艺和娱乐立台，定位不同，各司其职。广播电视频道与广播电视节目的策划写作在具体内容和要求上也呈现出各自的差异性。这一节中我们先探讨广播电视频道的策划写作规律。

一、广播电视频道及策划书的类型

频道作为节目发布和内容传播的平台，是广播电视传播中受众选择和转换的基本单位。从最初的北京电视台开始，电视频道的发展在中国走过了半个多世纪的历程。中国已经成为拥有电视台（频道）最多的世界电视大国，而广播电视频道的竞争也日益激烈。

(一)广播电视频道的分类

广播电视频道的建设走过了一段长时间的征途,从综合频道到专业频道,频道类型显示出更加多样化的特色。专业频道通过为特定的受众提供特定的内容,以独特而鲜明的品质区别于综合频道。如新闻频道、文艺频道、生活频道、法制频道、军事频道、女性频道、戏剧戏曲频道、少儿频道、卡通频道、电影频道、旅游频道等。

综合广播频道和专业广播频道在工作实践中也积累了一定经验。从传播内容和编排形式上看,专业频道的播出内容和办台宗旨不同于综合频道。目前的新闻频道、经济频道、交通频道等广播频道,都是按照差异原则和补缺原则进行的内容划分,为特定受众提供某种特定的信息服务,如交通频道为司机们提供专属节目,为频道的专业化和品牌建设奠定了较好的基础。

电视频道一直拥有丰富的资源,电视频道专业化意识最完善、最系统的表现可以以中央电视台为例来说明。从 1995 年开始,随着中央电视台频道化改革的不断深入,逐步形成了综合频道、财经频道、综艺频道、国际频道、体育频道、电影频道、军事·农业频道、电视剧频道、记录频道、科教频道等 17 个基本频道和证券资讯、风云音乐等 19 个付费频道。近几年,不少地方专业电视频道也都做得有声有色。如何凸显频道专业化特色,除了合理编排节目之外,频道策划至关重要。

(二)广播电视频道策划书的类型

广播频道也好,电视频道也好,由于其管理运营模式相近,因此在分析策划类型时,我们合而为一进行讨论。

从横向上说,广播电视频道策划类型包括频道间的合作活动策划、频道与社会团体的合作活动策划等,但这些情况不是太普遍,在这里我们不做细致分析。从纵向上说,广播电视频道策划类型包括对频道定位和内容设计的形象策划、以频道长远为全局的战略策划、实现组织资源最优配置的管理策划、针对频道特定收视群体的营销策划、招商引资的广告策划等。在频道建设过程中,根据不同的需求和目的,策划书的内容和形式也有所不同。

频道形象策划书以频道定位和内容设计为主体,频道理念是其中的固本之源。所有关于该频道形象表现的行为在向公众的展示中,都应该勾勒出频道的精神特质。

频道战略策划书是对频道全局和长远目标的整体运筹,在对同类频道、受众群体和广告市场进行调研后,确定频道近期数月或长达几年的战略目标以及实现的途径。

频道管理策划书是就频道内部职能机构的资源现状、组织流程制度在一定时期内积存的问题或某个转折期突发的问题进行整合策划,目的是使新的组织管理形式实现资源的最优配置。

频道营销策划书是频道与下属的一些市场盈利性部门通过构想与创新所做的一系列营销计划。比如频道为所属品牌开发的图书、音像等文化产品、玩具产品、日用消费品做营销策划。或者像购物频道,为了达到预期的销售目标,为了使产品和服务被观众接受,必须做大量市场调研、前景分析和频道营销构想等策划工作。

频道广告策划书是根据频道理念和发展战略而制定的指导频道开展广告活动,以取得预期广告效果的规划。为频道自身宣传所做的广告策划要符合频道的整体定位,如湖南卫视在"快乐中国"的频道运营理念下进行的一系列宣传策划。商业广告的引进要在不影响频道的整体风格下进行,如农产品广告放到农业频道播放是最合适的;公益广告策划要彰显出一个频道的胸怀和理念,如汶川地震时各频道在第一时间制作的大爱无私和团结一心等广告。

频道策划在实际操作中还有很多内容,在此不一一赘述。另外,写作时还应注意内部和外部策划书的编制区别,应该体现"双赢互惠"的原则。但无论你要写作一个什么样的策划书,都必须在策划前对要策划的事项做详细而深入的了解,只有这样,写作时才能言之有物,而不是纸上谈兵。

二、广播电视频道策划的特点

广播电视频道策划写作有章可循。综观一些广播电视频道策划书,可以发现广播电视频道策划具有如下特点。

(一)全局意识

频道策划应该具备全局意识。在不同节目的结构布局上,广播电视频道的组合不是节目种类和数量的简单累计,而是一种整体性精神面貌。频道的定位和包装等都要从整体出发,立足于频道大局,以频道为中心进行策划。通过内容的分量、时间的长短、插播资料的分布和整体节奏的合理编排,对频道市场的细分和受众的需求进行综合考虑。在这种兼顾频道与市场的全局意识下,频道策划能凸显频道的专业风格,使频道从最大意义上获得社会效益和经济效益双丰收。

(二)文化意识

频道策划应该具备文化意识。文化意识决定着频道的思想和品格,也是影响频道定位的重要因素之一。广播电视频道是文化意识形态的传播工具,在不同艺术门类的审美中,优秀文化的深刻意蕴能赋予频道与众不同的文化品格。频道提供的文艺形式或雅或俗,展现的审美情趣也有高下之分。只有将崇高的文化意识渗透到平易近人的丰富的艺术样式中,广播电视频道才能生命常青。

(三) 视听意识

频道策划应该具备视听意识。视听意识是广播电视频道在创作和运营中不容忽视的基本特征。广播依赖声音作为传播的载体,电视则由声画语言传递信息。在进行频道策划时,策划者一定要有视听意识,在策划中明确广播电视与众不同的特色,注重视听语言系统在策划中的表述,实现思想性与艺术性的完美结合,铸就具有震撼力和影响力的艺术品格。

(四) 受众意识

频道策划应该具备受众意识。按受众的认知方式和接收习惯安排频道的内容和形式,是频道策划的基本依据。受众调查是检验广播电视频道策划实践效果的手段,在策划阶段就必须将受众意识充分纳入考虑的范畴。按照受众的意愿设计符合他们口味的节目内容,按照广播电视频道策划的基本要求设计节目内容,这是频道与受众之间一个互动双赢的过程。

(五) 战略意识

频道策划应该具备战略意识,从长远规划上采取较为合理的多向性战术动作,立足于频道定位的同时提高频道品位。只有将有利于提升频道总体形象的大型策划活动作为战略发展的每一小步走稳走好,才能从根本上扩大频道的影响力,树立积极鲜明的社会形象。战略意识还体现在做透做深相关领域文章,培育具有频道品牌优势的特色节目;注重频道发展的队伍建设,建立更为科学的考核激励机制;注重市场运作的基本规律,步步为营,将频道精神在稳步推进中不断发扬光大。

三、广播电视频道策划书的写作要点

尽管广播电视频道策划书写作没有严格意义上的统一格式,但还是有一些必须掌握的要点:

(一) 分析策划背景,预测频道前景

分析策划背景:主要是分析为什么要做这样一份策划,依据是什么。如这次策划是由于外部的文化政策、文化发展趋势有变,频道现状不太理想等原因引发的,还是频道内部结构、内容样式等不能适应新的竞争需要而引发的。或对目标受众进行全面分析,对受众收视需要进行科学分析,对同类频道实事求是地进行分析,对频道自身资源与实力进行分析。

这些对策划背景所做的详尽分析能帮助我们了解这次策划的必要性。

前景预测：比如这份策划书如果能被认真贯彻执行，能改变哪些不太合理的状况，能实现频道哪些独一无二的个性，能帮助频道达到什么样的准确定位等。频道的前景预测是一份策划书能否吸引人的关键。

（二）明确频道理念，找准整体定位

频道理念：频道理念的明确是帮助频道在策划中搭建整体结构不可或缺的关键，频道理念统领着频道的组织机构、管理模式、节目品种、节目形象、具体节目的设置和编排。只有一开始就明确好频道理念，才能解决下面关系到整个频道资源的优化组合以及合理配置等问题。

内容定位：频道的内容定位实际上就是频道的节目内容定位。一个频道要做什么特色内容，不同的节目分别要从哪些方面着手才能实现"节目内容的专业化和专业内容的丰富化"，正是内容定位的关键。

形象定位：每个频道都有自己的特色，即使是综合频道，也应该有专业频道无法比拟的特色。独特的节目内容与风格、不同角度的包装，给予了各个频道不同的形象标识。

文化品格定位：文化品格是频道定位应该考虑的重要因素，因为广播电视频道存在的意义还在于传播文化意识形态。不同的文化意蕴赋予了频道与众不同的文化品格。

具体节目的设置和编排：节目的品种与形象、节目的设置与编排是影响频道定位的重要因素。具体节目的设置与编排应在清晰的频道理念指导下，与节目的品种与形象一起，从频道的整体出发实现合理规划。对具体节目的策划和节目与频道之间关系的协调，能帮助频道实现定位的整体化和风格化。

（三）频道发展的战略性对策

从长远发展的战略上进行频道策划，列出频道发展的战略性对策是频道策划的重中之重。

优秀的人才和训练有素的专业队伍任何时候都是频道发展最根本的要素。要引进什么样的人才，要留住什么样的人才，要配备什么样的技术支持，要进行什么样的技能培训，资金、节目素材、相关的有形资产和无形资产等的管理运作应该有什么样的规划，才能在合理化配置中实现频道的正常运行并给频道带来巨大的发展。这些都是频道战略策划的重要内容。

（四）频道品牌推广

品牌是频道的生命，在策划时就应做好品牌推广的行动计划。作为无形资产，品牌

能提升频道的社会价值和经济价值,带动频道收视率和广告收入增长,使频道产生巨大的吸引力。品牌的建设和推广必须依靠频道形象的传播,因为这是实现频道特色发展的路径。

(五)频道信息处理

广播电视策划要考量的基本问题,就是如何有效地收集、消化、整合、再生信息。频道信息的容量和质量、频道信息的互动和反馈,正是频道信息处理能力的一种反映。按受众的认知方式和接收习惯安排频道的内容和形式,是频道策划的基本依据。在受众的参与中,频道得到了受众要求不断优化升级的信息反馈,同时也获得了受众的认同和理解。受众的信息互动和反馈,反映了频道对信息资源的处理能力,这是检验广播电视频道策划实践效果的手段之一。

广播电视频道策划书模板

1. 策划背景与前景预测
2. 频道理念:频道整体定位、组织机构、管理模式
   内容定位
   形象定位
   文化品格定位
   具体节目的设置和编排
3. 战略性对策
   人才
   技术
   资金
   节目素材
   有形资产
   无形资产
4. 品牌推广
5. 信息处理

第三节 广播电视节目策划书写作

随着广播电视事业的发展,各种广播电视节目在各自的舞台上显示出风格迥异且引人

注目的风采。优秀的广播电视节目往往牢牢地把握住时代的节奏,以高尚的审美情趣陶冶大众,而策划正是一个广播电视节目成功的开端。

一、广播电视节目及策划书的类型

广播电视节目类型不同,广播电视节目的策划类型也不同。

一般来说,广播电视节目可以从不同角度分成几类:以内容为依据,可以分为新闻类节目、教育类节目、文艺类节目和服务类节目等;以形式为依据,可以分为谈话节目、直播节目和演播室节目等。

同样,广播电视节目策划依据节目类型可以分为电视新闻节目策划、电视服务节目策划、电视文艺节目策划、电视科教节目策划、电视晚会策划等;从节目形式可以分为电视谈话节目策划、电视直播节目策划、电视演播室节目策划、电视真人秀节目策划、电视竞技节目策划等;而从节目的具体职能来看,包括电视节目内容策划、电视节目管理策划、电视节目广告策划、电视节目营销策划等。这些策划即对应着不同的策划书。

无论怎么划分,新闻和文艺节目始终是广播电视节目中的重中之重。

新闻节目以新近或正在发生的事实为主要内容。在新闻报道中,对既有事实的追踪报道是最基本的内容,但如果能在报道形式、报道选题、报道切入点和内容编排上有所创新,对一些即将举行的活动进行系统策划,在对新闻的追踪过程中,新闻报道者能扮演一个更全知、更主动的角色。如为庆祝中国共产党成立100周年,中央广播电视总台推出了"沿着高速看中国"系列报道,全方位、多角度的持续报道将每一步细微而关键的事态进展以及事件的参与者和旁观者、群众和专家等都扫描进来,既反映了广播电视媒体的宏大气魄,也体现了广播电视媒体对人文精神的关注。

好的策划能在新闻报道中产生一系列积极的连锁反应,而好的策划书则提供了运筹帷幄的制胜法宝。在文艺节目的创新中,策划也很重要。如何将受众熟悉的音乐、舞蹈、戏曲、曲艺、杂技等文艺样式融入文艺节目中,进行巧妙的编排,使之释放出耐人寻味的美,策划功不可没。不管是我们平时经常看到的一些常态文艺节目还是有特定主题的综艺晚会节目,都是在把握主题宗旨的策划基础上进行的。在广播电视文艺园地,这些不同的节目样式百花齐放,既丰富了人们的视听世界,也提高了人们的文艺素养。

二、广播电视节目策划书写作的特点

广播电视节目策划书写作与频道策划书写作尽管都以广播电视媒体的运作规律为指导,但还是各有独特之处。在遵循广播电视频道策划书写作特点的基础上,节目策划书写

作在实际操作中应突出以下特点:

(一)导向性

把握正确的导向是一个节目策划的根本,导向性反映着媒体从业人员的价值取向,不仅关系到节目能否健康地发展,关系到节目组内部和谐团结氛围的形成,还关系到节目能否取得受众的信任。节目策划过程中强调导向性,对正确积极地引导受众并繁荣受众的文艺生活有着非常重要的现实意义,对于广播电视节目的生存和发展也具有同样重要的意义。

(二)创新性

在这个竞争激烈的年代,居安思危、创新求变是广电节目立于不败之地的关键。在吸收国内外媒体节目成功运作的经验基础上,本地节目应结合原有优势,在对本地市场的适应转化中进行大胆尝试。制作思维的创新、市场介入的创新、制度观念的创新,说到底都是节目策划与时俱进,在内容和形式上推陈出新。只有以不断创新的思维,开拓无止境的艺术创作空间,才能赋予节目长久的生机和活力。

(三)价值性

独特的文化审美价值是节目策划价值之一,对广播电视节目的认同,就是对文化和审美意义上的一种价值认同。频道要大力弘扬自己的专业理念和价值观,节目也一样要弘扬自己的专业理念和价值观。需要注意的是,文化价值不是节目价值性的唯一表现,较好的社会效应和经济价值也是节目价值的重要组成部分。节目终将走向社会走向市场,与市场接轨并按市场运行规律办事。在市场化运作中,节目应在保证社会效益的前提下,努力追求经济效益的最大化和效率的最优化,为实现自身价值进行积极的尝试和探索。节目策划的价值最终体现为节目运行后获得的文化审美价值和社会经济价值。

(四)灵活性

广播电视节目在播出的过程中,有时会出现一些突发性事件,甚至出现一些较为严重的事故。灵活处理虽然属于主持人和现场导演应该具备的能力,但如果在策划时,能够依据经验提出一些灵活处理的方案和意见,那么这份重视节目现场灵活性的策划书将在实践中的某些关键时刻发挥出不可估量的作用。灵活性强调研究节目形态和受众心理的变化,是节目策划始终不变的追求。

三、广播电视节目策划书的写作要点

以品牌知名度和稳定的收视群体为中心打造节目,是广播电视节目策划的动机。在写作节目策划书时,离不开以下几个要点:

(一)节目策划背景与收视预测

节目策划背景建立在了解受众状况和他们对于不同节目体验的基础上,在对同类节目领先性和独特性的跟踪比较中,在策划者制作节目的经验和市场认识中。在对所有信息素材进行分析整合和提炼的过程中,策划者将节目的构思起点在这一部分予以清晰交代,如节目宗旨是什么,这个节目策划是要为什么样的人提供什么服务,预计节目能够达到什么样的效果等。

(二)节目主题及优势

节目主题及优势又可以写作"节目特色",包括节目要做成一个什么样的品牌,它的主题是什么,有什么样的特色,与其他同类节目相比优势何在等。另外,节目的主题要体现出一定的亲和力,节目的特色要体现出一定的个性,可以从节目名称的标识上体现出这种个性,也可以从音乐形象和在节目中出现的各种布景和宣传条幅等方面体现出这种个性。策划书对此描述得越详细,投入使用时这种优势就体现得越明显。

(三)节目市场调查及分析

对节目的市场调查及分析主要是对节目进行可行性分析。通过调查问卷进行实地调查或采访,对节目在市场上是否具有经得起考验的持久生命力,节目的质量水准、文化品位以及技术和艺术水准上是否经得起检验,节目如何在持续发展中展开自我调节,如何不造成重复性建设等,在调查中应该有明确的显示。

(四)节目名称及定位

节目的名称及定位又可以写成"节目宗旨"。名称是一个节目个性的代表,看一个节目的名称就几乎可以知道它的个性。例如,同是做真人秀节目的《向往的生活》和《极限挑战》,名称所涵盖的意义就展示着不同的节目个性。

节目的定位既指节目自身的定位,又指节目在专业化频道中的定位。这个节目要满足目标观众群怎样的收视诉求,在频道中有一些什么样的职能不可替代,与其他节目相比有何独特之处,这些都是需要论证的。在节目的定位策划中必须二者兼顾,不能顾此失彼。

(五)节目样式形态

节目样式形态的设计是对目标受众收视需要的安排。如节目以什么样的形式在哪个电视台播出,在哪个时段播出,多长时间一期,重播的时间设置;这个时段所播放的节目对受众的吸引力,以及目标受众的生活规律和收视时间的安排等。

节目表演形式和表现手段、声画的运用处理、光色影调及场面调度等的丰富设置,摄像和特技的使用,字幕和主题音乐的运用,主持人、出镜记者的安排,这一系列视听元素的组合,构成了不同节目风格迥异的样式形态。

(六)节目制作团体

节目制作团体由哪些部门、哪些人员构成,各部门人员的具体职责是什么。制作团体的工作方式、具体任务的分配,制作团体如何以节目主题为核心,实现节目制作的观赏性、娱乐性,等等。

(七)节目运作模式

到底是制片人负责制、准制片人负责制,还是承包人负责制,要予以明示。

(八)节目设置

节目设置即节目内容的具体安排,如是否需要主持人,对主持人有什么要求,可容纳几种类型的节目,是否要请嘉宾,请什么类型的嘉宾,与嘉宾如何进行互动,等等。

(九)节目流程设计

节目流程设计是从节目的层次和数量出发,对节目播放时段进行分配与组合。包括节目的时长和播出频率、首播和重播的时间、节目编排和穿插的风格、节目是录播还是直播,插入广告的时间等,甚至可以细化到投放广告的类别和质量。对于舞美灯光、升降台、活动布景、喷泉和烟雾等有特殊要求的环节,都需要在流程设置中给出明确的标示。

(十)节目资金预算

节目制作过程中的各项经费开支和费用分配等都需要尽可能准确地估算出来。节目资金预算的内容包括调研、设计和制作、办公的费用,工作人员的工资和观众的有奖回馈,以及设备器材的租赁与损耗、节目制作成本的综合预算等。

(十一)节目具体行动方案

这是一个节目制作的具体日期规划,在管理节目制作进程的同时,为节目按时按期按质按量完成提供一定的基础和保障,也可以写成"行动倒计时"。

(十二)节目品牌构筑

节目品牌的构筑需要多方面的辅助,包装与推广是品牌构筑的关键环节之一。如节目的宣传片和片头片尾的标识性音乐,节目主持人形象及道具等背景装潢,这些包装要素组成了节目的文化识别系统,对于一档节目形象的提升起着推动作用。

而有意识地通过其他媒体的加盟,多层次、立体化地开展宣传和推广活动,培养核心受众,争取潜在受众,在品牌构筑的环节中也发挥着越来越重要的作用。

广播电视节目策划书模板
1. 节目策划背景与收视预测
2. 节目主题及优势(节目特色)
3. 节目市场调查及分析(可行性分析)
4. 节目名称及定位(节目宗旨)
5. 节目样式形态
6. 节目制作团体
7. 节目运作模式
8. 节目设置
9. 节目流程设计
10. 节目资金预算
11. 节目具体行动方案(行动倒计时)
12. 节目品牌构筑(节目包装与推广)

不管是广播电视频道策划还是节目策划,要获得较高的知名度和稳定的收视群体,在策划写作中都应注意文体与用词。策划时可多参考模板,列出写作提纲;考虑哪些部分的流程、数据和版面可以使用图表进行视觉化表现,各部分内容的表达是否详细完整且具体有序,表现方式是否简单明了。将这些工作细化并付诸文字后,我们就能得到一份可以指导实践的有效文案。

思维严密而结构并不呆板,语言功底扎实且文采斐然,建立在对真实准确信息的大量科学抽样和分析基础上的一份策划文案,是频道再生的源头活水。而执行策划文案的速度正是频道资源能否以最短战略周期巩固并获得发展的关键。熟练掌握广播电视策划的写作要领,在练习中不断完善你的策划提纲,提升你的策划能力,将是你在工作中让人无可替代的制胜法宝。

思考题:

1. 何谓广播电视策划?广播电视策划有哪些类型?
2. 何谓广播电视策划书?广播电视策划有哪些撰稿要求?
3. 何谓广播电视频道策划?广播电视频道策划书的写作有哪些要点?
4. 何谓广播电视节目策划?广播电视节目策划书的写作有哪些要点?

第九章　广播电视媒介经营文本写作

经营活动是当代广播电视媒体的主要活动之一。因而,写作广播电视媒介经营文本,是广播电视写作的日常性任务。这一类文章属于应用文范畴,有相对固定的格式。能够撰写合乎要求的媒介经营文本,是广播电视媒体从业人员应该具备的基本能力之一。

第一节　广播电视媒介经营活动与写作

一、广播电视媒介经营活动

"经营"一词古已有之。事实上,人类的一切活动都是经营活动。只要是有目的、有意识的活动,即经过筹划(含决策、计划)、控制、组织、实施等经营职能,使其达到期望目标(目的)的活动,就是经营活动。运筹学原理认为,经营是指对各类经济实体的生产经营活动和市场(流通)经营活动进行科学的定量分析和选择恰当的运营方案的方法。

狭义的"经营"仅限于企业的经营,是与"生产"相对应的概念,指企业除生产以外的行为,即企业的营销活动。广义的"经营"概念是法国"管理理论之父"亨利·法约尔在他的名著《工业管理和一般管理》中提出来的。他认为,企业的经营活动包括六个方面:技术活动(生产、制造、加工),商业活动(购买、销售、交换),财务活动(筹集和利用资本),安全活动(保护财产和人员),会计活动(清理财产、资产负债表、成本、统计等),管理活动(计划、组织、指挥、协调、控制)。

如今,传媒产业已成为我国市场经济不可分割的组成部分,是第三产业的重镇,传媒生产力是我国经济与社会生产力的核心内容之一,媒介经营应运而生,并越来越受到重视。

媒介经营是对媒体、媒介内容以及媒体实体的运筹。媒介经营活动范围主要包括三个方面:媒体经营、媒介内容经营、媒体实体经营。媒体经营指对各类载有文字、声音、图像、数据等信息的媒质(介质)进行科学的运用、筹划、管理等活动的总称;媒介内容经营是从媒介的角度对以各种形式表现出来的信息的经营,即媒介信息经营;媒体实体经营就是对作为媒介实体的人、事物、组织的经营,简单地说就是对媒介机构的经营。

广播电视是重要的宣传工具,具有强烈的意识形态特质和属性。随着市场经济的发展,广播电视作为产业的特质和属性也清晰地显现出来。有学者从产业经营意义出发,将大众传媒的行为分为"信息行为"和"利益行为"。"信息行为"指不以实际利益为目标的信息加工、采集、传递行为,"利益行为"指以实际经济利益为目标的行为。"利益行为"又分为"单纯利益行为"和"信息利益行为"。"单纯利益行为"指仅以经济利益为目标的行为,即通过信息以外的渠道获取利益的行为,如房地产开发、旅游开发等;"信息利益行为"指通过信息获取经济利益的行为,体现为出售节目时段、广告经营、节目发行出售等。[①] 这是说,广播电视媒体可以实施媒介经营,可以到市场上去销售产品,可以通过自己的产品和营销,在市场上获得经济利益。

媒介经营的主要内容和范围有以下几方面:第一,广告经营。以付费的方式通过新闻媒介向公众传递某种观念,介绍和推销某种商品或服务。第二,报纸的发行经营。它是整个报纸传播过程中的最后一个环节,也是至关重要的一环。第三,印刷经营。指报社以印刷厂作为经济资源来从事经营,获得经济效益。第四,节目经营。指在节目策划、制作及播出过程中,根据节目市场需要和节目营销策略,对资金、机器设备、人员等做合理的组织和调配。第五,多种经营。当前,媒介多种经营的主要内容有:文化产业,包括旅游、娱乐、体育等;文化经营活动,包括参与举办音乐会、体育比赛、拍摄电影电视剧等。此外,还有资本运作。

媒介经营通常的内容与范围,大型广播电视媒体(多为广播电视集团)一般都兼而有之,包括广播电视的生产经营、市场经营、组织经营、产品经营、财务经营、资本经营、资源经营等。其中最常见的实务活动是媒介营销推广。这是市场经济条件下的市场营销活动,完全以消费者为中心。营销推广的对象主要是受众和广告客户,方式主要包括广告宣传、公共宣传、公共关系营造、播出推广/非播出推广等,内容主要是广告的营销推广、节目的营销推广、广播电视相关产品(如图书、电子音像制品等)的营销推广。广播电视媒体通过这些活动主动与市场沟通,扩大市场影响力和占有率,从而实现良好的社会效益和经济效益。

广播电视媒介经营特别是它的营销推广,与一般的物质产品的营销推广既有相同的一面,又有不同的一面。相同的一面是都属于市场行为,都讲求"成本核算",即建立电视生产与传播活动中各种人力、物力、财力的成本预算、计划与监督、审核系统,有效防止浪费,实

[①] 黄升民,丁俊杰.媒介经营与产业化研究[M].北京:北京广播学院出版社,1997:33.

现"以较低成本获得较大回报"。不同的一面在于,广播电视是一个生产精神产品的特殊文化产业,文化附加值相当高,不能简单地将广播电视营销推广视为一种普通的商品营销推广。因此,广播电视媒体要充分利用好自身的媒介资源,切实注意处理好"有形资产"与"无形资产"、"短期利益"与"长远利益"的关系。

二、广播电视媒介经营写作

经营活动通常先写后做,事先写作计划文书,有的还在事后进行复盘和总结。如市场调查报告、预测报告,经营活动的总结和分析报告,财务预决算报告、审计报告、协议书、经济合同、授权委托书、合作意向书、节目营销策划书、宣传稿,等等。

(一)广播电视媒介经营写作的特点

其一,专业性。广播电视媒介经营文书是以反映广播电视媒介经营活动客观规律,分析媒介经营活动发展趋势为目的的写作。要撰写出对广播电视媒介经营活动发展有实际价值的文章,必须首先掌握广播电视媒介经营管理方面的专业知识,并以相关政策法规和理论为指导。

其二,实效性。尽管市场瞬息万变,经营文书仍是帮助我们掌握市场实际情况,并依据市场实际情况开展工作的依据。经营文书能及时发现问题,并为解决问题提供有效参考意见,以保障经营活动的正常开展,提高广播电视各经营部门的竞争力。

其三,规范性。尽管经营文书类型各异,但不管是哪一类文书,在写作时都应注意其一般结构和文法的规范性。准确的遣词行文、严密的逻辑修辞等将使文书的表述更加鲜明生动。

(二)广播电视媒介经营写作的要求

与其他文书写作一样,广播电视媒介经营文书要做到主旨突出、结构层次清晰、语言准确简洁。此外,针对经营文书的特定内容,在撰写时还要注意:

第一,写作前熟悉广播电视媒介经营的相关政策和法律,具备相关媒介经营业务知识。在讲究时效的基础上迅速撰写,并能及时贯彻执行相关的方针和政策。

第二,反复调查研究,使用真实可靠的数据资料准确地反映广播电视媒介经营的客观情况。在符合客观实际和经营运作规律的基础上进行系统科学的分析。

第三,明确撰写目的,针对特定的媒介经营活动,选择适合撰写内容的文体。熟练掌握各种经营文书的格式,根据写作目的选择恰当的表述方法。

第二节 广播电视市场文书写作

与其他文书写作一样,广播电视媒介经营文书各种文体的撰写都有各自惯用的格式,这些不同的经营文书写作格式从不同方面揭示了各种经营活动的不同属性。

一、调查报告

调查报告是指对某一或某些问题进行专门调查研究后写成的书面报告。调查报告一般分为四种:反映基本情况的调查报告、总结典型经验的调查报告、介绍新生事物的调查报告和揭露问题的调查报告。广播电视调查报告也可以再细分为对市场现状进行调研的市场调查报告、基于调查研究对象发展趋势的市场预测报告等。

(一)广播电视调查报告的写作特点

第一,针对性。要准确理解调查报告的主题是什么,有针对性地进行调查、选题,从实际出发,以掌握各个不同时期的实际市场情况。

第二,科学性。调查分析方法的科学性决定着调查报告的科学性。只有通过细致深入的实况调查,依据实际材料进行科学分析,才能真实地反映问题,得出科学的结论。

第三,典型性。调查报告中用来说明问题的材料要精挑细选,认真分析,要能突出问题的重点。用事实说话,实现材料与观点的统一。材料实例的典型意义决定着报告的质量优劣。

另外,广播电视调查报告的结构安排要合理,要能体现出调查报告的针对性、科学性和典型性等特点。

(二)广播电视调查报告的写作格式

调查报告的标题要以高度凝练的文字概括出文章的基本内容或主题,一般在标题的末尾用"调查报告""调查汇报""考察报告"等字样标明文种。在标题下面要署上报告人的姓名及工作单位。

常见的调查报告正文由导言、主体、结尾三部分组成。

导言　即对调查相关情况的概述,包括调查的缘起、时间、目的、对象、范围、内容、经过、方法和地点等。导言部分可先表明调查的基本结论或是对调查预测的本质性认识,也可对调查整体内容做一个简单交代。还有些导言可能只是对调查报告提出问题的性质进行讨论,使读者关注并重视此类问题。

  主体 这是由调查的经过和内容构成的调查报告的核心部分。市场调查报告的主体强调对调查数据和现实情况的列举;而市场预测报告的主体则一定会有根据一定的分析方法得出的预测结果和根据预测结果给出的建议或对策。

  对调查基本情况的交代可以按照时间顺序进行,也可以按问题性质分类。调查资料的来源是原始资料还是二手资料,调查对象的范围是普查、抽样调查还是个案调查,研究目的是探索性、描述性、解释性还是预测性的,是横向研究还是纵向研究,是定性研究还是定量研究,调研的可行性等,在调查报告的撰写中,都需要在相应部分进行合适的表述。

  结尾 即分析和建议之后的结束语,没有固定格式,可有可无。如有结尾的话,一般都是照应开头,重申调查事实或是加深认识。

二、经营活动分析报告

  经营活动分析报告是表述媒介经营活动分析过程,反映内容和结果的一种书面报告。广播电视经营活动分析报告包括业务活动分析报告、财务活动分析报告、市场动态分析报告等。不管是按经营活动的目的、内容还是范围来划分,广播电视经营活动分析报告都是研究广播电视经营活动状况和活动规律的重要手段,是评价广播电视经营活动的一种有效方法。

  广播电视经营活动分析报告的写作应注意以下事项:

  第一,宏观与微观分析相结合。撰写经营活动分析报告,要对宏观经济形势背景和微观经营形势都有清醒的认识。只有这样,才能在国内外经济形势的大背景下,做到胸有成竹,把握全局,才能避免分析的片面性和局限性。经营活动分析报告多以一段具体时期为分析时限,以季度或年度的形式进行,报表资料的文字一般都是对这段规定时期内经营活动状况的说明。如能对先前的报告烂熟于心,对以前的问题了如指掌,那么撰写新报告时必然会得心应手。

  第二,详细设计调研方案。调研方案通常用简明的语言写成,主要设计步骤一般是:确定调查的目的和内容,确定分析单位和调查对象,确定研究类型和调查方法,确定抽样方法和调查问卷,确定调查资料的整理和分析方法,确定调查的时间进度安排,确定调查的经费预算,制定调查组织实施及质量控制措施。在拟订好调研方案之后,通过调研得到可用于撰写报告的数据和材料,这是使报告言之有物的主体内容。

  第三,使用数据,让事实说话。一份资料丰富的经营活动分析报告必然是一份数据翔实的分析报告。对经营活动情况的分析要用事实说话,充分运用数据,如相对数、绝对数、平均数、百分比等,使用数据能准确、简单、形象地说明问题。对大量材料进行比较剖析和归纳证明时,可用醒目的列表进行集中表述,形成简洁而有说服力的结果。

第四,提出反馈和建议。经营活动分析报告中,分析影响经营效果的因素时,反馈和建议的内容是必不可少的一部分。在对经营活动进行科学分析之后,对活动作出适当的评价并提出反馈,为经营活动在决策上给出切实可行的建议,能促使决策进行调整和改进。

三、经济合同

经济合同是经济活动双方或多方当事人之间为达到一定的经济目的,经过平等协商而订立的明确相互权利义务关系的协议。作为协作关系的具体反映,经济合同是双方或多方当事人达到一定经济目的的有效手段。在广播电视经营活动中,经济合同的撰写十分普遍且意义重大,它是保护当事人的合法权益、维护社会经济秩序的有效法律形式。

广播电视经济合同种类繁多,并没有统一规定的格式,条款式和表格式是目前广泛使用的两种。

一份完整的经济合同至少包括以下六个要素:

第一,用以提示合同性质和种类的合同名称以及编号、签订日期等。

第二,合同当事人"供方""需方"或"甲方""乙方"等名称全称,另外,"双方协商,签订合同,共同信守"等或详或略的合乎法律程序的表白也是必不可少的。

第三,条款正文即合同主体,事项的标举内容因事而异。

第四,对可能出现的不履行或不适当履行的行为预先定出的"经济责任"或"罚则"等。

第五,对合同何时生效、有效期限、共制作了几份以及未尽事项等的附则说明。

第六,必要的签章、具体账号与联系方式等。

经济合同作为对双方或多方法律行为产生约束力的财经文书之一,在平等协商、自愿互利、等价有偿的原则上体现着一定的经济目的。在经济合同的写作中,要注意以下事项:

第一,条款内容全面具体,各部分的条款内容应尽量将各细则都全面具体地写清楚,以便于合同的履行。

第二,语言表述严密准确,合同作为具有法律效力的文书,写作时语言表述必须严密准确,这是避免经济纠纷的前提之一。

在合同订立的过程中,切忌含混笼统,应提出明确具体的要求和标准;措辞应反复推敲,字句斟酌慎之又慎,避免当事人蒙受不必要的损失甚至承担法律责任。此外,合同文书应格式规范,条理清晰,不能有错别字、漏字和随意涂改的现象。

第三节　广播电视营销宣传写作

一、广播电视的营销宣传

（一）广播电视营销宣传及其特点

什么是营销？美国著名的市场营销学者尤金·麦卡锡指出："市场营销是指买方市场条件下的一整套引导思想、货物及劳务从生产者流转到消费者，有效地实现各种不同的供给能力与各种不同的需求相适应的策略与方法。"与卖方市场条件下的"重生产，轻交换；将市场看作是生产过程的终点而非起点；从生产者出发而不是从消费者出发"的传统观念不同，买方条件下的现代营销观念强调这样一些基本原则：

（1）以消费者为导向，在满足消费者的需求中实现自己的目标；

（2）不断在内容和形式上创新；

（3）扬长避短，只有为社会提供自己擅长的、比同行更优的产品，才能确保自己在竞争中立于不败之地；

（4）整体营销，从产品的设计、开发到加工制作直至产品进入流通市场，都应有明确的、一以贯之的核心卖点；

（5）注重社会效益，充分考虑消费者的长远利益，注重提高社会生活的品质。

广播电视营销宣传是受众获取新节目或正在播出的节目的信息的途径，对节目受众的数量起着至关重要的作用。人们需要通过某种渠道得知某个节目，并获取必要的节目信息，如什么时间、哪个频道播出，否则再好的节目也不会有受众。节目宣传经常以宣传短片、滚动广告和预告片等形式鼓励受众收看或收听节目，"您即将收看（收听）的是……"是经常使用的节目宣传写作格式。

宣传具有多重功能。作为吸引受众的工具，宣传可以吸引受众延长收视或收听时间，并使受众锁定一个频道，锁定的时间可以达到一天、一周甚至更长。

近年来，随着媒体行业产业结构和经济结构的调整，在宣传策略方面影响最深远的就是多媒体交叉宣传的兴起。交叉宣传，是指如果一个公司拥有多种媒体形式，公司的所有节目和宣传内容可以在不同媒体之间进行相互的市场宣传。尽管交叉宣传已经以付费和交换广告的形式存在很久了，但近期的变化是大型媒体公司大多形成了媒介大融合。不仅拥有广播网、有线网、电台、电视台，还将唱片公司、大型媒体工作室、网站、图书、报纸、杂志、体育赛事纳入旗下,甚至还涉足主题公园和电影院。如美国时代华纳、维亚康姆、迪士尼等公司拥有的媒体种类可谓包罗万象。在这种变化的影响下,宣传的范围大大扩展了,不仅可以在电台和电视台之间交叉宣传,还可以在主题公园和杂志之间、唱片与图书之间,甚至电影和电视剧之间交叉宣传。

所有这些自我宣传的广告时间与空间的费用都极低,或者是免费的。如果某一媒体公司没有其他媒体形式,那么这些宣传的花费就会很昂贵,宣传活动也将因此受到限制。如果拥有较多的媒体形式,节目的宣传成本就会降低,宣传途径也能不断推陈出新。

在宣传策略中最重要的是制造卖点,尤其是对新节目和电视剧的宣传。广播电视营销宣传的特点是媒体内容的特殊性。提到广播电视节目,我们常常会感到节目的单一性与同质性。但实际上,所有媒体从内容上说都有自己的独特性。对于广播电视节目来说,每一个电台电视台都有基本固定的传播形式。即使是同类型的电台电视台,在具体的音乐、新闻、广告、主持人风格等方面都不尽相同。这些不同之处构成了电台电视台的独特标识,因此在宣传策略方面我们要利用这些独特性,打造和宣传自己的形象和品牌。

(二)广播电视营销宣传的方法

1. 营销宣传的主要模式

广播电视行业的营销实务有产品营销和媒介营销。产品营销主要是营销节目,还有节目的上游与下游产品,营销手段包括本台播出与外卖。媒介营销包括营销成就、资源、优势、前景等,合起来是营销媒介的形象,即媒介的形象宣传。因此广播电视营销宣传存在两个主要的宣传目标和模式。一个是面对受众的推广活动,一个是针对广告客户的销售推广活动。

受众推广活动旨在保持和增加电台电视台的受众数量。通常这一目标是通过向受众进行形象宣传和内容(节目)宣传来实现的。

销售推广活动针对的是购买广告时段的决策者,通常为广告客户或广告公司的媒体采购人。推广活动的目的既可以是向客户推销广告时段,也可以是宣传电台电视台的形象。

与在广播电视上做广告的产品一样,电台电视台要想在竞争中脱颖而出,也必须在受众心目中赢得一席之地,在受众心目中确定明确的自我形象。形象宣传旨在树立、调整或巩固受众对本台的印象。

广播电台常将类型作为自己的形象,比如人们一提到某广播电台时,往往会称之为"音乐台"、"经济台"或"交通台"。节目宣传侧重于类型和主持人。

由于所有电视台在节目策划和编排上都以多样性和广泛性作为吸引观众的策略,因此,一家电视台要想找到一句能使自己在竞争中脱颖而出的定位语并非易事。研究表明,现在的观众对某个特定频道的忠诚度越来越低了。这样一来,整合营销就成为销售中的一个主要概念。整合营销是将相对独立的广告活动、公共关系和宣传综合起来。品牌塑造是统一宣传的有效途径。同时，重点宣传节目内容成为电视产业的主要营销策略。如果将一个个节目看成是产品，那么整个频道就可被视为品牌。对一个电视台或专业频道来说，品牌是收视率的集中体现，是竞争力的象征，品牌形象是观众选择收看电视节目的重要依据。所以，无论采取哪种方式，营销宣传的主要目的是树立有效的品牌形象。

2. 营销宣传的主要方式

营销宣传的对象和目标各有不同，但大多数电台电视台通常采用以下四种方式：广告、推广、宣传和公关、公益服务。在多数活动中，这些方法可以综合运用。这里重点介绍广告与推广。

（1）广告

广告涉及购买时间或空间。有时候，电台电视台会与其他媒体交换广告时间或空间，即不必直接付款，而是向其他媒体提供同等价值的广告时间。可以自己计划、实施并监督自己的广告，也可让广告公司代理。常用的广告媒体除广播电视外，还有报纸、杂志、户外、交通工具等。

报纸　大多数省市都出版日报或周报，尽管新媒体分流走了部分受众，但仍有许多读者乐于从报纸上获取节目信息。正因为如此，许多电台电视台就利用报纸来为自己的新闻、新闻特别专题、大型活动节目或其他信息类节目做广告。

此类广告经常刊登在报纸的广播电视栏或娱乐栏中。如果要推广的是特殊诉求，其广告也可以刊登在其他版面。比如，如果把经济类节目放在经济版中，就很可能吸引更多对经济感兴趣的受众。一些报纸的周末版有电视增刊，会对各电视台预播的节目及电视剧进行介绍，对电视台来说，这是一个极有价值的营销宣传渠道。

杂志　市场较大的电台电视台可以利用"城市杂志"或当地的综合性杂志来宣传其形象、类型或节目。

户外　作为一种广告媒体，路牌具有多种优势。它们可大可小，可以运用特效，还可以用灯光装饰，因此无论昼夜，人们都能感觉到它们的存在。显然，如果把它们放置在交通繁忙地带，特别是汽车行驶缓慢的路段或者是开阔地段，都能产生不错的宣传效果。

很多电台都喜欢用路牌来做广告，因为它们可以促使司机马上调到做广告的电台（路牌上有电台的台号和频率）。路牌还是提醒观众收看电视节目的工具，所以路牌在宣传电台电视台的台号和标识方面很管用，而台号和标识恰恰是电台电视台之间彼此区分的独特符号。

交通工具　在很多城市，公共汽车及出租车的每日行程极远，因此车身上的广告很容易被司机、行人和乘客看到。公共汽车上的广告大小不一，经常遍布车身四周。车内的广告虽然只能被乘客看到，但是他们通常都会阅读这些广告。同样的道理，地铁车厢内、站台也可以张贴或播放广告,这些广告将被数量极为可观的乘客看到。除此之外,机场展示箱、公共汽车站的壁板及公共汽车的座椅等也是电台电视台常常投放广告的地方。

(2)推广

推广指电台电视台通过自己的媒体而非其他大众传媒直接向公众宣传自己。电台电视台使用自己的播出时间来宣传自己的形象和节目,称为播出式推广(on-air promotion);电台电视台以非播出的方式直接向公众进行宣传的推广活动,比如发放印有电台电视台标识的特色礼物等,称为非播出式推广(off-air promotion)。

无论是电台还是电视台,自建网站都是一个重要的非播出式推广渠道。网站为电台电视台提供了全天24小时的推广机会,因此在播出式推广中频繁地介绍自己的网址是极其重要的。网址还可在电台电视台的印刷材料、出版物、纪念品等非播出式推广资料中列出。

以下几类信息适合所有电台电视台在网站上公布:

- 电台电视台基本信息,如台号、频道、频率、电子邮件地址和电话号码。
- 节目安排。
- 播音员主持人或出镜人员的简介和照片。
- 电台电视台及其员工近期获奖的详细情况。
- 与电台电视台有关的特别事件。
- 电台电视台的历史。

①广播的播出式推广

由于广播电台可以决定如何使用自己的播出时间,所以电台的宣传词可以频繁地安插在节目中。宣传词的内容一般包括节目类型、主持人、广播电台活动和成就等。

节目类型是播出式推广的一个主要因素。大多数音乐类广播电台都以音乐内容和风格及主持人来引人注意;新闻类广播电台更强调新闻和服务的范围;谈话类广播电台则把重点放在主持人和谈话选题上。

通过播出式推广,广播电台尽量让其台号和频率在听众头脑中留下深刻的印象。大多数广播电台也利用各种播出方式来宣传自己的形象,比如每当整点时就报时报台,播出形象宣传词,并频繁插入电台的宣传音乐。有口号的广播电台常常将口号在报时、报交通或天气状况播报时一起使用。总之,资源利用最大化,是营销宣传的宗旨。

例如,湖南金鹰955电台(FM95.5)的宣传文案,就将电台的形象、定位与电台的地点、造型结合起来:

中心——位处长沙城市最中心五一广场;

高度——40米城市高空的瞭望平台;

地标——鹰眼造型耀眼城市上空;

通透——全玻璃结构,最辽阔的视野、最通透的表达;

目标——都市生活最贴近的瞭望者,您眼中最亮眼的都市元素。

②电视的播出式推广

电视的播出式推广与广播的播出式推广相似,但二者之间也存在一些区别。

广播电台通过重点宣传节目类型和主持人,培养听众的忠诚度;电视台基于同样的原因,下更多的功夫推广个别节目或电视剧,所以宣传片的制作和时间安排相当重要。

电视台宣传形象或节目的常用方法有以下几种:

报台　电视台会在节目之中或每小时的间歇中以声音或图像自报台号。当然,在实际操作中,大多数电视台都会以视听综合手段报台,并经常与台号、台标或口号相结合。

口号　不管是单独使用,还是与其他节目推广结合使用,口号是电视台进行形象宣传的一种行之有效的方法。

节目　地方新闻是大多数电视台节目的重要组成部分,而且它可能是地方电视台每天播出的节目中唯一由本台制作的节目。地方新闻是影响社会对电视台看法的重要因素,也代表着电视台的形象。由于这些原因,大多数电视台给予地方新闻宣传以高度的优先权,甚至很多电视台新闻部设有专做宣传片的特技工作室。新闻宣传的重点包括一般性宣传和特别宣传:一般性宣传如日常新闻,特别宣传则用来强调专题报道。

片尾　许多电视台在播出节目片尾字幕时,采用语音形式的宣传片,促使观众继续收看本台当天晚些时候或以后几天内播出的其他节目。

电视台自己的播出时间可能成为最有价值的推广工具。所以电视台的管理层在运用广告时间和研究宣传文案时,应该具备广告客户一样的心态:把自己的东西推销出去。当然,对电视台来说,它要推销的东西就是自己的形象和节目。

二、广播电视频道营销宣传写作

(一)形象与品牌营销

作为大众媒体的电台电视台具有其特殊性。它们要向两个迥然不同的顾客群体进行营销——受众和广告商。为了获得广告费,媒体需要针对广告商进行营销,而针对广告商的成功营销必须以成功的受众营销为前提。因此电台电视台营销有三个主要目标:(1)吸引注意力;(2)创造收听率与收视率;(3)获得收入。

广播电视营销与普通商业市场营销之所以存在本质的区别,是因为就市场营销的五个基本因素而言,其他商业经营者对产品和服务的发行方式、价格、产品本身的特点及提供的售后服务等都能进行有效的控制,而广播电视管理者对这四个因素却基本没有控制力。在市场的五个因素当中,只有宣传一项可受管理者控制。因此从广播电视经营者的角度看,电台电视台的目标是吸引受众,宣传就是市场营销的全部内容。当然,广播电视也有其自身的特殊优势——能够进行自我宣传。

对于广播电视频道营销宣传来说,最重要的是形象与品牌宣传,其营销宣传和广告在写作技巧方面没有本质的区别,都是分析受众,熟悉产品和服务,了解受众诉求,提高组织的工作效率等,包括写作的样式也是一样的。主要的区别在于,广告推销商品和服务,形象与品牌宣传更讲究思想、理念和行动。通常可分为两大类:一是电台电视台自身的宣传,如节目预告、形象宣传等,包括用以增加收听、收视率的一切手段;二是营销宣传,通常是为了提升频道形象和品牌知名度。

(二)广播电台的形象宣传

1. 时间长度和设置

广告的长度通常为 30 至 60 秒钟。由于制作成本的高涨,15 秒钟的广告变得流行起来。另外,10 秒、20 秒、90 秒钟甚至更长的广告也有。

广播电台自身的形象宣传通常有本台所在地、联系方式、形象设计和宣传口号等要素,非常讲究创意,多为 10 秒钟左右。有时候广播电台的形象宣传会附着商业广告播出,如 2 秒钟形象宣传与 8 秒钟商业广告结合。

撰稿人在写作时通常要计算每秒钟能够播报的字数,以此来确定写稿的长度。对电视,必须考虑画面因素才能做得比较准确。另外,每个单词的长度、语气节奏的变化、个人播音风格的不同都会影响到文案的字数。但一般来说,10 秒钟的广告需要大约 25 个单词,20 秒钟 45 个,30 秒钟 65 个,45 秒钟 100 个,90 秒钟 190 个。

广播形象宣传通常每半个小时播出一次,其他类别广告的播出情况视节目之间空档的长短而定,节目的长度一般是半小时或一小时,也有 15 分钟的。总之,广播插播广告的弹性较大。

广播形象宣传一般在节目开始或结束时播出,与主持人和节目结合得较紧密,形式也比较灵活。商业广告则多嵌在节目中间,通常会半小时插播一次,一小时节目会每 20 分钟插播一次。节目收听率越高,插播的广告也就越多。

2. 形象宣传文案

广播电台形象宣传必须标明电台的联系方式、所在地、主要服务区域等,特别是要告诉听众频率,便于听众收听。主要有两种基本类型。

一种是单纯型。例如:

> 你正在收听的是北京交通广播。

另一种是复合型。在中间穿插商业广告,例如:

这里是城市之音 FM101.7,罗西尼表为你报时,现在是下午 3 点。

标识语是广播的一种公关手段,必须做得醒目而且与众不同。有的广播电台会在标识语中加入一些短语,提升自身形象。例如:

中国一流的音乐电台——城市之音 FM101.7

有的广播电台会在标识语中增加音乐或音响效果。如城市之音 FM101.7 电台在标识语中配有美妙的音乐,同时突出"城市流行音乐"这一关键词。这段音乐很具有标识性,对于新听众和非经常性听众也极具吸引力。

(播放一段美妙的音乐)这里是城市之音 FM101.7,音乐听我的。

广播电台形象宣传除了这些基本的内容外,还包括各种各样有关定位、电台整体形象的包装宣传,这样的信息元素归纳起来有三个:导入语、过渡语、押韵的广告词。
我们来具体看看城市之音 FM101.7 一个时段的形象宣传——

坚持让梦想越来越近。(音乐响起,导入语开始)城市巨星 cityFM。你现在收听的是流行音乐第一台城市之音 FM101.7,音乐听我的。(广告词,标识音乐响起)
下午 1 点 FM101.7,《新闻早知道》。(导入语)欢迎收听《新闻早知道》,下午 1 点,一起来收听娱乐新闻。(播报几条娱乐新闻)欢迎继续收听 FM101.7。(过渡语)
嗨,你好!我是你的《正午阳光》DJ 张宇(导入语)。

我们可看到,导入语是精心制作的简短插播语,包括电台的宣传呼号、标识语、音乐以及主持人的名字。导入语将听众带入下一首歌或下一档节目,同时提醒听众正在收听的电台名称和节目。
过渡语具有相似的塑造电台形象和过渡的功能,但比较简单,只是照原稿宣读或现场说出,不配有任何音乐或背景音效。为了有效地宣传,过渡语与导入语相比,需要时时更新,并且朗朗上口,不能有书面语的痕迹。

押韵的广告词由电台的呼号和识别语组成,并配以几小节音乐。广告词一般会有几个版本的文案,用于不同节奏的歌曲之间,或分别用于一天的不同时段。尽管押韵的广告词适用于各种节目形式,但如今很少使用,除非怀旧节目才会用到。流行乐、摇滚乐和城市电台的听众特别是90后00后的听众认为押韵的广告词早已过时了。例如城市之音FM101.7的广告词有"我的生活真精彩!""音乐听我的!"等等。电台通常将当前的流行文化元素糅合到节目与广告词中,提升电台的形象。

　　由于电台一致、恰当的形象和节目本身一样有着非常重要的意义,因此大部分电台十分审慎,坚持只使用一两个声音录制广告词和宣传片。这个声音必须符合电台形象,如城市之音FM101.7识别标语"音乐听我的"就是一个阳光女孩清纯活泼的声音。声音、节目和电台形象三者的一致性是电台有效宣传的基本条件。

3. 形象宣传文案创意

　　20世纪90年代以来,由于电台之间的竞争日益激烈,宣传管理者开始为电台寻找明确的市场定位。电台借助于收听率和听众调查来推出宣传策略,立足于形象定位的战略被做得精细入微。从长期来说,电台节目必须实现自己的宣传承诺,否则就会对自身形象产生负面影响。但从短期来看,听众对电台节目的感觉比电台的宣传影响要大得多。如果某位听众感觉某电台的节目听起来不错,那么对这位听众来说,他就认为这个电台确实不错。例如,听众可能认为在广告版块之间穿插音乐的电台商业色彩不浓,尽管它播放的广告比它的竞争对手要多。因此,聪明的宣传者会举办各种各样为创造感觉优势而设计的活动,吸引听众。

　　由于宣传管理者兼顾多个部门的管理,因此创意思维能力和沟通能力非常重要。一家电台若想成功,就必须顺应目标受众的生活模式。宣传管理者与节目负责人以及节目制作班底的沟通和精诚合作是电台准确定位的前提。电台的目标是在受众心目中塑造一个切合受众自我形象定位的电台形象。也就是说,电台要迎合受众期望的生活方式,无论是音乐、台标还是口号,甚至是歌曲之间主持人的说话方式都要满足听众的口味。以一家音乐电台(Love Radio)为例,它将目标受众群体定位在25—45岁的都市白领。在市场营销中,感觉即事实。在确定了定位策略后,形象和感觉创意就有了思考的基点,文案构思的脉络也就清晰了——

　　　　在人们上下班的时候,在开车的时候,又或许是忙完一天工作夜深人静的时候,Love Radio就好似一杯咖啡、一本好书,在闲暇之余需要人们慢慢品味,陪伴着人们度过一段段美好的时光。

　　　　或许Love Radio充满着爱的感觉,听Love Radio成为人们很好的选择。每个人都可以从Love Radio中听到自己喜欢的音乐,于是电台的口号是"听见你的最爱"。

又或许 Love Radio 充满着爱的气息,听众在收听的时候或多或少会想起自己的种种往事,关于爱的往事。所以在安静收听 Love Radio 的时候,就是在倾听爱的声音。

在这样的创意引导下,最后制作的宣传片很安静,在《如果爱》的背景音乐下,女生轻声地独白,整体的基调是简单、安静、惬意的。希望人们能够记住在上海这座繁华的城市中,还有 Love Radio 一直伴随着大家,倾听城市中爱的声音。当然,电台形象片文案也就随之出来了——

在每个闲暇的时候
喜欢细细地品味一杯咖啡
也喜欢静静地阅读一本书
但最爱听 Love Radio 的声音
倾听爱的声音

总之,如果电台要在听众心目中树立独特和可信的形象,最重要的策略就是制造独特的卖点,这也是电台定位和创意的起点。

(三)电视台的营销宣传

1. 形象创意和定位宣传

电视是双重媒介。它的顾客既包括观众,也包括广告客户。我们能看见的大部分电视宣传是针对观众的,但电视台的收入却来源于广告客户,因此电视台还有一部分宣传要用在游说潜在的客户购买广告时间上。宣传在销售广告时间和营销节目上起着举足轻重的作用。

20世纪90年代以来,电视台数量增加,促使电视台注重形象包装,宣传就成为针对观众和广告商阐明其身份和形象的重要工具。若想在成百上千家频道中独占鳌头,电视台首先要考虑的就是品牌形象。好的形象标志能深入人心,使观众快速判断出正在收看的是什么台、什么节目,所以铸造电视品牌,就要赋予电视频道个性特色。个性是区分不同频道的标志,是频道生命力的象征,是品牌追求的最高层面。电视频道个性特色的准确定位来自对频道的目标观众的准确定位。因此,准确清晰的定位是确立电视频道宣传风格的坐标。

电视宣传设计的本质在于创造,精巧的构思、出奇的创意是宣传设计的根本。用好的创意和表现形式去传播推广频道的定位,能够迅速触动大众的思想,引发共鸣,让观众对频道留下相当高的记忆度和认知度,从而提升频道品牌形象。

标识组合的内容创意是频道定位的体现,遵照简单、明了、便于记忆的原则,在设计标识组合时应包含如下内容:频道台标、频道字标、频道定位语、频道流行元素、频道标准色彩配置、频道的音效标识、主持人声音标识等。为了使频道能被观众清楚地认知,作为品牌表现的最基本图形,其组合与制作皆应有严格的规范。

以湖南卫视为例,其品牌形象就将以上元素组合到一起,形成一个标识组合。2008年湖南卫视在原有基础上进一步改进、完善其标识组合,围绕"快乐中国"的频道定位设计制作,将其提升到了与台标相同的位阶上,在各种宣传产品上大量使用此标识组合,取代了只放台标的做法,将"快乐中国"这一品牌价值概念迅速植入到观众心中。

将流行元素引入标识组合一般有两个层面的含义:一是基本图形,二是运动方式。湖南卫视在其标识组合中以橙黄色箭头作为基本图形,以折叠条图形的反复折叠作为运动方式构成流行元素,借以表达媒体与观众的相互沟通。在所有湖南卫视频道包装的元素中,折叠纽带的变化应用最为广泛,它所带来的效果也最令人惊喜。在观众的印象中,它几乎已经成为湖南卫视品牌最具记忆点的视觉元素。

2. 写作风格与宣传原则

在电视频道形象宣传的定位和策划阶段,主要是完成案头工作,包括对整体包装创意突破口的寻找、核心理念的提取、宣传口号的写作等。对于此类文案如频道形象与定位宣传文本、广告词的写作风格可以概括为简单写作,必须直达本质,直达人心。简洁是最需遵循的写作原则。这个原则意味着方便准确的易读性高于聪明饶舌的文字游戏,意味着创意者必须找到一种力量,使艺术作品的简朴性在遭受破坏时能返璞归真。

研究显示,在信息化时代,每人每天被湮没在8000多条广告信息中。这样看来,简洁是多么重要。当然,具有美术创意、声音设计的高度艺术性广告也不应该就此受到冷落,因为精彩的片子总能引起观众的兴趣。但是很多观众不喜欢花时间、花精力去解读一闪而过的广告信息,而是喜欢在一眨眼间得到清楚的信息。所以如何使声画俱全的影视呈现具有冲击力,并利用文字这个特殊的载体给予其力量,做到简洁出彩是对创意者的一大挑战。

凤凰卫视的设计就严格地实践着这样的简洁原则。该频道的宣传语是"凤凰卫视中文台",伴随着开放而非封闭的凤凰台标和音乐,给每个见过的人都留下了深刻印象。

湖南广电旗下的电视购物频道快乐购在频道呼号、品格演绎、形象宣传片、预告版式等包装设计中,追求简洁、品质、快乐、亲切的视觉效果,让电视包装设计真正为塑造品牌形象服务。其设计理念是:一个平台、一张笑脸、一个聚宝盆。宣传口号是"快乐生活,快乐购!"简洁而响亮,希望为那些喜欢收看购物节目的观众提供一个愉悦、快乐的氛围,从而使之做出购买行为。从结果来看,这个设计和口号显然达到了目的。

三、广播电视节目营销宣传写作

广播电视节目营销宣传最重要的工作就是制作与节目编排相结合的宣传片和举办营销推广活动。宣传片大体分为六类：频道宣传片、频道宣传片花、节目宣传片、节目预告片、节目导视片、节目隔断片。与之对应的宣传文案写作大致有频道形象与定位宣传文本、广告词、节目宣传与策划文本。营销推广活动则主要有营销活动方案和策划书的写作。

(一) 写作技巧

1. 独特卖点与主题口号

(1) 独特卖点

20世纪五六十年代的广告天才罗塞·理夫斯提出的"独特销售主张"(Unique Selling Proposition)，在广告和宣传实践中深入人心。其英语短语的缩写 USP 现在通常被理解为"独特卖点"(Unique Selling Points)，是指某一节目(或电台电视台)已经具备而其竞争对手还不能立即具备的特征，或者说是被放大了的、有价值的差异性。

一个电视台可以宣传自己是市场上唯一播出10:00新闻的频道，或者是唯一近期播出某部电视剧并享有首播权的频道。电视台通常把它们的节目类型当作"独一无二的卖点"，如"×××，拥有最流行的音乐节目"或"你的精神家园"，等等。电视频道整体形象宣传最好能陈述频道的这种单一卖点，节目的宣传也应该强调节目的唯一性。比如，"×××，带给您最快捷的新鲜资讯""诵国学经典，品盛世文明"。

对于频道宣传片而言，要求有极高的创意思维，画面能代表整个频道的追求和定位，具有明确的传播指向性和强烈的视觉震撼力，而且要与音乐、音响完美结合。它是突出频道精神气质、强化频道形象和定位的重要手段。长度一般在30秒至2分钟之间。一些地方电视台的宣传片一味地追求大气，或一种高深的意境，使人误以为是中央电视台的宣传片；有的电视台宣传片表达过于抽象，没有很好把握独特的宣传策略。地方电视台的宣传片在创作上应更多地从平民化的角度介入，使其更加贴近生活，更多地体现自己的独特性。

(2) 主题口号

找到自己的独特卖点并且在宣传文案中体现出来是成功宣传的关键因素之一。它需要找到反映电视台特点的主题和口号，但要想找到一句定位明晰且能在竞争中独具特色的宣传口号并非易事。如有的地方台从本台制作的节目入手进行形象宣传，利用有竞争力的节目来塑造自己的形象，节目宣传也重在将观众的注意力吸引到特定节目和时段上来。如安徽卫视形象广告语是"剧行天下"；重庆卫视形象广告语是"故事中国，人文天下"；湖南卫视形象广告语是"快乐中国";旅游卫视形象广告语是"身未动,心已远!有多远,走多远!"

实践表明,理想的宣传策略是,宣传主题表明一个电视台的整体独特卖点。有效的品牌塑造活动最初都是将重点放在一则主要讯息上,因为多条讯息很容易使观众迷惑,从而模糊品牌价值。例如,Hallmark 电影频道(Hallmark Channel)的各国版本都将自己定位为"展示精彩故事的频道"。中央电视台电影频道的定位广告语是"打开电视,收看电影"。频道调查显示,这种定位是超越文化的,全世界不同地区的观众都能对此产生认同感。

在媒体领域,标识宣传就是打造产品品牌的方法。能够反映电视台节目特点的主题都是电视台标识的重要组成部分。电视台通常长期使用同一个主题,以塑造电视台形象。美国 HBO 电视网的广告语"没有电视,只有 HBO",就显示了 HBO 力图打造自己区别于其他娱乐和信息服务商的努力。

2. 利益性

在宣传和市场营销中,有一个相关的概念——收益。一个成功的宣传通常会告诉受众能够从被宣传的节目中收获什么。从传播的指向性看,电视频道的整体形象包装是一种向观众传递信息的方式。文案创作的思路应该考虑观众、鼓励观众收看节目而不是鞭策节目去靠近观众。尤其是整体包装中的频道宣传片或者节目宣传片在创作文案时,必须明确表明自己能够带给观众的益处。哪怕观众能得到的是一些平凡的甚至是相对世俗的东西,比如一个开怀大笑的机会,或者听到经典流行歌曲的机会等。总之,不管具体的收益是什么,一定要让观众知道,只要看了节目,就可以获得收益。这样写,实际上回答了"我为什么要收看你们的节目"的问题,给观众一个收看的理由和诱饵。而仅仅告诉观众"这个节目好极了"的写法通常不太有效果,因为这样的语言更多流露的是节目对于电视频道的价值,观众并不知道这个节目会给他们什么好处。

例如,新闻类节目在创作宣传文案时,可以从以下几方面思考观众的收益:

提供可以提高观众生活质量的信息;

提供观众愿意与家人、朋友和同事共享的信息;

提供观众认为值得记住或令人感动的信息。

例如,中央电视台 CCTV-2 的宣传口号是"经济频道,就在您身边",其中有一档节目《今日观察》(现更名为《央视财经评论》)的宣传片由以下几部分组成:

> 观察中国,就是观察世界
> 《今日观察》邀您一起来观察世界
> "在这里看懂中国经济",《今日观察》马上评论
> 《今日观察》正在评论

文案创作注意了系统性与简约性的统一,而且站在观众角度来思考,帮助观众"看懂中国经济",真正实践了"经济频道就在您身边"的宣传诺言。

3. 诱导性

(1)目标

宣传片是提前制作的短片,通常用来吸引观众收看某个节目,如频道宣传片、节目预告片、节目导视片等。主持人用一两句话点出节目的亮点,并附以生动的音视频。如谈话节目的诱导性播出片段可能是主持人问嘉宾的一个令人震惊、好奇的问题,却不播出答案。成功的诱导性宣传片的妙处在于制造悬念,吸引受众观看节目。

宣传片创作者在以诱导的方式推销节目时,应努力达到以下目标:

吸引观众的注意力;

吸引观众对节目和故事产生兴趣(对故事内容进行暗示,但不能说出结果);

找到观众感兴趣的原因(从观众的利益角度出发)。

(2)方法

在节目编排和宣传相结合方面,大多数电视台都有一套成型的策略。最基本的原则是电视台宣传部门不能宣传所有节目,因为没有足够的时间。因此,电视台只能将宣传的重点放在能带来丰厚收入的时段和节目上,如早、晚间新闻,黄金时段节目等。大部分地方电视台的形象与其晚间新闻节目密切相关,所以电视台需要制作每日新闻节目的宣传片。就宣传优先性而言,一般规则是宣传那些能带来最大收益的节目和电视台花钱最多的节目。电视剧的购买是电视台的重大支出之一,又常在黄金时段播出,所以电视剧的预告宣传就显得尤为重要了。

在具体创作时,宣传片编写者要注意诱发想象。文案词要具体形象、生动明白,还要能激发观众的想象力。结构主义和二元对立是创作常常运用的方法和元素。

山东卫视在播出电视剧《悬崖》时获得了较高的收视率,后来在电视剧《寒冬》即将播出时,宣传片是这样描述的:

攀越《悬崖》,破冰前行,走进《寒冬》,风雪凛冽。看吴奇隆劈风斩浪,升级谍战,《悬崖》姊妹篇《寒冬》经典再现。

这样,在《寒冬》尚未播出时,就已经激起了观众的兴趣,喜欢《悬崖》的观众都会对这部电视剧的播出充满期待。

节目预告片,特别是"待播电视剧预告片"和"热播电视剧预告片",宣传文案应以简述剧情、制造悬念为主,以便吸引观众的眼球,提高观众对该剧的期待程度。每部电视剧应有两三个不同版本的宣传片,长度在30秒至2分钟左右。制作节目预告片的目的就是希望观众届时收看此节目。从这一根本点出发,需要做到:第一,内容上吸引观众;第二,观众能够记住播出时间。

一个好的节目宣传片文案,能够简洁地体现出关键讯息。如浙江卫视电视剧《扶摇》的预告片如此介绍:

> 五洲大地,云谲波诡,孤女扶摇,一腔孤勇,血溅无悔,一人之力换苍生之幸。古装励志大戏《扶摇》,6月18日起浙江卫视周播剧场每周一至周四22点,逆风而张,扶摇直上。

短短的几句话涵盖了剧情、角色、对电视剧的评介及播出频道、时间等信息,吸引观众关注。

宣传写作方法并非一成不变,但在保证简洁的前提下遵循以下这些准则有助于将信息有效地传达给目标受众。

- 努力抓住观众的注意力;
- 关注细节;
- 突出关键信息;
- 运用图标、字标,强调主题;
- 注意用信息的一致性、重复性加强效果;
- 在大多数宣传片和广告中体现节目的独特卖点、与受众收益相关的概念。

四、广播电视营销方案写作

广播电视宣传与营销,指的是广播电视台为了促进自身利益而开展的活动。在许多广播电视台里,这一任务由总编室和广告部承担。

(一)营销策划方案

广播电视台的营销宣传目的是鼓励广告客户或广告公司购买广播电视的播出时间,同时也涉及媒体自身的品牌形象推广。成功的营销活动都是精心策划的结果,策划方案虽然没有固定的撰写模式,但都必须审慎思考,注意基本的内容和结构。

1. 何事、何目的、何目标

首先要注意撰写营销方案的主题、目的及目标。而且这个主题、目的及目标一定要很清楚、很明确,不能模糊,也不要范围太大。

比如我们考虑某一活动的目的:是为了宣传广播电视台的形象,还是为了销售时段?

如果是前者,活动能吸引目标广告客户吗?在写作时,我们就要以广播电视台的受众数量和质量来宣传自身的优势。数量是指受众的人数;质量是指受众的年龄、性别、经济地位等。运用这些数据时,既可以指出整体受众的数量和质量优势,也可以具体指出一天中某个时段或某个特定节目的受众优势。如果是后者,重点就可以考虑放在具体时段或节目中。预期的财务支出是多少?因为广告客户希望以最经济的方式把信息传递给那些最有可能使用其产品和服务的人。因此写作应强调的重点是:播出媒体能够以有竞争力的价格使信息到达目标受众。如在湖南电视创新资源推介暨广告招商会上,湖南卫视就详尽介绍了频道优势和节目优势,吸引了众多广告客户。

2. 如何达成

接下来撰写的内容非常重要,那就是陈述如何达成前面提到的策划方案的主题、目的和目标。在这个阶段中,要特别注意几点:一是如何说服别人相信这些想法与做法是可以有效达成的?二是从内容而言,对于所挑选的媒体来说,什么样的内容最合适?三是这些内容可以由广播电视台内部人员准备吗?是否需要外部服务?四是从方法而言,通过哪些媒体来到达客户?可以利用广播电视台自己的播出时间吗?五是可不可以与一个或多个广告客户联合进行推广?由于在此阶段的写作必须展现一些创新和突破,所以节目影响和效果评估都是要重点体现的内容。

3. 何时、何地、为何

营销方案的第三个写作重点是陈述这些计划执行时间的安排,包括什么时候正式启动,什么时候完成哪些工作,最后全部完成时间等。

同时还必须对方案内容地点加以说明,因为如果是户外活动,合适的场所并不是很多。

撰写方案时,要经常问自己为什么,比如市场分析、环境分析、利益分析等。因为营销宣传活动的原则是为受众和广告客户的利益服务,同时媒体也会得到预期的利益,所以广播电视媒体的利益与受众和广告客户的利益是密不可分的。

(二)节目营销方案

广播电视台对于现有的关于节目的设想和购买的电视节目(如电视剧),会从中挑选有新意或有市场潜力的进行营销推广。这意味着节目营销策划人需要把设想告诉广播电视台的节目发展负责人或广告代理商,这个过程就叫节目营销。

1. 电视台的节目营销

电视台一旦购买了节目,就要为其设计宣传材料,向受众进行一系列的宣传。除了视频文字资料如电视台的名称和节目即将播出的时间外,还有一些策划活动。这些活动要围绕提升节目收视率和经济效益做文章,所以写作活动方案时首先要确立主题,在结构上主要由时间、地点和活动内容组成。

如电视剧《射雕英雄传》是 2003 年众人期盼的一部大戏,湖南经视购买后一直在思考如何让它收视更好,影响更广。总编室经过多次头脑风暴会后,在做方案时有了明确的主题,即充分利用自己的资源开发项目。具体内容是在世界之窗举行七大《射雕英雄传》主题游园活动。其中一个主要活动环节是观众见面会,名导张纪中率《射雕英雄传》剧组主要演员周迅、李亚鹏、蒋勤勤等参加游园活动,加上周密细致的筹划,全方位立体宣传,吸引了 10,000 多名游客踏春赏玩,20 余家媒体 40 多名记者守候采访,整个世界之窗成了人的海洋、旗的世界。这为后来电视剧《射雕英雄传》的热播成功造势。这次活动被各电视台视为学习与模仿的经典营销宣传案例。

2. 广告商的节目营销

营销的目的就是告诉广播电视台负责人和潜在广告商这部连续剧(纪录片、专题片等)能够吸引受众,让公司赚钱。

因此,节目营销策划书在介绍节目时不仅要有内容梗概,还必须描绘节目中的角色或表演者,写作时可以罗列节目的主要人物、结构安排,如剧情、角色关系等;要有情节发展线索;要突出节目的特色,显示出核心竞争力;要有节目的一些片段,如矛盾爆发点,以及其他有助于让节目与众不同的东西。

广播电视台的计划书要附上对节目开支的理性预测、节目可能吸引到的广告商;对广告商而言,则要附上对观众的初步统计数据、已有的收视率、节目的比较价值(如同其他广播电视台的竞争力)、节目的市场占有率和宣传潜力等。

营销策划书要求明确陈述关于节目的所有计划,包括制作、发行、销售,要详尽地介绍节目。如果节目中的角色或其他因素可以用做衍生开发与品牌宣传,比如动物玩具、文化衫、广告画、主题音乐、戏剧录像带等,也应一一告诉对方。

节目营销必须做得清晰、干净、利落。总之,要完整而简单。

广播电视节目的价值标准也是一个值得注意的问题,尽管国家广播电视总局有专门的节目审查部门,但撰稿人在写作时一定要慎重,不能为了收视率或短期经济效益迎合一些低俗的口味甚至丧失基本的道德立场。

第四节　广播电视广告写作

广播电视广告是指通过广播和电视的形式向公众介绍商品和服务等的一种宣传方式。一个匠心独运的广告创意写作,能在短短的几十秒时间内讲一个让人印象深刻的故事;一份匠心独运的广告策划写作文案,也是一个优秀的广播电视媒体从业者的思维能力与写作能力的体现。在实现广播电视广告经营的过程中,广告写作是提前告诉我们要做什么、怎么做的一个重要说明。

一、广播电视广告类型与经营

在搞好节目经营的同时,对于广播电视媒体来说,搞好广告市场的经营也是至关重要的。

(一)广播电视广告类型

广播电视广告时间长短不一,短的几秒钟,长的几分钟以广告短剧形式出现,而大多数都是几十秒钟的简短广告。播出时间相对比较固定,一般穿插在节目中或者是节目与节目之间。

常见的广播广告类型有插播广告、套播广告、专题广告、特约广告、赞助广告等。随着客户和市场的变化,广播媒介的广告形式也在创新中不断变化。尽管广播对实物形态的商品宣传并不占形象上的优势,但是其充满情感并富有感染力的声音和简洁而有力度的语言却能打动听众。广播广告借助于广泛的传播范围和便捷的收听方式,可随时随地传达给大众。广播广告的制作费用低廉,制作形式和流程也相对简单。一些有时效要求的广告在广播中投放,正是对广播即时迅速特性的利用。

电视广告依据播放形式的不同可以分为插播广告、专题广告、特约播映或冠名广告、赞助广告等。在不同节目和不同时段,电视广告的播映时间和表现形式不同。电视广告通过屏幕得以展现,富有感染力的画面、摄影与形象化的广告语和文字,以及美妙的音乐旋律一起紧密围绕广告主题展开,构成一个精妙的电视广告作品。电视广告以丰富的画面给人一股强烈的视觉感染力,而这种强烈的视觉冲击吸引着人们的注意。声画结合的艺术表现和高度浓缩的广告语令人对虽短犹精的优秀广告记忆犹新。

(二)广播电视广告经营

广告收入是广播电视媒体重要的经济来源之一,广告经营的管理水平和发展状况,影响着广告经济效益的好坏。

我国广播电视广告的经营形式主要有三种:广告自营、广告代理、广告自营与代理相结合。广告自营包括总台广告部经营和各台及各频率自设广告部经营两种形式,一般说来,广告自营是广播电视媒体的一种过渡性质的广告经营方式。广告代理又包括三种形式:一是引入多家广告代理公司进行广告经营,这种多家代理又可分为行业代理和类别代理;二是委托给某一家广告代理公司经营的独家年度代理或独家买断式代理;三是广播电视各台及各频率内部成立广告公司进行广告代理,方便电台电视台进行控制和以公司化方式运作。而自营与代理相结合的经营形式则是广播电视广告前两种经营形式之间的一种过渡方式。

无论采用何种方式,广播电视广告要取得丰硕成果,最终还是要建立在节目品牌、广告创意和经营策划等基础上。节目品牌的受众优势是广告投放优先考虑的基础,广告创意的新颖独特是广告原创性的基础,经营策划的目标诉求则是广告正式实施的基础。

广告经营还应善于开拓广告市场,主动接近市场、接近客户,给予市场更丰富的产品选择,给予客户满意的价格和服务。只有这样,广播电视广告经营才能创造出更大的效益。以客户为中心、以市场为导向进行的改革是广播电视广告经营的必经阶段,而不管是转变作风的机构改革,还是关于产品设计与销售的改革,实现广告经营的最大利润和经济回报是始终不变的目的。

二、广播电视广告创意写作

广告创意告诉我们广告内容和广告风格应该如何表现。一般来说,广告创意可以分为抽象创意和形象创意两种。广告创意文本包括创意标题、创意主体内容、广告语等,有些广告文本还要标示广告主名称、联系人地址、邮编、电话、网址、电子邮箱和交通路线等要素。

(一)广播电视广告创意写作方法

看一个有创意的广告是一种艺术享受。不管是公益广告还是商业广告,作为一个优秀的广播电视广告创意,大致应具备以下特点:第一,创意的思想性和艺术性俱佳;第二,创意的原创性在一定时期内不可替代,在同类广告中能一枝独秀;第三,再好的创意都得围绕主题进行,不偏离主题的创意才是一个有效的创意。

在广播电视广告创意写作中,一般可以运用以下方法:

1. 突出主题,扩大影响

广告主题是广告定位的重要组成部分,即"广告什么"。广告主题是广告策划活动的中心,每一阶段的广告工作都紧密围绕广告主题而展开,不能随意偏离或转移广告主题,主题的突出程度与传播效果成正比。无论广告中表现的是前景还是背景、人物还是道具,都应该以突出主题为根本任务,通过综合表现把受众注意的焦点集中在广告主题上。

公益广告旨在增进公众对社会问题的了解,影响其对此类问题的看法和态度,改变其行为和做法,从而促进社会问题的解决或缓解。商业广告追求利益,通过新颖奇特的立意宣传产品或服务,最终目的是为企业或个人获得盈利。而广播电视广告本身鲜明的经济实用功能,使得无论公益广告还是商业广告,都能对受众形成独特的影响与导向。

2. 完整的信息

广告创意的正文应该是满足受众求知心理的完整信息表达。如果广告只是一句空洞无味的口号,在大大的标题之后既没有提供新情况、新信息,也没有介绍商品品种、性能、规格和特点等,便不能让人信服。如"吸烟有害健康",吸烟到底可以导致多少种疾病,每分每秒导致多少人死亡,应该告诉受众。在醒目的标题下配以精悍的正文提供准确的信息,将使整个广告表达的意义更丰满。如台湾的"饥饿 30 救援活动"广告能让受众知道至少四种以上的明确信息:一是地球每天有 4 万人死于饥饿;二是您手上的一枚 10 元硬币可以让一个人多活 1 天;三是这个救助了非洲 11 国近千万难民的活动在台湾已是第 4 届;四是您每迟疑 2 秒钟就有 1 个小生命饿死。这么完整的信息所产生的感召力让受众看完后会毫不犹豫地付出爱心与行动,可见完整的信息能给广告带来不同凡响的影响力。

3. 恰当的表现形式

广播电视广告要达到最佳的宣传效果,就要结合发布广告的媒体的特点,运用符合广播或电视各自特点的技巧,通过声音、影像、字幕、音乐音响等视听手段充分体现广告的创意效果,实现广告传播的艺术性共鸣。如广播广告语言的表现到底是采用对话、解说、演唱等形式中的哪一种?电视广告是以故事片段、情绪感染、产品演绎、科幻技术、名人代言还是其他形式进行表现?广告创意表达应简单明了,而不是让受众在看完广告之后还要费神地思考。广告的社会文化内涵和经济效益通过广播电视媒介的具体形式恰当地表现出来,能让广告内容更容易被受众理解,广告的效应也更容易实现。

4. 有策略地讲故事

故事可以勾起受众心中的记忆与印象,在广告中,故事也具有极强的影响力。一个新公司想要进军黄油市场,怎样才能使产品在市场中占有一席之地呢?它应该讲述一个怎样的故事来给自己的产品定位,从而吸引顾客的注意力呢?"一位白发苍苍的老祖父,一边往面包上抹黄油,一边回想自己的快乐童年。在他小的时候,这种浓浓的黄油是由农场主布朗用马车带来,送往每家每户的。"这包括标点符号在内的 68 个字构成了一个形象丰富的简短故事。将健康的老祖父吃黄油面包和他对童年时看到马车送黄油的回忆相关联,触动了受众心底某处柔软的记忆,给人留下了深刻印象。有策略地讲故事往往可以使受众从很多方面对广告产品产生联想与想象。

5. 有计划的目标细分

要使广告更有效地深入受众,进行有计划的目标细分是完全必要的。如衣服品牌广告要按不同年龄进行阶段细分,汽车广告要根据不同价位针对不同收入人群进行细分,等等。广告基本上都有特定的对象,有计划地将每次广告集中针对某一部分受众,能使广告获得更好的效果。

6. 情感共鸣

广告中情感的融入能给广告创意的生命补充新的能量,引起受众对广告诉求目标的共鸣。如腾讯地图的创意"最贵的一分钟"以"一分钟"为核心,反映了在这个快节奏的时代,不守规则地争抢一分钟上,可能导致的严重后果,而这些后果,正是人们在日常生活中可能遇到的情况,让人心有余悸。广告告诉人们使用腾讯地图,提前规划好路线,不必违反规则,便可以顺畅地到达目的地。适度运用情感,广告创意的效果能立竿见影。

不管广告是向公众推销观念还是产品,在广告创意写作时都应尽量以倡导的意识与目标受众平等交流,既不要居高临下,也不要谄媚大众;同时注意在部分广告的时效性和贴近性等方面做好文章。

(二)广播电视广告语创意写作

广告是艺术和科学的融合体,而广告语又往往在广告中起到画龙点睛的作用。广播电视广告语的创意写作也是广告创意中的一个重要组成部分。

1. 广告语创意的表现类型

广告创意要想将消费者带入一个印象深刻、浮想联翩、妙趣横生、难以忘怀的境界中,就要在诚实的前提下"诱导"受众,采用生动的表现手段写作广告语,立足现实、体现现实,引发受众共鸣。广告语创意的表现类型一般来说,分为以下十种:

表现类型	定义	产品	广告语
综合型	进行概括性的表现	家电	真诚到永远
暗示型	不直接阐述,用间接语暗示	白酒	青花郎,中国两大酱香白酒之一
双关型	一语双关,既道出产品又别有深意	家电	原来生活可以更美的
告诫型	告诫的语气,产生意想不到的惊讶	空调	有健康才有未来
比喻型	通过打比喻产生亲切感	矿泉水	我们不生产水,我们只是大自然的搬运工
反语型	利用反语,巧妙道出产品特色	打字机	不打不相识
经济型	强调能节约时间或金钱	手机	充电五分钟,通话两小时
感情型	以亲切轻松的词语,表达内心倾诉	厨具	方太,让家的感觉更好
韵律型	韵律婉转,易读好记	钻石	钻石恒久远,一颗永流传
幽默型	诙谐幽默的句子,使人们开心接受	电风扇	我的名声是吹出来的

2. 广告语创意的写作要求

广告创意的效果首先体现在广告语上,引人注目的广告语往往凝聚并传达广告的主题思想。广告语要做到既贴近生活又震撼人心,编拟时应注意以下几点:

第一，简明通俗。以极简的字词传递极丰富的信息量，在用日常通俗朴实的口语深刻揭示产品本质的同时暗含深刻事理。如李宁广告"一切皆有可能"和厨具广告"妈妈的好帮手"等，广告语看似平淡，却在随和亲切的交流中体现出创作者的独具匠心，言有尽而意无穷。

第二，善用修辞。运用生动的修辞方法可以使广告语更优美，但修辞的运用以巧为极致。如"保护环境"的拟人修辞："小草对您微微笑，请您把路绕一绕。"对偶修辞："司机一杯酒，亲人两行泪。"适度的夸张和富有生活气息的幽默、惊人的妙喻和警策的措辞，不仅能使广告意图准确表达，更能使广告语获得除文字之外生动丰富的形象。

第三，构思巧妙。巧妙的构思体现着广告创意的精妙之处。如一则劝导"珍惜水资源"的广告语："我们最后看到的一滴水将是自己的眼泪！"与诸多请您节约水资源的直言相劝式广告语相比，这个让人触目惊心的形象构思显然更巧妙，发人深省。

第四，注意押韵。一条朗朗上口的广告语，一条佶屈聱牙的广告语，哪条能给受众留下深刻印象？答案不言自明。要给受众留下深刻印象并能让受众熟记，广告语必须注意押韵。如"珍爱生命，远离毒品"，让人一听就能记住。

第五，数据醒目。醒目的数字容易让人触动，并向受众传达数据之外更丰富的信息。如"吸烟危害健康"的一组数据："全世界每年因吸烟引起的死亡人数达300万人，占全年死亡人数的5%；世界上每10秒就有1人因吸烟而丧命；我国15岁以上男性吸烟率平均为61%……"醒目的数据让人自明利害，使这则广告产生了令人过目不忘的效果。

由于广播电视广告声画的特性，结构匀称的广告语在朗读和画面中出现时能给人以音韵和视觉上的整齐美。一个好的广告创意是智慧的结晶，一条好的广告语也是创意风格的体现。新颖独特的广告语将对受众态度和行为产生重大影响，使广告创意达到预期效果。

三、广播电视广告策划写作

广告创意影响着人们对于广告商品的认知和理解，广告策划影响着广告运作方对市场的整体设计和把握，广告经营能否获取更多效益，广告策划和广告创意一样关键。针对广告经营进行广告策划和推广策略的准备，是广告创意要收到良好效果的必经之路。

(一)广播电视广告策划写作特点

在周密调查和分析基础上作出的广告策划，是广告运作的一个整体计划与安排。广告策划写作一般有以下三个特点。

1. 系统性

广告不是创作者孤芳自赏的艺术，广告的经营关系到广告投放的市场、广告的目标受众和广告主的形象、广告产品的功能特色等多种因素,市场环境、社会文化等也影响着广告策划。在进行广告策划写作时,不能忽略其作为一个整体方案的系统性,既要注重科学的理论指导,又要按照广告策划的基本程序进行。

2. 适宜性

适宜性即可行性,是对广告策划的基本要求。要实现广告策划最终的实际效果,就要全面审慎地分析策划战略实施的可能性。面对不同广告产品进行策划时,要"具体问题具体分析",采用最适宜的战略方案,以取得良好的广告效果。

3. 个体性

不同产品的广告策划存在着千差万别。而像影视片运用广播电视媒介进行的广告宣传策划活动,作为广播电视广告策划的重要组成部分,在广告宣传策划中就应注意突出具体影视片的个性包装,发挥媒体的联动性宣传优势。

(二)广播电视广告策划写作格式

广播电视广告策划是广播电视媒介经营方根据发展战略、经营理念而进行的指导广告活动,以达到预期广告效果的规划过程。广播电视广告策划书的写作主要包括以下几个部分。

第一部分:前言

介绍广告策划项目的由来、经历的时间、指导思想、理论依据、事实依据以及策划书的目录和内容等。

第二部分:市场分析

市场分析是为策划的后面几个部分提供有说服力的依据。

(1)市场环境分析:包括国家经济形势与经济策略分析、市场文化分析、商品市场格局状况、产品发展趋势、竞争对手的广告策略、现有市场竞争格局及市场战略分析等。

(2)公众分析:包括对现有消费者、潜在消费者和目标消费者的构成特性、消费态势和共同需求分析等。

(3)产品分析:包括对产品材质性能、价格、包装定位分析,服务项目分析,产品生命周期分析,品牌形象分析及与同类竞争产品的比较分析等。

(4)现有市场销售与广告现状分析。

(5)分析结论:立足于广告策划需要,表述分析、研究的结论。

第三部分:广告策略

(1)目标策略:广告目标设想、战略性方法、阶段性工作任务等。

(2)定位策略:商品品牌形象定位和宣传理念定位等。

(3)媒介策略:主要介绍广告媒介的分配规划、组合方式以及媒介单位、选用依据和方式、发布时机和频率、媒介启用时的注意事项等。

(4)诉求策略:主要介绍广告宣传的诉求对象、诉求符号、诉求信息和方式等。

(5)表现策略:媒介表现、规格以及制作要求等。

第四部分:广告计划

(1)广告工作计划:主要介绍进行广告调查、创意、策划、设计、制作和实施的时间安排。

(2)广告发布计划:广告推出的时机、广告宣传的持续时间和终止时间等。

(3)其他活动计划:配合广告宣传所策划的其他市场经营活动。

(4)经费预算与分配:可另附广告项目预算书。

第五部分:效果预测和媒介发布的监控

在实际撰写广告策划书时,上述几个部分可适当增删。计划、建议和结论如何组织排列,可根据具体情况而定。

思考题:

1. 何谓媒介经营?其主要内容和范围有哪些?
2. 何谓调查报告?广播电视调查报告的写作特点有哪些?
3. 何谓营销宣传?广播电视营销宣传的写作技巧有哪些?
4. 怎样进行广播电视广告创意写作?

第十章 广播电视文秘写作

国际秘书联合会对秘书的定义是:"秘书应是主管人员的一位特殊的助手,他掌握办公室工作的技巧,能在没有上司过问的情况下表现出自己的责任感,以实际行动显示出主动性和正确判断能力,并且能在所给予的权力范围内作出决定。"[1]在秘书具体操作的实际工作中,文字和行政可以说是最重要的两项工作。而实际上,文字工作又往往是大量行政工作的指针,从而成为秘书实际工作的核心。所谓文字工作主要是指办公室各种公文、文书的拟写和处理。广播电视文秘主要从事广播电视系统的文字与行政工作,既具有一般文秘的共同点,也具有自己行业的特殊性。对于从事广播电视文秘工作的人来说,了解广电文秘的特点并掌握其写作方法十分必要。

第一节 广播电视文秘写作概述

一、广播电视文秘写作特点

广播电视文秘写作在功能上是应用写作,因此它具有应用文写作的实用性、真实性、程式性、时效性和针对性等特点。

(一)实用性

广播电视文秘写作往往针对需要解决的问题,有的放矢。因为需要解决的每一个问题都是具体的,大到国际交流备忘录,小到晚会的请柬、开会的通知,都是为了一定的具体事

---

[1] 彭祝斌.媒介文秘管理[M].长沙:湖南大学出版社,2006:1.

务而准备,所以它直接作用于人们的生活、工作、学习。如写一份收视调查报告,是为了了解本电视台各个频道、各个节目的播出收视行情,针对出现的情况为下一步的及时调整寻求对策;写一份通知,是为了告知有关事项;写一份广告播出合同,是为了约定广告双方的权利与义务。总的来说,每一份文书的写作都有着明确的实用目的,讲究实用性。

(二)真实性

写作文艺作品如小说、戏剧剧本、影视剧本等,作者可以根据个人兴趣和对题材的理解,自由选择写作方式和文体,而且文艺作品即使取材于生活中的真人真事,也要求对素材进行艺术加工,使之高于生活,具有对生活的概括性。而广播电视文秘写作是针对现实问题而写的,不管是对谁行文,也不管是哪一种文体,都必须根据实际情况成文,不能不顾事实与相关背景,想写什么就写什么。特别是在公文写作中最为突出,因为公文往往代表某个部门、集体的意见,不允许个人随便议论与抒情。如针对本台或本频道出现的重大事件向上级机构或主管部门写报告或请示时,就必须如实汇报,不能主观臆断,罔顾事实。

(三)程式性

程式即格式。各类文体都有自己的结构特点,广播电视文秘写作的各个类型也有其特殊的格式。有些格式是约定俗成的,如邀请函、请示、通知等,有些格式是国家权威部门统一规定而必须遵守的,如公文。中华人民共和国成立后,国务院办公厅多次就公文的处理办法作出规定并予以修订。又如经济合同,其法定内容条款及格式在各类法律中都作了明确的规定。这些相对固定的格式形成了广播电视文秘写作的程式性、规范化特点。

(四)时效性

因为广播电视文秘写作是为广电机构具体的工作事务而写的,所以它必须适时地提出解决问题的意见、方案、办法,以保证工作的正常开展。如每天、每星期、每月、每年的收视分析报告,文秘人员都要根据收集的数据及时总结,为下一步的工作提供客观的分析和依据,非常强调时效性。这是从写作时间上说的,而有些内容本身也具有这一特点。有的文体如广告播出合同、单位内部制度和公文,一定都要标明生效或执行的具体时间。有的文章虽不一定标明具体时间,但同样也有时效性,过期无效或作用不大。所以广播电视文秘写作要有时间观念,做到写文适时、办文及时,最大限度提高工作质量和效率。

(五)针对性

广播电视文秘写作的针对性集中体现在两个方面:第一是对象明确。请柬写给谁,请示写给哪个部门,哪个人或部门就得读,而其他人则不能读或不便读。单位制定的规章制度,本单位人员都应知晓。至于国家规定的法令条例,任何人不得违反,当然人人都该看。所以写作的阅读对象一定要明确。第二是指事明确。广播电视文秘写作的目的是解决实际事务,它指事的内容一定要明确,强调一文一事,因人因事成文,写作的内容、传达的对象一定要有明确的针对性。

(六)综合性

广播电视系统既有行政机关,也有企业实体,因此广播电视文秘写作与其他机构的文秘写作相比,类型更广泛,更具有综合性。文秘人员既要掌握行政公文的格式与处理规范,也要掌握其他如事务文书、经济文书、公关文书、调查报告等文体的格式与处理规范。

二、广播电视文秘写作过程

(一)构思阶段

广播电视文秘写作与其他文秘写作一样,写前需要精心构思。主要完成以下三个方面的任务:

1. 明确主旨

文秘写作针对性强,因此写作前就要明确写作的根本目的,确定主旨应充分考虑以下三个方面的因素:一是针对的具体问题。我们在工作中,必然会遇到一些实际问题需要解决,或者要求请示报批,或者要求制定政策规定、布置执行,或者要求反映情况、提供参考,或者要求进行调查研究,等等,这就需要文秘人员及时抓住问题,提出解决问题、解决矛盾的意见和办法。二是依据党和国家以及上级文件。尤其是在行政公文的写作中,文秘人员必须依据相关公文的格式与规范进行写作,在内容上要依据党和国家的有关法律法规进行。这时的写作主旨要依据上级的精神来确定。三是充分领会写作意图。很多文书都是以广电机关、团体、节目组等名义发出的,一篇文书的产生与生效,往往代表这些单位领导的意见,领导人也需为此承担责任,因此作者在接受写作任务之后,要充分领会领导的意图,并把这种意图渗透到自己的写作中去。由此看来,文秘写作不论是受命而写,还是因事而写,都必须首先明确主旨。

2. 积累材料

广播电视文秘写作的主旨基本明确之后,就要用材料来支撑它。获取材料的途径大致有三个:一是深入各个频道、节目现场。因为广播电视节目的制作、播出、销售过程中随时都有新情况、新经验、新问题产生。它们是一般已有的文字材料中少有的鲜活生动的资料。

文秘人员要勤观察、勤记录、勤思考,这对分析问题、展开写作大有帮助。二是认真收集文件材料。因为文秘人员不能永远都在节目现场,但如果能认真记录、收集送上门的材料,如各个电台电视台、频道、节目组呈送的工作简报、会议报告、工作报告等,获得的材料就丰富多了。三是参加相关会议,听取报告,做好记录。相关部门的工作总结会议、工作部署会议都会提供一些新鲜的材料,要及时收集。当然还要注意对材料的甄别与筛选,而且收集材料要坚持不懈,然后分门别类地装订成册,只有收集了丰富的材料,才能言之成理,有理有据。

3. 选择文体样式

文秘写作有格式要求,因此在写作之前就要因事情的性质考虑文体问题,选择最合适的体式。如"报告"是陈述性公文,用于向上级机关汇报工作、反映情况;"请示"是请求性公文,用于向上级机关请求指示和批准。它们都是上行公文,但性质、用途不同,因此文章格式不同。写作前要根据要求选择好体式。

(二)行文阶段

1. 观点鲜明正确

文秘写作行文阶段是将自己或本单位抽象的观点转为传达信息的具体的文章,它要求作者提供可靠信息,鲜明地表达自己的观点、见解、主张,力求发挥现实作用。在比较复杂的文书如调查报告中,作者对所写的内容要进行全面分析和研究,正确把握问题的核心和全貌,提出合理的建议和对问题的本质的看法。

2. 体式正确规范

正确鲜明的观点、真实充分的材料还得依赖具体完整的文章来表现,这就要考虑文章的形式结构。文体确定后,就应按照相应文体的格式要求进行写作和排版。总的来说,要求语言准确朴实,体式规范,逻辑严密。

(三)修改完善阶段

经过第二个阶段的写作,文章基本定型。但要想达到更好的效果,还要进一步修改完善。针对文章的语言、结构、内涵进行仔细推敲,反复品味,发现问题及时修改,经过进一步的整体审视、局部调整、加工润色之后,文章就能更趋完善。

三、广播电视文秘写作的结构安排

（一）开头

俗话说"好的开头是成功的一半"，广播电视文秘写作以实用为目的，所以开篇应开宗明义，言简意赅，直奔主题。其开头方式往往因文章体式不同而变化，一般有以下几种开头方式：

1. 概述式

概述式一般是直接写出基本情况、基本问题或工作的大致过程，常用在总结报告、调查报告中。如《×××同志在全市宣传思想工作会议上的讲话》，使读者先有一个总的印象和概念，为引出主体做好铺垫。

2. 引用式

引用式指文章开头部分直接引述上级指示、有关政策规定，或有关单位来文，作为撰写的依据，报告、批复、通知、评论、通告等多采用这种方法。

3. 根据式

根据式是根据上级的有关精神或配合某项工作而对下级或本单位的工作作出指示、安排，开头常有"依据""按照"等词语。根据式的优点是先阐明事实依据，便于读者理解行文原因。

4. 原因式

原因式是直接阐明进行某项工作的条件、必要性，在很多文体中都可以运用。在开头常用"因为""由于"等词语。原因式开头的优点在于阐明"事出有因"，加大文章行文的力量，便于引起读者的注意。

在实际写作中，开头方式多种多样，有时候要几种方式合用。文体不同，其开头方式也各有特色，但具体采用什么方式开头，还要根据文章内容来决定。总的来说，要紧扣主题，不可赘述。

（二）主体

主体是文章的重点和核心所在，主体部分的结构安排要充分考虑材料对主旨的表现，考虑材料本身的内在逻辑联系。主体部分的结构安排一般有以下几种：

1. 连贯式

连贯式是以事物或事件发展的先后为顺序，从事物发展的纵向过程看事物发展的客观规律。一般需要凭借人物、事件的来龙去脉或前因后果来直接表现观点的文章，往往采用这一结构方式。

2. 并列式

并列式是横式结构，就是安排材料时以空间为顺序，或以事物本身的结构组成为顺序，按事物的性质、类别划分层次，依次交代。如一个部门的几种典型，典型之间有一定联系，形成固有的条理性。文章中选取的材料和材料之间呈并列关系。一般需要通过剖析事物的组成或比较事物的类别表现主旨的文章，常采用这种结构方式。

3. 递进式

递进式就是安排材料时以逐步深入的事理关系为顺序，从提出问题、分析问题到解决问题，环环相扣，步步深入，或者从现象到本质，层层递进。这种结构需要把握事物之间内在的递进逻辑关系。一般需要运用事理之间的逻辑关系来表现主旨的文章，多采用这种结构方式。

4. 综合式

综合式就是把几种结构方式交错起来使用。如连贯式与并列式合用，并列式与递进式合用，或以一种方式为主，另一种方式为辅。内容复杂、材料涉及面宽的文秘写作常采用综合式结构，以便多方位、多层面阐述主旨。

上面所列只是几种常见的主体结构方式，具体采用怎样的结构，有赖于文章具体的需要。

(三) 结尾

结尾是全文的收束，要简洁明了，收束有力。文秘写作一般有以下几种结尾方式：

1. 指示性结尾

这种结尾多用于公文中的下行文，以向下属传达精神、布置工作、提出希望要求而结束全文。如指示、批复、会议纪要、通报等。

2. 请求性结尾

这种结尾就是在文章结尾部分向有关上级或主管部门提出针对性的请求。这种方式主要用于上行文，如请示、报告、商洽工作的函等。

以上两种结尾方式常见于公文写作，经常与公文的惯用结束语结合起来组成结尾，如上行文的"特此报告""请批示""当否，请指示"等，下行文常用"特此批复""特此通告"等。

3. 总结性结尾

这种结尾就是在结尾处概括总结全文的基本观点，与开头相呼应，给读者留下一个完整的印象,加深读者对文章主旨的理解。如会议报告、典型先进事迹报告、重大事故报告等。

4. 展望性结尾

这种结尾就是在文章结尾处表达良好的祝愿或对今后工作的期望。如工作总结、会议报告、述职报告,开幕词、答谢词等。

文章结构对于文章的行文质量非常重要,好的结构安排有利于读者准确理解文书内容,从而达到行文的目的。

四、广播电视文秘写作的主要类型

广播电视文秘写作按写作目的的不同、针对人群的不同,有公务文书、事务文书、公关文书、法律文书、商务文书等类型,本节主要介绍公务文书、事务文书、公关文书的含义与分类、特点与作用。

(一)公务文书

1. 含义与分类

公务文书即公文。它是国家机关、企事业单位、人民团体在处理各种公务活动时所使用的具有特定效力和规范格式的文书,是传达贯彻党和国家的方针、政策,发布行政法规和规章,请示和答复问题,指导、布置和商洽工作,报告情况,交流经验的重要工具。[①] 2012年发布实施的《党政机关公文处理工作条例》把党政机关的公文规范为15种:决议、决定、命令(令)、公报、公告、通告、意见、通知、通报、报告、请示、批复、议案、函、纪要。广电各机构基本也应按此规范写作公文。

公文可从不同角度、不同标准进行分类,按秘密等级可分为绝密、机密、秘密三种,通常标识于文件标题左上角醒目处,用方括号括起。按紧急程度来分,可分为加急、特急两种,通常标识于公文标题左上方明显处。按行文方向来分,可分为上行文、平行文和下行文。上行文是下级机关向所属上级机关的发文,如请示、报告等;下行文是上级机关对所属下级机关的发文,如命令、指示、批复等;平行文是平行机关或不相隶属机关之间的发文,如通告、函等。

2. 特点与作用

公文具有法定的权威性、明显的时效性和特定的程式性等特点。法定的权威性是指公文的制作机关是党和国家机关在各级机关的法定代表,其签发的公文一旦正式公布,在法

---

① 刘建新,许家祥. 应用文写作技法[M]. 长沙:湖南文艺出版社,1999:1.

定范围内就具备法定效力,其受文对象就必须坚决执行,不得违反。明显的时效性是指公文的签发要求注明具体年月日,其生效期有明确时间限制,一旦过了有效期,与之相关的公文效用也就丧失。特定的程式性是说公文文体和格式都有特定的规范和要求,包括公文的用纸规格、书写格式、装订方法等,都有明确的规定,不能随意更改。公文主要有宣传教育、交流信息、沟通情况、法规约束、凭证依据等作用。

(二)事务文书

1. 含义与分类

事务文书是指党政机关、社会团体、企事业单位使用的除公文之外的,处理日常事务工作的一类应用文体。事务文书的具体形式多样,有计划类文书如规划、计划、方案等;报告类文书如总结、述职报告、调查报告、分析报告等;规章类文书如章程、条例、办法、制度等;会议类文书如会议记录、会议纪要、会议预案等。

2. 特点与作用

事务文书具有与公务文书相同的实用性、针对性、实效性等特点,但相对于公务文书,事务文书的写作更灵活,一般没有固定的模式,应用也更广泛,涉及的内容大到政治、经济、科技,小到个人日常生活。事务文书的作用也很广泛,可以用来指导和监管工作,如工作计划、章程、条例等,可以用来告知事务,如布告、公告等,也可用来通报情况、交流信息,如总结、简报等,当然存档的事务文书也可作为资料保存。

(三)公关文书

1. 含义与分类

公关文书是指在公务活动或日常生活中使用的一种带有礼仪性的文书,主要用于协调公共关系、联系个人情感、表达文书写作者或单位特定的情感和礼节。一般常用的公关文书有开幕词、闭幕词、答谢词、邀请信、感谢信、慰问电、贺电、欢迎词、欢送词、唁电和悼词等。

2. 特点与作用

公关文书主要应用于带有礼仪性的活动中,如会议的开幕与闭幕、上级机关对下属单位或员工取得的佳绩进行祝贺等。它的内容具有明确的目的性,一事一文,不可混淆。它有一定的情感性,或喜悦,如贺电;或悲伤,如唁电。此外,它还具有礼仪性,具体表现在文书的称谓上,经常使用尊敬、敬爱等敬语,在行文上注重礼貌、情感真切、符合实际、尊重习俗。公关文书的主要作用是联系沟通情感。

第二节 广播电视公务文书写作

广播电视公务文书写作的总体要求是:依法成文、实事求是、体式规范、文字得体。

一、公文写作的格式要求

公文有着严格的格式要求,主要体现在两个方面:一是用纸幅面、版面尺寸、排版规格与印制装订要求;二是文面格式要求。

(一)公文的用纸与排版规格、印装格式

公文的用纸与排版规格、印装格式,根据2012年国标公布的《党政机关公文格式》,用纸幅面采用国际标准A4型,成品幅面尺寸为210mm×297mm。公文的页边与版心尺寸:公文用纸天头(上白边)为37mm±1mm;公文用纸订口(左白边)为28mm±1mm;版心尺寸为156mm×225mm(不含页码)。公文的排版规格为:标题用2号小标宋体字,正文用3号仿宋体字,文中如有小标题,一般第一层用黑体字,第二层用楷体字,第三层和第四层用仿宋体字,每面排22行,每行排28个字,并撑满版心。公文应左侧装订,不掉页,四角成90度。公文文字从左至右横写,横排;少数民族可按其习惯书写、排版;在少数民族自治区,可并用汉字和少数民族文字。

(二)公文的文面内容

《党政机关公文处理工作条例》规定,公文的文面内容一般由份号、密级和保密期限、紧急程度、发文机关标志、发文字号、签发人、标题、主送机关、正文、附件说明、发文机关署名、成文日期、印章、附注、附件、抄送机关、印发机关和印发日期、页码等组成。公文的要素分为眉首、主体、版记三部分。

1. 眉首部分

眉首部分包括份号、密级和保密期限、紧急程度、发文机关标志、发文字号、签发人等项目。

(1)份号。公文印刷份数的顺序号。涉密公文应当标注份号。

(2)涉密公文应当分别标明"绝密""机密""秘密"和保密期限。文件的秘密等级应标注在首页左上角。

(3)紧急公文应当分别标明"特急"或"加急",标注在首页左上角。

(4)发文机关标志由发文机关全称或规范化简称加"文件"二字组成,也可以使用发文机关全称或规范化简称;几个机关联合发文,应将主办机关排列在前,也可以只用主办机关名称。发文机关的名称位于文头的正中央,一般用红色或黑色大号字体印成。

(5)发文字号,包括发文机关代字、年份、发文顺序号,一般标注于发文机关之下,横隔线之上正中位置。发文机关代字表明发文的机关和部门;年份表明发文的年度,用阿拉伯数字加方括号表示,不能简写;发文顺序号表示该年度发文的顺序。联合发文时,使用主办机关的发文字号。

(6)上报的公文,应当注明签发人姓名,一般标注在发文字号的右侧。联合上报的公文,签发人姓名上下排列,排列顺序与发文机关的排列顺序一致。

2. 主体部分

主体部分包括标题、主送机关、正文、附件说明、发文机关署名、成文时期、印章、附注、附件。

(1)标题,必须准确简要地概括公文的主要内容,一般应当标明发文机关、事由和公文种类。标题位于文头间隔线的下方中央,字体小于版头而大于正文。公文的标题由三部分组成:一是发文机关名称;二是主要内容,即事由,一般用介词"关于"二字组成;三是文种名称。如《××省广电总局关于……决定》,"××省广电总局"是发文机关的名称,"关于……"是公文的主要内容,即事由,"决定"是公文的文种名称。

(2)主送机关,为公文的抬头、行文的对象,负责承办公文的受理机关。如上级机关发出的指示、通知、通报等可以主送一个或几个机关。而下级机关向上级机关写的报告、请示等公文,一般只能主送一个机关,不能多头主送,以免责任不明,耽误问题的处理。主送机关一般写在标题的下方,正文之前,单独占行,顶格书写,后面用冒号。

(3)正文,是公文陈述的基本内容。开头部分写明发文的原因和依据;中间部分主要写事项,撰写时要重点突出,理由充分。由于文种和行文关系的不同,结尾的写法也有区别:上行文的结语,一般用"以上当否,请指示";平行文的结语,一般用"专此函达""敬希函复";下行文的结语,一般用"此复""希遵照执行"等。

(4)附件说明,公文附件的顺序号和名称。

(5)发文机关署名,署发文机关全称或者规范化简称。

(6)成文日期,署会议通过或以发文机关负责人签发的日期。联合行文时,署最后签发机关负责人签发的日期。

(7)印章,有发文机关署名的,应当加盖发文机关印章。有特定发文机关标志的普发性公文和电报可不加盖印章。如联合行文,联合发文机关都应当加盖印章,印章从左至右排列,排列顺序与发文机关一致。

（8）附注，公文印发传达范围等需要说明的事项。

（9）附件，附属于正文后面的文件或材料，通常有两类：一类是补充说明正文某一方面的资料，如图表、数字或调查材料；另一类是由正文提出实施的法规性文件。

3. 版记部分

版记部分包括抄送机关、印发机关和印发日期等。

（1）抄送机关，除主送机关外需要执行或者知晓公文内容的其他机关，应当使用机关全称、规范化简称或者同类型机关统称。

（2）印发机关和印发日期，公文的送印机关和送印日期。

二、几种公务文书写作

（一）通报

1. 通报的定义与特点

通报是用于表彰先进、批评错误、传达重要精神或者情况的公文。通报有表彰性通报、批评性通报和情况通报三种。

通报主要是下行文，但也可以在同级或不相隶属的单位之间使用。通报主要具有以下两个特点：一是典型性，即通报的内容往往都是典型的事件和人物；二是教育性，即通报的典型事件和典型人物可以使受文单位和有关人员从中受到启迪，吸取经验或者教训。

2. 文面结构和示例

通报通常由标题、主送单位、正文、署名和署时五部分组成。

（1）标题。通报的标题一般有两种写法：一是完全标题，机关加事由加文种，如《××省广电总局关于表彰优秀电视工作者的通报》；二是"关于"加事由加文种，如《关于非法转播境外影视剧的情况通报》。

（2）正文。通报的正文大多包括情况概述、原因分析、希望或要求三部分。表彰性通报一般包括：叙述并评价事迹、表彰决定、期望与要求。批评性通报一般包括：错误事实、根源与教训、处理决定、希望与要求。示例：

关于农家书屋全面建设十周年先进集体和先进个人表扬的通报

各省、自治区、直辖市新闻出版广电局，新疆生产建设兵团新闻出版广电局：

2017年是农家书屋全面建设十周年。在党中央、国务院的正确领导下，在中央有关部委和各级党委政府的大力支持推动下，在总局党组的部署推动下，各级新闻出版广电部门砥砺奋进、开拓进取,农家书屋工程建设取得显著成绩,在保障农民基本文化权益、满足农民基本文化需求、加强农村公共文化服务体系建设和农村精神文明建设等方面作出了重要贡献。

为推动全行业深入学习宣传贯彻党的十九大精神,进一步增强广大农家书屋工作者和建设者的责任感和使命感,经研究,决定对北京市新闻出版广电局公共服务处、天津市新闻出版局印刷发行管理处等100个先进集体,李文治、张燕等100名先进个人,北京市海淀区苏家坨镇柳林村农家书屋、天津市东丽区张贵庄街道福山里村农家书屋等521个全国示范书屋,张洁、刘惠霞等521名全国优秀农家书屋管理员予以通报表扬。

希望受表扬的单位和个人珍惜荣誉、不忘初心,推动农家书屋工作不断迈上新台阶。希望各级新闻出版广电行政部门、新闻出版单位、广大农家书屋管理员以这些先进集体和先进个人为榜样,深入学习宣传贯彻党的十九大精神,以习近平新时代中国特色社会主义思想为指引,坚定文化自信,忠于职守、勇于担当,奋发有为、开拓创新,为推动农家书屋延伸服务和提质增效作出新的更大贡献。

国家新闻出版广电总局
2017年12月13日

(二)报告

1. 报告的定义与特点

报告是下级单位向上级汇报工作,反映情况,提出建议,答复上级机关询问的公文。报告按内容可分为四种:一是情况报告,二是工作报告,三是答复报告,四是意见报告。报告只是向上级汇报工作,反映情况,以便上级及时准确地掌握和了解下级的情况,更好地指导下级的工作,并不向上级请示事项,上级也不必回复。与其他公文相比较,报告有着明显的汇报性和陈述性特点。一般一事一报,亦可一文数事,如政府工作报告。

2. 文面结构和示例

报告由标题、主送单位、正文、署名和署时等五部分构成。

(1)标题。标题可以有两种情况:一是"关于"加事由加文种,如《关于开展党史学习教育的情况报告》;二是"关于"加机关加事由加文种,如《关于我台设备使用情况的报告》。

(2)缘由。应将报告的原因、目的、依据写清楚,让受文者了解为什么或根据什么要写报告。

（3）事项。这是报告的主体部分，通常叙述工作的具体情况、主要成绩或主要做法、存在的问题以及今后的打算。要求重点突出，条理清楚。不同类型的报告主体内容也略有区别。如经验报告着重写体会和做法，一般不写存在的问题。事故报告往往侧重写事故的经过、发生事故的原因、采取的措施、所应承担的责任和要吸取的教训等。

（4）结尾。一般用"特此报告""专此报告"等习惯用语结尾。示例：

××县文化广电系统受灾情况报告

市文化旅游广电局：

  根据 7 月 13 日 17:00 至 15 日 17:00 的统计，我县文化广电系统受××洪水影响受损情况如下：

  第一类：文物（略）

  第二类：公共文化设施（略）

  第三类：广播电视设施类（略）

  特此报告。

××县文化旅游广电局
××年×月×日

（三）请示

1. 请示的定义和特点

请示是向上级机关请求指示、批准的公文。请示的特点主要有二：一是请示性。请示只能向上行文，即下级机关就某一事项请求上级机关指示、批准，并且要求上级机关批复，是一种请求性公文。二是单一性。请示必须严格遵守一文一事的原则，而且请示的主送单位只能有一个。请示的种类有三种：一是要求解决问题的请示；二是请求批准事项的请示；三是请求答复问题的请示。

2. 文面结构和示例

请示通常由标题、主送单位、正文、署名和署时等五部分构成。

（1）标题。请示的标题，常见的有三种：一是发文机关加事由加文种，如《××电视台关于试用期员工是否享受几种补贴的请示》；二是"关于"加事由加文种，如《关于对××同志处理意见的请示》；三是只写事由，如《呈请××调来我单位工作》。

（2）缘由。应客观准确地向上级陈述所请示问题的背景和事实情况，充分说明请示的依据、原因和目的。要言之有理、言之有据。

（3）事项。事项应具体、准确地叙述请示什么问题，要求批准什么事项，帮助解决什么困难等，并提出本单位的建议、打算、措施或解决办法，以供上级批复时参考。

（4）请求（结尾）。常用"以上意见妥否，请批示""以上意见当否，请批示""当否，请批示""以上请示，请予审批"等公文规范性用语。示例：

××电视台关于试用期员工是否享受几种补贴的请示

××省广播电视局：

  我台因业务需要，从高校和其他单位录用了十名员工，分别承担办公室文秘、摄像、记者、编辑等工作，试用期为半年。按照单位规定，他们不享受误餐费、加班费、交通费这三项在职正式员工享有的单位补贴，但根据现行《劳动法》的有关规定，他们在我单位工作期间，如付出同等劳动，应享受同等补贴。我们认为试用人员如因工作产生误餐、加班及交通费用，应予以补贴，以促进其工作积极性。

  以上意见妥否，请批示。

××电视台
××年×月×日

第三节　广播电视事务文书写作

  广播电视事务文书是指广电党政机关、企事业单位使用的除公文之外的，处理日常事务工作的一类应用文体。广播电视事务文书写作的总体要求是以政策和法规为依据，内容实事求是，语言准确简练。主要有通知、计划、会议报告、总结、公示等。

一、通知

（一）通知的定义与分类

  通知，是转发同级或不相隶属机关公文，印发上级或本级机关有关公文，批转下级机关公文，传达上级机关指示，任免和聘用干部，发布法规和规章，以及要求下级机关办理、执行或周知事项的公文。根据内容的不同,通知大体可以分为五类:一是批转、转发、颁发性通知;二是指示性通知;三是事务性通知;四是会议通知;五是任免通知。

(二) 文面结构和示例

通知由标题、主送单位、正文、署名和署时等五部分组成。

1. 标题

通知的标题主要有三种写法:一是"关于"加事由加文种,如《关于组织推广中国互联网视听节目服务自律公约的通知》;二是事由加文种,如《××广播电视局通知》;三是只有文种或事由,如单位会议通知。

2. 正文

由于通知的种类不同,各种通知正文的写法也不完全相同。一般来说,通知的正文大多包括通知的缘由、通知的事项、执行通知的要求等三部分内容。通知的缘由主要阐明制发通知的目的、根据和理由;通知的事项就是具体交代要通知的内容;执行通知的要求是正文的结尾,大多另起一段,常用"特此通知""上述各项规定,希望各单位遵照执行""请参照执行"等习惯用语。

3. 落款

通知的落款包括发文单位、日期,并加盖公章。示例:

关于进一步做好博物馆开放服务的通知

各博物馆:

　　暑期是博物馆参观高峰,各文博场馆观众数量增多,又因高温台风等极端天气的影响,博物馆开放服务工作压力加大,市民服务热线"12345"收到观众投诉数量上升。为进一步做好博物馆开放服务工作,改善观众参观体验,做好精细化服务,现将有关事项通知如下:

　　一、根据市民服务热线集中反映的排队时间过长、预约不便、闭馆或临时限流告知不及时等问题,各博物馆应高度重视,根据本馆观众承载量,及时向社会发布相关信息,完善接待方案,增加讲解、服务和安保等人员力量,实施精准管理,提高服务保障水平,认真做好参观旺季的开放服务接待工作。

　　二、针对夏季高温台风等极端天气多发的情况,应及早做出安排部署,增加防暑降温的措施和设备,制定应急预案,统筹部署安排。做到事先预警、提前防范、有备无患、有效应对。

　　三、根据大调研反馈意见,博物馆应针对各类特殊人群的不同需求,设计更多活动项目,提高服务质量,实现对特殊群体的理解、尊重、关心和帮助。请各博物馆为视障学生参观开通绿色通道,配备专人讲解和小型独立照明设备,从8月起开始实施,10月底前全市博物馆完成此项工作。

特此通知。

××市文化广播影视管理局
2021年7月6日

二、计划

(一)计划的定义与分类

计划是工作和行动前预先拟订的设想和打算,是计划类文书的统称。由于内容、时间、范围的差异,在实际工作中,计划文书往往选用不同的名称,如规划、方案、安排、设想、打算、要点等。

计划可以按不同的方法,从不同的角度进行分类。按性质分,有综合性计划和专题性计划;按内容分,有工作计划、生产计划、营销计划、学习计划等;按时间分,有长期计划、年度计划、季度计划等;按表达形式分,有条文式计划、表格式计划和条文表格结合计划等。

(二)文面结构和示例

各类计划的写法大体相同。以工作计划为例,凡是工作计划,一般必须具备三个要素:一是目标(做什么);二是措施(怎么做),如采用的手段、方法、所需的条件等;三是步骤(分几个阶段或步骤完成)。

1. 标题

工作计划的标题有全称式标题、简称式标题、文章式标题等。

(1)全称式标题。包括以下四项:一是订立计划的机关或单位名称,二是计划的期限,三是计划的内容,四是计划种类的名称。如《××市广电局2021年宣传工作意见》。

(2)简称式标题。就是将全称式标题的某个部分省略。如《2021年广告推介工作要点》,省略了单位名称。

(3)文章式标题。这类标题是按照计划的内容或要达到的目标拟定的,如《为创建新闻工作先进单位而奋斗》。

计划的标题应写在文章标题的位置上。如计划不成熟或者还没有正式通过,一般要在标题的后面注上"草案"或"供讨论使用"字样。

2. 正文

正文一般包括前言、计划事项、措施及步骤三个部分。前言简要概括基本情况,提出制订计划的依据。计划事项是计划的核心部分,提出工作任务以及要达到的目标。措施及步骤是完成任务的保证,措施要具体,分工要明确,步骤要有序,条理要清楚,时间安排要具体。

3. 落款

在正文右下方署上制订计划的单位名称,在署名的下方写上日期。示例:

××市文化广电和旅游局2020年戏曲进乡村工作实施方案

省文化广电和旅游厅:

  为贯彻落实省政府办公厅《关于支持戏曲传承发展加快戏剧大省建设的实施意见》和省委办公厅、省政府办公厅《关于印发〈××省实施中华优秀传统文化传承发展工程方案〉的通知》精神,充分发挥戏曲在传承中华优秀传统文化、丰富群众精神文化生活、提升基层公共文化服务水平中的积极作用,根据《××省委宣传部、省文化厅、省财政厅关于戏曲进乡村的实施意见》,我单位结合实际情况,制定本方案。

  一、总体要求
  (一)指导思想(略)
  (二)工作原则(略)
  (三)工作目标(略)
  二、内容方式
  (一)时间安排(略)
  (二)参与对象(略)
  (三)主要内容(略)
  三、工作步骤
  (一)试点先行(略)
  (二)整体推进(略)
  (三)全面普及(略)
  四、工作要求
  (一)加强组织领导(略)
  (二)落实经费保障(略)

（三）确保活动安全（略）

（四）扩大宣传推广（略）

××市文化广电和旅游局

2020 年 3 月 31 日

三、会议报告

（一）会议报告的定义与分类

会议报告是单位或机关领导在重要会议上的讲话文稿。会议报告是一种以阐述、评价、动员为主的议论性讲话稿。

会议报告从内容上分，有工作报告、形势报告、传达报告、动员报告、纪念报告等；从作用上分，有指导性报告、总结性报告、号召性报告等；从范围上分，有综合性报告和专题性报告。

（二）文面结构与示例

会议报告的结构一般由标题、正文、结尾组成。

1. 标题

会议报告的标题有三种写法：一是直接式。直接说明某人在某会议上的讲话或报告，如《××同志在×××工作会议上的报告》。二是文章式。根据报告的主体拟一个标题，标题下再署上报告者的姓名，如《锐意改革，求实创新》。三是双标题。以文章式标题为正题，揭示报告主旨，副标题标明"在××会议上的讲话"，标题下署上报告或讲话者的姓名。

2. 正文

会议报告的正文由开头、主体两部分组成。

开头。一般在称呼之后写明报告的依据，如受何机构、单位委托，做何种报告，点明报告的主旨和重点。

主体。一般包括形势分析，取得的成绩，存在的问题及解决的办法，今后的任务及采取的措施、方法、要求等。

其结构方式一般有递进式和并列式两种。递进式是紧扣中心，层层深入论证问题；并列式是围绕中心问题就几个方面分别进行论述，有时可以两种方法结合使用。

3. 结尾

结尾一般采用概括式,概括讲话或报告的主要内容,表达希望。

示例:

新思想标定新方位 新时代实现新作为

——2018年全国新闻出版广播影视工作会议报告(节录)

聂辰席

2017干了啥 晒晒咱们的成绩单

2017年新闻出版广播影视工作扎实推进,取得新进展新成效

抓好"一个头等大事":迎接、学习、宣传、贯彻党的十九大

把习近平总书记核心地位宣传摆在首位,强化新闻出版广电媒体"头条"建设和新媒体"首页首屏首条"建设,深化拓展"新闻联播头条工程",发挥中央电视台、中央人民广播电台、中国国际广播电台表率作用,用心用情用力,精心精细精准,圆满完成"一带一路"国际合作高峰论坛、庆祝香港回归20周年、朱日和阅兵、金砖国家领导人厦门会晤等重大宣传报道。

深化主题主线宣传,唱响时代主旋律。

深入推进"净化舆论环境""扫黄打非"等专项行动。

推进六方面重点工作:

(1)推进创新创优,精品创作取得新成效。

(2)实施"智慧广电"战略和新闻出版数字化升级行动,融合发展取得新进展。

(3)全面深化改革,事业产业不断发展壮大。

(4)认真落实意识形态工作责任制,阵地管理不断加强。

(5)加强国际传播能力建设,讲好中国故事、传播好中国声音。

(6)坚持全面从严治党,建好管好队伍。

新气象新作为 "五个坚持"是保障

坚持以习近平新时代中国特色社会主义思想为指引,深刻把握新的历史方位,牢牢把握新时代新闻出版广播影视工作的前进方向。

工作中,要始终做到"五个坚持"。

(1)坚持以习近平新时代中国特色社会主义思想为指引,做马克思主义中国化最新成果的坚定信仰者和忠实践行者。

(2)坚持正确政治方向和舆论导向,坚决落实意识形态工作责任制。

(3)坚持以人民为中心的工作导向,努力满足人民群众过上美好生活新期待。

(4)坚持高质量发展,加快建设新闻出版广播影视强国。

(5) 坚持创新驱动,不断激发持续健康发展的动力活力。

2018 怎么干 围绕主线划重点

抓牢工作主线,牢记职责使命,奋发有为做好2018年新闻出版广播影视工作。

今年新闻出版广播影视工作总要求是:坚持以深入学习宣传贯彻习近平新时代中国特色社会主义思想和党的十九大精神为主线,牢固树立"四个意识",坚持稳中求进工作总基调,牢牢把握高质量发展这个根本要求,着力提高新闻舆论传播力引导力影响力公信力,着力提高精品创作生产能力,着力提高事业产业创新发展能力,着力提高阵地建设管理能力,在新时代履行新使命新担当、展现新气象新作为,为伟大斗争、伟大工程、伟大事业、伟大梦想提供思想保证、舆论支持、精神动力和文化条件。

今年,要启动实施广播电视"节目质量提升计划",以新闻类节目为重点,统筹各类节目,以开展季度节目推优、采编人员业务培训等手段,推动各级电台电视台创新理念方法手段,加强改进正面宣传,加强应急报道机制和能力建设,增强议题设置能力,把握时度效,不断提高宣传报道的质量水平。

今年,将隆重庆祝改革开放40周年,这是把学习宣传贯彻习近平新时代中国特色社会主义思想和党的十九大精神引向深入的重大契机。按照中央和中宣部要求,及早谋划部署庆祝改革开放40周年的宣传报道工作,充分运用多种形式和载体平台,全方位、多角度深入宣传习近平总书记全面深化改革重要思想,宣传习近平总书记在推进新时代改革开放和现代化建设中的决定性作用,宣传新时代改革开放的重大意义、目标任务和战略举措,在全社会奏响改革创新、开放自信的强音。

打造精品力作,为人民提供更加优质丰富的精神食粮。

一是深入实施新闻出版广播影视精品规划。

二是聚焦现实题材,努力推出讴歌新时代的精品力作。

三是健全调控和扶持机制,扩大主旋律优秀作品传播。

四是加大版权保护力度,激发创新创造创意活力。

加快优化升级,推动事业产业高质量发展。

一是进一步深化改革。

二是加强科技创新。

三是优化公共服务。

强化阵地管理,牢牢掌握意识形态工作领导权主导权话语权。

一是坚持导向为魂。

二是增强保安全能力。

三是提高科学管理效能。

深化国际传播,着力讲好中国故事、增强国际话语权和影响力。

一是突出价值导向,做亮走出去内容。

二是改进传播方式,增强走出去实效。

三是完善工作格局,壮大国际市场份额。

抓党建带业务 党的领导是根本。

全面加强党的领导和党的建设,为新时代新闻出版广电战线创造新气象新作为提供坚强保证。

旗帜鲜明讲政治,始终在政治立场、政治方向、政治原则、政治道路上同以习近平同志为核心的党中央保持高度一致。

压紧压实管党治党主体责任,推进全面从严治党向纵深发展。

着力提升队伍思想政治素质。

四、公示

自20世纪90年代以来,随着我国政治体制改革的逐步深化,在党政机关和企事业单位的组织人事管理方面越来越强调民主化和公开化,讲究"透明度"。由此,一种新的党务、政务和公务公开的重要形式——公示制度应运而生。公示作为一种实用性文书就是在这种制度催生下的产物。

(一)公示的定义与分类

公示是一种用于发布有关信息,使本系统或社会有关方面的公众了解和掌握被公示对象的基本情况,同时征询公众意见,接受公众监督的实用文体。公示按内容的不同,可分为选拔干部公示、招投标结果公示、收费价格公示、评先选优公示等。公示发布信息的方式灵活多样,可以通过广播、报纸、电视、网络等媒体发布,也可以用纸张张贴的方式发布。公示的主要特点是周知性、公开性和时限性。

(二)文面结构与示例

公示的结构一般有标题、正文和落款三个部分。

1. 标题

公示的标题一般有两种:一种是单位加事由加文种,如《××省2021年国产电视动画片制作备案公示》;另一种是事由加文种,如《数字电视收费标准公示》。

2. 正文

公示的正文一般要说明公示的缘由,叙述公示的内容,交代公示的有效期限。

3. 落款

公示的落款要注明公示的发文机构、监督受理机构名称以及相关机构的联系方式。

示例:

关于××省推荐全国广电系统先进集体、先进工作者和劳动模范的公示

根据人社部、国家广电总局《关于评选全国广播电影电视系统先进集体、先进工作者和劳动模范的通知》精神,按照公开、公正、公平原则,在各单位推荐评选的基础上,经省推荐评选工作领导小组研究,决定推荐××电视台卫星频道等四个单位为全国广电系统先进集体候选单位,××等四位同志为全国广电系统先进个人和劳动模范候选人,现予公示(名单附后)。

公示期为9月13日至9月24日。公示期间,有关单位和个人可以来函、来电反映、举报公示对象思想作风、道德品质、工作实绩、廉政勤政等方面的情况和问题。反映情况者,必须告知或签署本人真实姓名和工作单位,所举报反映的情况,须真实、准确、详细。举报人将受到严格的保护。

公示受理部门:××省委宣传部干部处

电子邮箱:××××××　　　　　　联系人:×××

电话:××××××

××省广电局人事处

电子邮箱:××××××　　　　　　联系人:×××

电话:××××××

××省评选推荐全国广电系统先进集体、先进工作者和劳动模范工作领导小组办公室

××年×月×日

第四节　广播电视公关文书写作

广播电视文秘写作除了上述公务与事务文书写作外,还有公关文书写作,因为公关活动是广电各机构、机关、团体重要的工作活动,因此公关文书写作也是广播电视文秘写作的主要内容。

一、公关文书的含义与作用

公关文书是各类社会组织借助公关方式,为协调组织部门、机构、个人之间各种社会关系,表达发文者一定的情感态度的实用文书。

公关文书的主要写作目的是促进联系,营造良好的交往氛围,促进一定的社会或经济效益的实现。公关文书的种类很多,下面介绍几种常用的公关文书的写作。

二、开幕词、闭幕词

(一)开幕词

1. 开幕词的含义与作用

开幕词是大型会议开始的时候,由组织召开会议的机关的主要领导人向大会全体代表发表的讲话。开幕词的内容主要是阐述会议的指导思想、宗旨、重要意义,向与会者提出开好会议的要求,或对会议的成功表示祝愿。开幕词对会议具有指导作用。

2. 文面结构

开幕词的结构由标题、时间、称谓,正文和结尾三部分组成。

(1)标题、时间、称谓。开幕词的标题一般有两种写法。一是由大会名称加文种组成,如《中国共产党第十九次全国代表大会开幕词》。二是由致词人姓名加大会名称加文种组成,如《×××同志在×××大会上的开幕词》。开幕词的时间,加括号写在标题下方正中位置。称谓是对与会者的统称。如果是党的会议,称谓比较简单,就是"同志们"三个字,后加冒号。如果是其他公关会议,要按照国际惯例来排列顺序,较常见的是"各位嘉宾,女士们、先生们",后加冒号。

(2)正文。正文可分为开头、主体两部分。

开头的内容包括以下几项:一是宣布大会开幕。简单的说法是:"××大会现在开幕。"二是对大会的规模和参加大会的人员进行介绍。常见的说法是:"参加这次大会的代表有×××人,他们分别来自……"三是对大会表示祝贺,对来宾表示欢迎。一般的说法是:"我代表××对大会的召开表示衷心的祝贺!对与会的各位代表和来宾表示热烈的欢迎!"

主体是开幕词的核心部分,主要包括以下几个方面的内容:一是阐明会议的重要意义。具体涉及:这次会议是在什么形势下召开的,会议要讨论解决什么问题,这个问题的现实价值如何、有什么迫切性,会议最终将达到什么目的,等等。二是说明会议的主要议程。可以将议程直接列项表达,如中国共产党第十九次全国代表大会的主要议程有五项:(1)听取和审查十八届中央委员会的报告;(2)审查十八届中央纪律检查委员会的工作报告;(3)审议通过《中国共产党章程(修正案)》;(4)选举十九届中央委员会;(5)选举十九届中央纪律检查委员会。如议程不宜列项,则要对会议拟讨论的主要问题进行阐述。三是向与会者提出希望和要求。

(3)结尾。开幕词一般用祝颂语结束全文,如"最后,祝大会取得圆满成功,谢谢!"

(二)闭幕词

1. 闭幕词的含义与作用

闭幕词与开幕词相对应,是会议结束时由主要领导人向全体会议代表所作的总结性讲话。致闭幕词的领导人与致开幕词的领导人一样,不是普通人,通常与致开幕词的人身份相当或略低。闭幕词的主要内容是对会议作概括性的评价和总结,并向与会者提出贯彻落实大会精神的要求,向与会单位提出奋斗目标和希望。大会有一个隆重的开头,也应该有一个郑重的结尾。会议是否能给人圆满的印象,闭幕词起着重要的作用。

2. 文面结构

闭幕词的结构与开幕词一样由标题、时间、称谓,正文,结尾三部分构成。

(1)标题、时间、称谓。闭幕词的标题与开幕词的写法类似,常见的写法是《××大会闭幕词》或《××在××大会上的闭幕词》。偶尔也有主副标题的写法,将主要内容或主要观点概括成一句话作标题,另加"××大会闭幕词"做副标题。时间在标题之下正中位置,加括号注明会议闭幕的年月日。称谓一般跟开幕词一致。

(2)正文。正文由开头、主体、收尾组成。闭幕词的开头,一般用简洁的语言,说明大会经过全体代表的努力,已经胜利完成使命,今天就要闭幕了。闭幕词的主体是对大会进行概括总结,并提出贯彻大会精神的要求和希望。其中概括总结的部分,要列举会议完成的任务和取得的成果,不能过于空泛笼统。收尾提出要求和希望的部分,也要突出会议精神,体现会议宗旨。

(3)结尾。闭幕词的结尾通常比较简单,常见的说法是:"现在,我宣布,××大会闭幕。"

三、答谢词、祝酒词

(一)答谢词、祝酒词的含义与作用

答谢词是宾客对主人的热情接待表示衷心感谢的致词;祝酒词是宴会上主人对客人发

表的祝愿性讲话。

(二) 文面结构

答谢词和祝酒词的结构一般由标题、称谓、正文和落款四部分组成。

(1) 标题。标题写在第一行正中位置,有两种写法:一种是以文种如"答谢词""祝酒词"作标题;另一种是在文种前面加上致词人姓名和迎送仪式名称,如《××在×××庆功晚宴上的祝酒词》

(2) 称谓。答谢词和祝酒词的称谓要有尊敬和亲切之意。人名要用全称,一般在姓名前冠以"尊敬的"或"亲爱的"等修饰语;在姓名后加上头衔或先生、女士的称呼。如果是外国来宾或代表,一般使用其本国通行的称谓。

(3) 正文。正文一般表达三层意思:一是用欢迎或感谢的话对客人表示欢迎、问候、感谢或致敬。二是阐明来访意义,或述说双方的友谊、合作的成就等。三是再次表示希望、欢迎、感谢之意,并表达良好的祝愿。

(4) 落款。署名及署时。如果标题中出现了致词人的姓名,仅署上日期即可。

四、慰问信

(一) 慰问信的含义与种类

慰问信是以组织或个人的名义,向有关单位或个人表示问候、安慰、鼓励、关切的一种专用书信。可用于向作出特殊贡献者表示慰问,也可用于向灾民、伤员表示慰问等。慰问信的特点是感情真挚、语言生动,有强烈的情感性,读后使人感动,倍觉温暖。

(二) 文面结构

慰问信一般由标题、称谓、正文、结尾和落款五部分组成。下面简要介绍标题、正文和落款。

(1) 标题。常见的慰问信的标题有三种形式:一是直接用"慰问信"做主标题;二是由受文对象名称加文种构成,如《致全国新闻工作者的慰问信》;三是由发文单位名称加受文对象名称加文种构成,如《××广电局致奋战在抗洪救灾一线的新闻工作者的慰问信》。

(2) 正文。慰问信的正文应该包括以下几个方面的内容:一是说明写慰问信的原因和背景;二是概述对方的先进事迹和特殊贡献,并作出评价,加以赞扬,或叙述对方所遭受的困难,表达问候之意;三是提出希望或鼓励对方,或表达自己的愿望。

(3) 落款。署上发文单位或个人名称。发文单位或个人不止一人时,可一一署名。

思考题：

1. 何谓文秘？广播电视文秘写作有什么特点？
2. 何谓公务文书？广播电视公务文书有哪些特点与作用？
3. 公务文书的文面内容由哪些部分组成？
4. 何谓广播电视事务文书？广播电视事务文书写作有哪些要求？

第十一章　广播电视学术写作

广播电视领域包罗万象,应有尽有,是政治性、专业性、系统性、关联性、安全性很强的行业,其业务工作尤重创新与创意。众多电台电视台必须每天放送新内容,既不可抄袭他人,也不能重复自己,这就离不开认真的学术研究,其昨天需要从学术上进行盘点与总结,其今天和明天需要学术支撑与引领。至目前,广播电视有了自己的一套理论,有了广播电视学。广播电视学是在实践中产生和总结出来的,也将在实践中持续不断地发展,承担这一职责的,是广播电视业界和学界的专业实践与学术研究。作为一名广播电视人,理应掌握广播电视学术写作之道。

第一节　广播电视学术研究

一、广播电视的学科领域

我国广播电视学术研究经历了萌芽、起步、形成、发展四个历史阶段。目前,全国广播电视专业研究刊物已有20余种,如《现代传播》《中国广播电视学刊》《中国广播》《电视研究》《当代电视》《中国电视》等。总的来说,广播电视研究理论从幼稚走向成熟;研究队伍从分散走向团队,从业余走向专业;研究方式从无序走向系统,从单一走向多元。

2006年12月16日,由"广播电视学学科体系建设研究"课题组、中国传媒大学广播电视研究中心和电视与新闻学院合办的"广播电视学学科体系建设研究"学术研讨会,在中国传媒大学召开。2009年,国家技术监督局颁布《学科分类与代码》(GB/T13745-2009)国家标准,根据此标准,"广播与电视"属于"新闻学与传播学"一级学科下设的二级学科,其下包含"广播电视史""广播电视理论""广播电视实务(广播电视采访、写作、编辑等)""广播电视播音""广播电视其他学科"等三级学科;而"广播电视文艺"又属于"文艺学"的二级学科。迄今,广播电视学依然分散在新闻学与传播学、艺术学、信息科学与系统科学等学科领域,仍未能建成整合统一的一级学科。

就领域而言,广播电视学术研究的范围除了上述的广播电视史、广播电视理论、广播电视实务和广播电视文艺外,还有其他学科。所谓广播电视其他学科,需要予以分解和细化,并吸纳实践中出现的新课题,如广播电视产业、广播电视经营、广播电视管理、广播电视技术、广播电视法规与政策、广播电视文化、广播电视语言、广播电视人才、广播电视节目评估、广播电视与新媒体等。如今,虽然广播电视研究已初步形成了跨学科、多分支的理论体系,学科地位得到社会公认,但其整体构成与学术体系尚需深入探讨。

二、广播电视学术研究体系

广播电视研究需要进一步突破新闻学与传播学的框架,在多学科视阈观照下不断深化、开阔研究视野,拓展研究思路,从多种视角切入,丰富研究内涵,优化研究模式,从而提升学术质量。

完整的广播电视学术研究体系至少包含三大系统①。

(一)基础性研究系统

广播电视学术的基础性研究是对广播电视学科甚至广播电视产业的存在或独立不可缺少的普遍性和规律性研究。就广播电视媒体而言,应当包括三个子系统。

广播电视媒体历史研究系统。包括广播电视媒体发展的历史、节目制作和传播的历史以及技术发展的历史等。

广播电视媒体理论研究系统。包括广播电视媒体的基本属性和社会功能研究,广播电视节目生产的基本规律、传播规律与特性研究等。

广播电视媒体管理体制研究系统。包括广播电视媒体管理的组织框架、功能设计、法规、政策与制度研究等。

(二)应用性研究系统

广播电视学术的应用性研究是指能够促进广播电视学科甚至产业发展和繁荣的现实性和对策性研究。广播电视学术的应用性研究至少包括三个子系统:

广播电视内容生产制作研究系统。该系统主要研究广播电视内容生产制作的规律、技

---

① 陆地.关于中国广播电视学术研究框架的若干思考[J].中国广播电视学刊,2013(3):28-29.

术和方法,提高节目制作的效率和质量。

广播电视内容传播效果研究系统。该系统主要研究广播电视节目内容(包括广告)传播的社会效果、艺术效果,以及如何提高内容传播的目的性和精准性。

广播电视产业经营管理研究系统。该系统主要研究广播电视媒体如何优化组织结构、制度设计、资源配置,实现资源利用最大化、经济效益最大化、传播效果综合化。

(三)交叉性研究系统

广播电视学术的交叉性研究主要是指其他学科理论和方法与广播电视相关的理论和实务相结合的多学科研究,旨在拓宽广播电视研究的视野,创新广播电视研究的角度和方法。广播电视媒介本身就是多种技术合成的结晶,广播电视内容也是多种艺术形式的有机集成,广播电视媒体的功能和运作更是涉及政治、文化、娱乐、经济和社会各个层面。因此,广播电视学术研究不可能是单一的学科研究,必然涉及传播学、政治学、经济学、文化学、法学、管理学、市场营销学、广告学、调查统计学甚至心理学等众多学科。目前,随着数字技术、移动技术等新媒体技术的迅猛发展,广播电视学又诞生了两个新的交叉性研究系统。

网络音视频媒体研究系统。该系统主要研究以互联网传播技术为支撑、电脑为音视频信息显示终端的网络音视频媒体的特点、传播特征、节目特性、消费模式、经营模式和管理模式等。

手机音视频媒体研究系统。该系统主要研究以卫星通信技术、移动互联网传播技术为支撑,手机为音视频信息显示终端的微型视听媒体的特点、传播特征、节目特性、消费模式、经营模式和管理模式等。

三、国内广播电视学术研究的重点

改革开放 40 多年来,国内广播电视业有三次重大突破。第一次是始于 20 世纪 80 年代初的政策上的重大突破,标志性事件是 1982 年召开的第十一次全国广播电视工作会议。会上提出"四级办"方针和以宣传改革为突破口带动全面改革的决策。1983 年中共中央 37 号文件批准上述方针决策的实施,结果带来了广播电视的大发展,规模迅速扩张。第二次重大突破始于 20 世纪 90 年代初,是技术上的重大突破,标志性事件是有线电视的崛起和卫星广播电视的应用,结果收听收视质量大幅提升、频率频道资源大幅增长、覆盖范围不断扩大。第三次重大突破始于 21 世纪初,是体制上的重大突破,标志性事件是数字化和体制改革,逐步实现了广播电视的整体转型。三次重大突破、三个阶段,亦即改革开放以来我国广播电视业的发展进程。其实质,是传统广播电视媒体向现代融合媒体的演进、转型过程,广播电视业全面实现现代化的过程。

如今,每年都有学者对我国广播电视研究领域发表的学术论文进行汇总梳理,并大致按照涉及频率的高低,归纳出当年广播电视研究领域的热点问题,并采用关键词解读的方式进行总结概括和评说。

根据国内广播电视发展的实际和趋势,以下领域或可成为当下广播电视学术研究的重点或热点。

一是体制改革研究。我国广播电视产业目前是国有国营一元体制。在政权初建、社会不稳、财力有限的时代,这种与计划经济对应的宣传管理体制对我国广播电视业的发展起到了不可替代的作用。但是,时代在变,社会在变,观念在变,产业市场也在变,如果继续遵行几十年前因陋就简搭建的"以块为主、条块结合"的行业管理体制,就不合时宜了。近年来,广播电视管理体制改革雷声大雨点小,与国内市场经济的迅猛发展和国际广播电视业发展的大趋势很不适应,甚至已经成为阻碍产业发展和生产力进步的因素。对此,广播电视学术研究应敢想敢说,有所作为。①

二是节目创新研究。我国是广播电视大国,是世界上广播电视节目产量最多的国家。但是,整个节目的创新水平和品牌数量与自己的身份很不相符,国内电视荧屏上大部分娱乐节目都是引进或者克隆海外的。应有更多的研究者投入到有中国特色的广播电视节目创新的研究中来。

三是国际传播研究。如果从1941年12月3日开播的延安新华广播电台(中国国际广播电台前身)日语广播算起,中国广播电视国际传播已经有80年历史了。但实际上,中国广播电视媒体一直把国内作为主战场,国际市场影响力远远不够。习近平总书记指出,要深刻认识新形势下加强和改进国际传播工作的重要性和必要性,下大气力加强国际传播能力建设,形成同我国综合国力和国际地位相匹配的国际话语权,为我国改革发展稳定营造有利外部舆论环境,为推动构建人类命运共同体作出积极贡献。因此,中国广播电视学术研究者要加强国际传播的理论研究,掌握国际传播的规律,构建对外话语体系,为中国广播电视媒体提高传播艺术提供有价值的理论参考。

四是与新媒体的关系研究。传统广播电视媒体对以网络媒体和手机媒体为代表的新媒体的迅速发展态度各异。不管传统广播电视媒体喜不喜欢、接不接受,新媒体都是一个不以人的意志为转移的客观存在。因此,如何处理与新媒体的关系,不但成为传统广播电视媒体不可回避的一个挑战或机遇,也需要广播电视学术研究提供新的成果与答案。

---

① 陆地.关于中国广播电视学术研究框架的若干思考[J].中国广播电视学刊,2013(3): .

第二节 广播电视学术论文

一、广播电视学术论文的特征

论文一般可分为两大类：学术论文（科学论文）和涉及学术问题并表达了一定学术见解的议论文。学术论文是论证某一新思想、新理论、新观点、新见解的证实性说理文；议论文是谈意见、主张、看法的阐释性或陈述性文章，两者的性质、功能、式样、笔法、风格不一样。广播电视学术论文的情形也是如此。广播电视学术研究和论文写作的重点，主要是指前一类论文，即发表广播电视学新思想、新理论等的学术论文。广播电视的综合性和庞杂性决定了广播电视学术论文以文为主，兼备理工。

同其他学术论文一样，广播电视学术论文是开展科学研究的书面成果。学术研究的本质和生命在于创造，学术论文强调一个"新"字，论题新、见解新、材料新、研究方法新，皆可。所以，其根本性质与基本规范，一是科学性，致力于探讨广播电视领域的真问题、新问题及理论真理，其所获为货真价实的真知灼见。学术论文尤其强调使用第一手材料，强调论据的确凿、有力和充分，强调论证的逻辑性和可靠性。二是独创性，对所研究的论题有所发现、有所发明，能提出某一新的理论观点或从理论上解决某一重要问题，从而实际地推动广播电视学的发展。基于上述两点，学术论文的行文有一定的规定格式。当然，学术论文也不妨写得俏皮活泼，还可以使用学术随笔等形式。

根据论文形态和行文方式的不同，广播电视学术论文可分为论述性、评论性、说明性、综述性等多种类型。

论述性论文侧重"论"，即直接阐述自己的观点，使用大量资料，运用逻辑方法，正面论证观点。

评论性论文侧重"评"，有明确的评论对象，对评论对象进行具体的评论，发表自己的看法，需要条分缕析。

说明性论文主要是通过大量的资料和数据，来说明、证实一个道理或一个事物，有述有论。其述，主要是一种说明性描述，而"论"从"述"出，比较简约。

综述性论文如"××研究综述"，是一种成果报告，全面、系统地报告某领域、某课题研究的进程、现状、前景。必须有自己的见解，不能是一般的学术信息汇总。

二、广播电视学术论文的选题

(一) 选题的意义

学术论文的特征刚性地规定了其写作要领,第一就是选题。确定选题十分讲究,"题好一半文"。选题是研究的出发点,也是思维的起点,所以要进行认真的筛选。选择的结果通称为"论题",也称"课题"。选题是在学术研究中定方向、定领域、定点位,经过选择获取的值得研究、能够研究的论题。优秀的选题兼具理论意义、实践意义和现实意义,视角独特,内涵具体,题义丰富,易于创新,又适合研究写作。

(二) 确定选题之前

在确定广播电视学术论文选题之前必须做的一件事,就是广泛了解广播电视研究的动态,获得相关研究的"地质图",进而全面掌握研究对象的历史与现状。这是学术研究的一个基本规范,更是找到好选题的必由之路。

学术论文要"新",求新必须斥旧,斥旧又得知旧、识旧,必须知道那些"已经有过"的学术文章。达到这个目标的唯一方法,是进行"学术普查"。查一查迄今为止的广播电视研究已经探讨过哪些问题,这些研究进行到了什么程度,发表过什么理论成果,有何种问题还不曾涉及,还存在哪些空白,自己的选题设想是否成立,意义怎样,等等。只有这样,才能够发现新的研究对象,才不会与他人的研究"撞车",选题才值得研究并具有一定的学术价值。

学术普查的基本手段是做目录性文献调查,一是翻阅纸质资料,二是上网查阅。通过查阅专著及论文(可上知网、万方数据库等查询),知悉与本项选题密切相关的学术研究状况,从而对自己的选题作出实事求是的研判。

(三) 选题的类型

选题的类型分为基础性选题、前沿性选题、填补空白的选题、补充前说的选题等。

基础性选题。研究学科的基本命题、基本理论、基本概念等,是一种常规的研究。要求研究既是打基础的,又具有增益性。基础性研究在哪个学科都十分重要,研究基础性选题要有厚实的基础,还要耐得住寂寞。

前沿性选题。研究学科领域近期出现和面临的新变化、新现象、新问题等,如新媒体时代的广播电视。研究前沿性选题需要很强的洞察力,也需要丰富的信息。

填补空白的选题。属于前人没有研究过的问题,研究成果可以填补学术空白,类似于科学技术领域的发明创造。如谢鼎新于2006年发表的《民国时期国人对电视的认知》。研究这一类选题需要足够的理论勇气。

补充前说的选题。学术研究具有继承性和发展性，后人总是在前人的肩膀上向上攀登的，但前人的认识受当时局限，可能存在不正确、不完善的地方，事物又是发展变化的，这就有了"补充前说"的选题，包括对前人研究的拓展、纠正、拾遗补漏；或提供新的论据，或提出新的解释，或进行重新论证，或得出新的结论。研究这一类选题要有比较深厚的知识积累。

以上四种选题大抵涵括了学术研究选题的全部情形。从另一种角度看，以上四种选题可分为两大类：原理探讨与实务研究、个案研究与综合研究。

"原理探讨"选题致力于研究基本理论和基本规律问题。"原理探讨"非一朝一夕之事，如广播规律、电视规律、新闻规律、宣传规律、传播规律等，即便早已有研究，但新媒体来了，一切都发生了变化并在继续变化，其间原理就需要继续研究甚至重新来过。

"实务研究"选题致力于从理论角度探讨具体的业务问题，由个别到一般，或由一般到个别。当今广播电视实务是新闻、综艺、影视三大块，激烈竞争，日新月异，皆需要持续不断地探讨下去。

"个案研究"选题研究一个个具体案例，属于实证研究。在理论上，凡获得全国大奖的广播电视节目、获得全国"金话筒奖"的节目主持人，等等，都可以进行个案研究。

"综合研究"往往是类型化、专题性的，强调研究内容的涵盖面与广阔度。如"省级卫视定位包装新策略""电视真人秀节目的推陈出新""媒体视频传播研究""'网红'传播是与非"，等等。

（四）选取什么样的论题

第一，选现实需要的，即迫切需要解决的理论或实践问题。比如当前，广播电视的外延、内涵、形态、特征都在发生急剧变化，广播电视既面临新媒体带来的严峻挑战，也面临新技术带来的发展机遇；"媒体融合""体制机制改革""节目创新创优"三个方面，就构成当下国内广播电视研究者需要努力解决的紧迫课题，需要迎难而上进行研究。

第二，选自己擅长的。专业领域、专业方向、专业素质、专业能力，是写作学术论文的基本立足点。这里有知识结构、理论素养、能力长处、平时积累等因素。比如，研究电视剧，总得看过大部分经典中外电视剧作品，掌握基本的电视剧理论，知道一些流派、知名导演和演员，看过一些评论和相关领域的理论与知识，才能有底气地写作。

第三，选自己感兴趣的。兴趣往往指向创新，通向提出新论、创立新说。有的人喜欢理论的，有的人喜欢实证的。强烈的兴趣是开展科学研究直接而强大的动力。

第四，选存在疑问的。认为不符合实际的观点、认为理论上已经陈旧的观点、认为不全面的说法，认为自相矛盾的说法，皆可入题。比如，广播电视节目"末位淘汰制"的科学性问题、广播电视媒体的收视率问题，都曾经反复探讨，有的观点彼此针锋相对。

第五,选学术热点、难点问题。学术热点指业界和学界一致关注并引起争鸣的论题,具有时效性。学术难点问题包括学科领域内的老问题或新问题。老问题指可以一直探讨下去的基本命题,如传播和表达自由,传媒伦理,媒体的传播力、公信力、影响力,什么是中国特色的广播电视等;新问题是本学科在新的形势下和新的环境中遇到的问题,如新媒体环境下的广播电视等。

(五)怎样发现好选题

第一,在直观中发现选题,即凭直觉经验发现论文选题。这是一种常规方法。专业人士做研究写论文往往如此。直觉来自知性,这种知性又来自一以贯之的学术观察和学术积累,所谓"长期积累,偶然得之"。

第二,检索文献发现选题。做学术研究,查文献资料是基本功。要检索专门的文献资料、权威的文献资料,还要检索相关的文献资料。通过系统地查阅文献资料,对文献资料进行索引、统计、对比、归纳,从而发现空白点,看出发展趋势。检索文献资料发现选题,往往"天道酬勤"。

第三,通过比较发现选题。比较是两相对照或多相对照,见异见同。包括纵向比较与横向比较、正面比较与反面比较等。

第四,在学术讨论中发现选题。讨论能够互相探讨,互相切磋,互相启发,有交流式讨论、商榷式讨论、争辩式讨论、一次性讨论、多次性讨论等。高效的讨论是思维碰撞、观点碰撞的过程,在讨论中容易发现选题。

(六)选题的学术价值判断

选题的学术价值判断,是指判断某选题是否值得开展学术研究。在学术研究中,不乏选题选了再选,选了又选,甚至一次次推倒重来的事。

判断某选题是否具有学术价值,主要是"四看":一看新不新。要标新立异,不要陈陈相因。真正有价值的研究是原创性研究,有价值的理论是原创性理论。二看重不重。要在本学科具有一定的意义乃至有比较重要甚至重大的学术意义,而不是可有可无,甚至是无事找事。三看要不要。要选那些在学科理论研究或在社会发展过程中需要解决的问题。评价一篇学术论文价值大小的指标之一,就是看它对学科的学术贡献和对社会的理论贡献。四看值不值。学术研究什么时候都应当劳而有功,不要劳而无功。

可行性强的论文选题通常大小适中、难易适中、虚实适中,是值得认真研究的论题,带有"课题"的规格与分量。提倡以小见大("从××看××"一类题目),提倡就近取题,提倡"实证"研究,提倡"细化"研究。不要动不动就"论中国……""论当代……""论……的全球化策略""论……的历史嬗变",等等,这样的选题比较空泛,到头来"可怜无补费精神"。

三、广播电视学术论文的资料工作

（一）学术论文资料工作的意义与作用

巧妇难为无米之炊，资料是一篇学术论文成败的关键。可以说，撰写学术论文的诀窍就在于用好资料。

第一，资料是学术论文重要的建筑材料。论据是论文的基石，是论文的力量之所在，而论据的"干货"就是在学术研究中收集的资料。资料是写作论文的思维材料，也是论文的实际内容。资料越丰富，论文就越好写。如资料不扎实，挂一漏万，论文就难免罅漏和空疏，这是写论文的大忌。

第二，从格式上讲，学术论文需要有"文献综述"部分，或者一个类似于"文献综述"的内容。学术论文必须有"注释"，即对论文引用的文献注明来源或进行解释。学术论文还要开列"参考文献"，一一列出写作本论文参考使用的相关著作、文章等文献资料，这是必要的学术交代。学术论文的这些构件与要求，全依赖扎实的资料工作。

第三，学术论文的资料分第一手资料、第二手资料、第三手资料。撰写论文，要尽量掌握第一手资料，大量使用第一手资料，这样才有可能拿出自己的新观点，才有可能出新。做"二道贩子"，道听途说，以讹传讹，穿凿附会，热衷于"戏说""搞怪"（做学问不准"戏说""搞怪"），是没有学问的表现，也是缺乏严谨态度的表现，甚至可能惹上笔墨官司。

第四，从学术论文的产生过程来看，资料工作先行，并贯穿论文写作全过程。好的选题，常出自已经掌握的资料，论文观点的形成更有赖于资料。随着资料的丰富，改变原来的观点和思路，是论文写作中常有的事。思维能力、写作能力、发现能力、创新能力就是在这种过程中和逐步提高的。

第五，由收集资料工作而形成"资料思维"：不说没有根据的话，不信口开河，实事求是，求真务实。这其实就是在锻炼人品、学养、素质、能力。久而久之，就能够成人、成才。

第六，很多学术论文的资料并不是现成的，而是散见于相关书、刊、报、网，所以，写学术论文，必须查找、搜集和整理资料，亲力亲为。这最需要能力和耐心。历史学家范文澜说"板凳须坐十年冷，文章不写一句空"，即此之谓。

（二）学术论文的资料

一篇学术论文要查找收集的资料，一般包括以下诸方面。

第一，本论题的原始文献（第一手资料）。如研究一部作品，这部作品的定稿文本和相关背景资料；研究一个电视导演、制片人、主持人，他的作品和档案资料。这叫作锚定本位、本体。

第二，有关该论题的基本理论文献。包括可以作为立论依据的原理、定律、公论和有关法律、政策的规定与表述。写论文，必须掌握立论的理论根据、理论边界。

第三，本论题研究的现有成果特别是新成果。包括哪些人在研究，有哪些著作和文章，其中哪些资料最重要、最有价值。明乎此，才知道从哪里出发，向哪里走。

第四，本论题研究的背景资料。指本论题和论题所属学科的研究状况、发展水平和当前动态。

第五，其他相关资料。

以上各项排序可以不同。或由本论题到本领域，或由本领域到本论题。各项都不可或缺，最重要的是本论题的第一手资料。由此可知，学术论文的资料工作需要"直奔主题"，不得心有旁骛，不得在岔路上流连忘返。

以上资料主要指文献资料，有时候还包括实证材料。

广播电视的文献资料见于广播电视研究资料的各种载体，包括：(1)图书：专著、教材、百科全书、年鉴、手册、辞典、类书；(2)报刊；(3)网络；(4)公开发表的文件和文书(报告、合同、专利证书等)；(5)可以使用的内部资料。实证材料需向现实生活索取，采用问卷调查、访谈、抽样调查与统计、实验、实地考察等方法获得。

(三)充分地占有资料

学术论文要充分地占有资料，这是一条金科玉律。

所谓"充分"，有数量上的要求。通常而言，以篇计，一篇博士学位论文要综合参考150—200篇文献，一篇硕士学位论文要综合参考100—150篇文献，一篇学士学位论文要综合参考50—100篇文献。

所谓"充分占有资料"，更有质量上的要求。

第一，占有完全真实可靠的资料。凡学术研究，要特别注意资料的准确性和可靠性，对各种资料坚持看来源、看出处、看实质。比如，对某电视节目的评价，就要注意背景和实质。学术评价与非学术评价不一样，正式评价与非正式评价不一样，善意的批评与恶意的攻击不一样。凡"捧杀"的评价、"棒杀"的评价，都是靠不住的，不能作为依据。

第二，全面系统地占有资料。围绕选题的内涵与外延，囊括该选题方方面面的资料。

第三，占有核心资料和权威资料。资料浩如烟海，有重要资料、主要资料、次要资料、边缘资料。要抓住核心资料、权威资料。核心资料指研究对象的基本资料，权威资料指关于研究对象的具有"一言九鼎"分量的典型材料。

(四)资料的记录、整理与研读

1. 记录资料

对搜集到的与学术论文有关的各种资料,要及时予以记录,"好记性不如烂笔头"。

记什么?主要包括:论据性资料(事实的、理论的论据);他人富于启发意义的见解、论断;有争议的看法、不同的见解;自己的感悟、判断、疑问和其他思想火花;拿不准但可能有用的资料。

如何记?记录资料,一定要详细注明每一种资料的来源、出处。记录资料的手段主要有:

摘录。制作卡片、活页。资料卡片对于治学具有十分重要的意义。卡片需要动手抄写,边抄边读,兼备多种效果。重要的资料应当作成资料卡片。

索引。手头有书,或资料很长,或不是特别重要,用索引记下。

提纲。用于记录长篇论文、原作。如作品提纲。

摘要。用简短的文字概括文献的内容要点。

批注。自己的书刊或复印的资料,在文献资料上写下批语或记号。

札记。笔记的一种,将文献的内容与自己的心得合在一起写出,记下一得之见。好的札记可以径直搬到论文中。

剪贴。对自己的书刊或复印的资料进行裁剪,可节省时间。

2. 整理资料

在论文的研究和写作中,资料的整理是一个重要的环节,需要独立进行。但资料的科学整理和精确分类,往往要经过论文"搭架子"之后才能够真正完成。

整理资料主要包括:资料的核对与核实,资料的补充与完善,资料的分类,资料的统计,资料的加工如资料概述、数据性表述、表格式说明等。

资料的分类是对获得的学术论文资料按照基本属性,在比较的基础上进行分门别类。资料的分类要按统一标准进行,按层次进行分类。分类的结果是归类。常用的分类法有项目分类法、观点统领分类法、时间分类法。各种分类是交叉进行的,最终形成一张网。

3. 研读资料

第一,找资料的同时要"看"资料。一边找,一边看,一边想,一边记;看懂资料,熟悉资料。

第二,看资料的同时要"读"资料。如专题性阅读、研究性阅读、校勘性阅读、考证性阅读,等等。

第三,研读资料可综合采用多种方式,以求读通、读熟、读快。如快读与慢读、全读与跳读、精读与略读。

四、广播电视学术论文的论点(学术观点)

(一)论点的含义与形态

1. 论点的含义

学术论文的论点作为学术研究成果,反映的是作者的学术见解,乃至学术思想,学术论文的特征集中体现在论点里,或者说主要是由文章的论点体现出来的。

概括来说,第一,论点是学术论文写作目的的具体体现,是"立论"的方式和结果。第二,论点作为学术见解,是学术论文的核心。第三,论点是论文的聚光点(论点的位置有讲究,往往用粗体字标出),是全文的灵魂和统帅。第四,大大小小的论点构成论文全篇的骨架(论文"搭架子"就是排列组合各个论点)。

毛泽东在《实践论》中指出:"要完全地反映整个的事物,反映事物的本质,反映事物的内部规律性,就必须经过思考作用,将丰富的感觉材料加以去粗取精、去伪存真、由此及彼、由表及里的改造制作功夫,造成概念和理论的系统,就必须从感性认识跃进到理性认识。"学术论文的论点循此而为,直接体现学术研究三原则:创造性原则、明确性原则、一致性原则。

(1)创造性原则。学术论文在于创造,学术研究的本质和生命在于创造。创造什么?主要是创造思想和理论,包括独特发现、推陈出新和其他创见。凡在学术上有所增加、拓展、弥补、纠正,皆可以算数。

(2)明确性原则。在学术上主张什么,是什么样的思想理论主张,学术论文要清楚无误地表达出来,不能含糊其词,模棱两可。所谓明确,一是看法明确,二是表述明确。

(3)一致性原则。学术论文要立论,要自圆其说,为此必须保持观点的一致性、材料的一致性、观点与材料的一致性、论证方法的一致性。全文总论点要前后一贯,贯彻始终,不能前后矛盾,出尔反尔。

2. 论点的形态

第一,学术论文的论点是一个个判断或论断,是一个个概念或概念性词组。所以一般说来,一篇学术论文有若干个概念语,这些概念语构成全篇论文的关键词和标识语,成为论文各层意思的旗帜,分居于论文的各个重要位置。概念语的精致程度直接反映论文的理论圆通度,概念语的多寡直接反映论文内容的厚薄程度。

第二,学术论文的论点主要用名词和判断句表述。论文的论点可以是判断句,也可以是非判断句如主谓句,还可以是名词性词组。论点的核心必须用实词(主要是名词)来表述。

第三,学术论文的论点有大、中、小之分。大论点即总论点,中论点即分论点,分论点下面是小论点。总论点统率分论点,分论点统率小论点;反过来看,小论点支撑分论点,分论点支撑总论点。论文的大、中、小论点在论文中各居其位,以网状结构呈现。学术论文的分论点和小论点也必须具体、明确。

第四,一篇学术论文的总论点只能有一个。它有时候很确定,如毛泽东的《论持久战》,文章的标题就表明了文章的总论点。但很多情况下不是如此,如《论时髦》《论和谐》之类,总论点是论文的具体论题。在这种情况下,总论点具有抽象性和弥漫性。抽象性是说它本身没有给出具体的判断或论断,而是由论文的分论点和小论点支撑并最后完成的,由这些分论点和小论点表明"××是什么",总论点是各个分论点的总和。弥漫性是说总论点分见于论文全文,在论文全篇中无处不在。

(二)论点的形成

第一,论点的形成基于对论文资料的分析。写学术论文是由材料到观点,观点来源于全部资料,包括作者此前由阅读与体察所形成的零零星星的感性认识和理性认识,是解析、类化、汇总各种资料之所得。

第二,论文的论点是提炼出来的。提炼是经过感受和感知,通过分析、解剖、归纳、综合(如分解、计算、统计、推演),从中发现理性的东西,进而发现思想理论的精华,形成对研究对象的判断和看法,即论点。其中,归纳方法最重要,最靠得住。

第三,论点的形成是一个过程,是主体与客体、理论与实践、观点与材料统一的过程。这一过程是:混沌状态→最初雏形→清晰状态(说出来)→系统状态(论点群)。其中,"顿悟"(恍然大悟)是一种方式、一种境界。

(三)论点的检测与推敲

学术论文的论点往往不是一蹴而就的,成型之后还要反复进行检测与推敲。主要是"两看":一为"是不是",二为"好不好"。

第一,论点是不是"成立"。主要看论点是否合乎论题的实际,是否合乎形式逻辑,是否全面与集中,论点形成的过程有无不妥。

第二,论点是不是有学术价值和科学意义。主要看论点是否符合事物本质和内在规律,立论有没有新意,有多大的理论意义,是不是有强大的理论穿透力。学术论文绝不能一本正经地"讲废话"。

学术论文的论点经检测,如果"不是",就要推倒重来;如果"不好",就要把它修改好。

第三节　广播电视学术论文写作

一、广播电视学术论文的研究方法

解决问题的途径、步骤、手段等称为方法。学术论文的研究方法,即研究某论题所采取的具体路径与方式。它是学术研究中思维方式、参照准则、切入角度、研究手段等的总和。在学术研究中,方法是研究主体与研究客体之间的中介,不属于单纯的技术技巧,而是客体的对应物,与对象的内容有内在的关系,"一把钥匙开一把锁"。

以下人文社会科学领域经常使用的一些研究方法,通用于广播电视学术研究。

(一)文献研究法和实证研究法

文献研究法是根据一定的研究目的或课题,通过调查文献来获得资料,从而全面、正确地了解、掌握所要研究问题的一种方法。文献研究法被广泛用于各种学术研究中。其优点,一是能了解有关问题的历史和现状,帮助确定研究课题;二是能形成关于研究对象的一般印象,有助于观察和访问;三是能得到现实资料和比较资料;四是有助于了解事物的全貌。

实证研究法是科学实践研究的一种特殊形式。一般依据现有的科学理论和实践的需要,提出设计,利用科学仪器和设备,在自然条件下,有目的、有步骤地进行实证,根据观察、记录、测定与此相伴随的现象的变化来确定条件与现象之间的因果关系。主要目的在于说明各种自变量与某一个因变量的关系。

(二)定性研究法与定量研究法

定性研究法是对研究对象进行"质"的分析。主要运用归纳和演绎、分析与综合以及抽象与概括等方法,对获得的各种材料进行思维加工,从而去粗取精、去伪存真、由此及彼、由表及里,达到认识事物本质、揭示内在规律的目的。

定量研究法也称"统计分析法"和"数量分析法",指通过对研究对象的规模、速度、范围、程度等数量关系的分析研究,认识和揭示事物间的相互关系、变化规律和发展趋势,借以达到对事物的正确解释和预测的一种研究方法。在科学研究中,使用定量研究法可以使人们对研究对象的认识进一步精确化,以便更加科学地揭示规律,把握本质,理清关系,预测事物的发展趋势。

(三)跨学科研究法

跨学科研究法是运用多学科的理论、方法和成果从整体上对某一课题进行综合研究的方法,也称"交叉研究法"。科学发展的规律表明,科学在高度分化中又高度综合,形成一个统一的整体。据有关专家统计,现在世界上有2000多种学科,而学科分化的趋势还在加剧,但同时各学科间的联系愈来愈紧密,在语言、方法和某些概念方面,日益趋同。

二、广播电视学术论文的论证

学术论文是论理的文章,必须使用理论框架和学术语言,要求论点、论据、论证一应俱全。从撰稿的角度说,最要紧的是论证。要论证具体的问题,就要进行具体论证,言之有理,言之成理,顺理成章。为此要充分地使用概念、判断、推理等手段,运用归纳、演绎等逻辑方法,进行分析和阐述,对论题条分缕析。这里,尤其强调论证过程的逻辑性和论证方法的多样性。

(一)论证的要求

论证是运用论据证明论点的逻辑形式与过程,包括论证一个观点的成立(真实性,有)或不成立(虚假性,无)。前者叫作"证实",后者叫作"证伪"。证伪与反驳有紧密的联系,但不是一码事。

形式逻辑的基本定律规定,研究和论证问题必须遵守"四律":同一律、不矛盾律、排中律、充足理由律。

同一律要求在同一思维中,每一思想必须与其自身保持一致,即内涵确定、对象不变、中心明确、前后一致。不得偷换概念、偷换论题、转移论题。

不矛盾律是指在同一思维中,两个互相矛盾或相反的判断不能同时都真或都假,其中必有一真或一假。

排中律反对充当"第三者",即当两种相矛盾、相排斥的说法同时出现时,要明确指出谁真谁假,不能不置可否,模棱两可。

充足理由律是指要确认一个判断是真的或假的,必须有足够的证据。

根据形式逻辑的基本定律,学术论文的论证要求合乎以下三点:

一是观点与材料相统一,即论点与论据相统一。不能"论点不明",也不能"偷换论点"。

二是论据必须真实和有力。第一,论据不能造假,不能断章取义、篡改原典。第二,论据必须有力量。各论据个体是典型的;全部论据见合力,1+1>2。

三是论证过程要科学、合理。第一,不能进行"循环论证"(用论点去证明论据);第二,不能论据、论点不相干,导致"推不出",或牵强附会;第三,不能"草率论证",强词夺理。

学术论文的论证还要遵循以下两条原则:

一是严密性原则。论文必须写得十分精密。为此,要扣住立论(论点、题旨、要义)来说理。说理要如水银泻地,说理要循序渐进,说理要有条不紊。要展开来说理,多直接说理,多正面说理。

二是具体化原则。论证要句句落于言筌。为此,要说具体的理,即说"实话",不说空话,不说套话,不说废话,不说"大话",不说"没有结论的话"。要具体地说理,一条条摆论据,一点点阐述理由,陈述意义,作出判断,分析不是笼统的,证明不是抽象的。

《文心雕龙·论说》指出:"义贵圆通,辞忌枝碎,论如析薪,贵能破理。"可以认为,"论如析薪"就是学术论文的论证所要达到的境界。其中关键是"析",也就是说,学术论文的论证要由总到分,经由内容"析分"而达到论点"细分",即把论文的总观点按照事理的本来逻辑进行分解、解析,分开来一层层讲,一点点讲。全篇经纬清晰,条理贯通,穷尽事理而后止。全文没有循环重复、中断滞留、骈拇枝指等毛病。

分析什么? 一是分析论点。把论点分为一个个具体的"点",分析"这一面"和"另一面",分析其中的概念和关键词。二是分析论据。对理论论据进行诠释,对事实论据进行解析。

怎样分析? 包括纵向分析:纵向展开,由浅入深;横向分析:并列展开,平行排列;历史分析:追根溯源,分析其历时性过程,弄清楚来龙去脉;换位分析:变换角度进行分析,做多元分析。

分析有什么要求? 一是揭示因果关系,说清楚什么是原因,什么是结果;二是具体分析,做细化的分析、细密的分析、细微的分析;三是分析有条理,讲究次序和秩序。

(二) 论证的方法

1. 归纳论证

归纳是由个别到一般,由个别事物推导出普遍规律。王力教授在《谈谈写论文》一文中说:"我们搞科研,要先用归纳,再用演绎,不能反过来,一反过来就坏了。"归纳论证包括完全归纳法、不完全归纳法、因果分析法和统计推理等具体方式。归纳法在表述上倒过来,就是"例证法"。注意,例证法不是"印证法"。

2. 演绎论证

演绎是由一般原理引申出个别结论,包括直言推理(又叫直言三段论、三段论)、假言推理、选言推理、二难推理等具体方式。

根据演绎论证的原理,在论文写作中广泛使用的是"引证法",即"理论论证法"。第一,引用公理、原理、定理等权威的、正确的说法作为论据;第二,引用必须准确,不能断章取义,要加注;第三,应当根据理论论据做适当的分析,不能搞成"语录集锦",堆砌名言,缺少己见。

3. 比较论证

比较是对事物的相同或不同之处进行对照、鉴别,从而认识事物的性质、特点。比较论证包括类比论证和对比论证。类比是通过两个(类、种)事物某些相同的属性推导出它们性质或其他相同的属性的逻辑方法,实际上是经验的借鉴、迁移、推广,需要丰富的经验、广博的知识、灵敏的思维、变通的能力,最后达到"通达"的境界。对比是把两个(类、种)或两个以上属性相同或不同的事物进行比较,分析其相同点或相异点。

此外,还有反面论证等其他论证方法。

三、广播电视学术论文的结构

文章的结构,表面上看是文章材料的排列,实则是文章思想的顺序。各种文章的结构不外乎三种类型:时间顺序、空间顺序、逻辑顺序。其中,逻辑顺序是按照事物的内在联系安排的结构:从写作角度说,是提出问题、分析问题、解决问题;从文体模型说,是序论、本论、结论,或叫前言、正文、结论。学术论文通常采用逻辑顺序行文。

安排文章的构架俗称"搭架子"。学术论文搭架子的基本方式是以论点做骨架。全文以大大小小的观点统率全文,总论点管分论点,分论点管小论点,这些论点通常居于文章各个部分之首。其本论部分有三种模式:第一种,各部分为并列关系;第二种,各部分为递进关系;第三种,各部分为综合关系。

学术论文结构上最大的特点与要求,是顺理成章。顺理成章意味着论文内容的科学性、理论性、逻辑性。

顺理成章的"理"包括三种:第一种,学术论文论题内含的义理(事理);第二种,学术论文的内部理论经络,即理论的"网状"结构及秩序(肌理);第三种,学术论文的外部文脉及标志(纹理)。

学术论文顺理成章的"章"是指全文的"章法",包括:第一,学术论文的篇章结构,即因字成句、因句成段、因段成篇的组织形态;第二,学术论文"言之成理"、水到渠成的完形架构;第三,学术论文严密科学的论理系统。

四、广播电视学术论文的表达

(一)议论是广播电视学术论文的主要表达方式

文章有叙述、描写、抒情、议论、说明五种表达方式。议论是直接发表意见的表达方式，用以阐述思想见解、表述理论成果。因此，它是学术论文主要的表达方式。

确认议论是学术论文的主要表达方式，是说凡学术论文必须主要使用议论方式。论文从头至尾应该始终在"论"，以议论为本，以议论为骨。论文当然也可以适当使用别的表达方式，但必须由议论去架构、支撑全文。

除议论方式之外，学术论文中也常常使用说明方式阐释事物的性质、特征、规律等。可以看出，说明方式对于学术论文写作具有不同寻常的作用，论文中的定义、释义、分解、举例、引用、阐述、概述、综述等，皆离不开说明方式。

学术论文中也常见"夹叙夹议"的表达方式。叙述是记载、叙说事物经过、情形的表达方式。把叙述和议论结合起来，且叙且议，就形成了夹叙夹议。夹叙夹议既用于记叙文，也用于说理文。论文的夹叙夹议是为表达论点服务的。

(二)广播电视论文的学术语言

学术论文使用的语言，是一种规范的书面语言，其最突出的特点是论理性和非口语性。

字词方面。学术论文多使用实词，经常运用限制性的定语、状语。

句式方面。学术论文多用陈述句、主谓句、判断句、肯定句，大量使用复句特别是多重复句，长句多，有时用疑问句；基本上不用感叹句、祈使句，一般不用省略句、倒装句。学术论文的句式严整而少变化，比较单一。

修辞方面。学术论文经常用对比、对偶、排比、层递、引用、反复；少用比喻、夸张、反语、隐语。

学术论文通常使用专业语言，尤其较多地使用本专业的名词、术语、概念和新词语，从而构成与其他专业领域文章的显著区别。例如，文科论文是文科论文，理科论文是理科论文；文学论文是文学论文，史学论文是史学论文，哲学论文是哲学论文。

学术论文的专业语言包括书面语言和辅助语言。辅助语言包括图形、表格、公式、符号等。辅助语言能够浓缩信息，简化表达，较文字表达更形象、直观、简洁、明确。

学术论文的语言应当精确、严谨、庄重、简洁、平实。

学术论文在表达方面常见的毛病有三：一是按文艺作品的仪容去打扮学术论文，欲使学术论文具有文艺作品的魅力;二是用故弄玄虚的表达来代替深刻的理论;三是用生造新词句来代替理论创新。凡此种种,皆须尽力避免。

五、广播电视学术论文的提纲与定稿

(一)学术论文的提纲

学术论文的提纲是由序码和文字符号构成的论文纲领。提纲是论文思考过程和结果的物化,是论文思路的表出,是论文内容的逻辑安排。

学术论文提纲有如下意义:

第一,提纲是论文写作过程中思考的实际成果,具有承先启后的作用。"承先"是说它整理思考的成果,规划论文的内容。论文的选题和搜集、整理资料至此告一段落,论文写作开始进入打草稿的阶段;"启后"是说它标志着论文写作的真正开启。如果没有或不能形成提纲,则要返工。

第二,提纲是论文的方案、蓝图,具有很强的指导作用。写论文照提纲"施工",可以有效地避免想到哪里写到哪里,避免"下笔千言,离题万里"。

第三,提纲是论文的前身、雏形,具有很强的牵引和指向作用。一般说来,一篇论文并不能够一蹴而就,而是需要经过反复修改、一再打磨后才能完成的。因此,提纲是论文写作中深化思考、精益求精的"底座"与指南。即使推倒重来,先前的提纲也能起到提醒的作用。

论文提纲有详略之分。详细的提纲完全纲举目张,连关键性的语句也有了。粗略的提纲只是粗线条地列出文章的各级标题,像个"草图"。论文提纲宜细不宜粗。一般是由粗到细,一步步细化。可以是短文式的,也可以是图表式的。

论文提纲的拟制须以论文的总论点为中心,一根红线贯串到底。同时遵循说理文的结构模式"搭架子",先全局后局部,先主体架构后各种零件。并且,尽可能细致一点、详尽一些。一般来说,论文提纲也需要反复推敲。

(二)学术论文的定稿

学术论文并不是写完就完事了,还要做最后的定稿工作。这意味要对论文全文进行检查、修改、完善。学术论文一定要进行修改,文章是改出来的。因为人们认识事物通常不是一次性完成的,学术研究工作是不断深入的过程。

学术论文的修改包括:论点的打磨,结构的调整,材料的增删,语句的锤炼,注释的订正,绪论、结论的精加工。

作者自己修改学术论文有热改法和冷改法。最好采用冷改法,即论文写好后先搁置一段时间,待自己的思维定势破了,或掌握了新的资料,再对论文进行检查和修改。这样修改论文的效果往往会更好。一些治学严谨的大学问家,经常把自己的论文放上一段时间才去发表,即是此理。

思考题:

1. 广播电视学术研究的性质和任务是什么?
2. 广播电视学术论文有什么特点?
3. 广播电视学术写作怎样进行选题?
4. 谈谈广播电视学术写作资料工作的意义和方法。
5. 写作一篇广播电视学术论文提纲。

附录一

云南首例因辍学"官告民"案在怒江兰坪县审理*

主 播：

11月24号，在兰坪县啦井镇新建村，数百村民前来围观、旁听巡回法庭的公开审理。为依法维护适龄儿童少年享受义务教育权益，啦井镇人民政府将五户学生家长告上法庭，要求依法判令学生家长立即送子女入学，接受并完成义务教育。这是云南首例因辍学引发的官告民案件。

解 说：

今年3月，兰坪县啦井镇新建村和某某等5名学生辍学回家，其家长不认真履行义务教育法律责任，经啦井镇政府工作人员和学校老师反复做工作后，仍然没有送辍学子女返校就读。

11月3号，啦井镇政府向兰坪县人民法院依法提起诉讼。

庭审同期声：

根据《中华人民共和国义务教育法》相关规定，现龄15岁的被告女儿和某某属适龄少年，应依法在校接受义务教育，但经原告方多次对被告进行敦促、动员、批评、教育，被告方始终拒绝履行将其女儿送至学校接受义务教育的义务。为此恳请贵院依法审理，查明并合理判决。

解 说：

在庭审现场，法庭针对每个被告家长及其子女的实际情况，对原、被告双方进行调解。既严肃申明了违反国家法律，不履行法定义务将受到的惩处，又组织劝导双方共同协商、探讨、依法解决纠纷的具体方法。双方当场就学生返校时限、共同劝导事宜等达成共识，法庭当场下达调解书。

---

* 云南怒江广播电视台2017年11月27日首播。

解　说：

经过庭审，家长认识到了"不让孩子上学是违法的"，纷纷表示今后要好好教育孩子，尽力为孩子创造良好的学习环境。

采　访：

被告和金亮： 下一步我要和村委会主任和村委会里的人，我们一起劝她，要下去读书，我一个人劝她劝不动的，一定要去上学的。

被告和才付： 以后我们再怎么穷都一定要她去读书。高中她喜欢读就让她去读。

记　者： 那如果她能考上大学呢？

被告和才付： 大学也可以读啊！

记　者： 你都一定会想办法供她读书对吧？

被告和才付： 是的，我一定会想办法的。

（庭审镜头）

解　说：

此案的审理，在当地引起了强烈反响。

采　访：

村民田增林： 今天我们村里面巡回开庭，我们很受教育。为了摆脱贫困，我们一定会认真做事，一定让自己的子女上学。

解　说：

据了解，25 号还有一宗官告民案件在兰坪县中排乡进行了开庭审理，有 3 户学生家长也同样因为不履行义务教育法律责任，作为被告被诉上了法庭。

为使每一个孩子都能享受并完成义务教育，兰坪县各级政府部门积极探索，联动教育、公安、法院、司法、社保等部门，依据《义务教育法》《未成年人权益保护法》等法律条款，探索了宣传教育、责令改正、行政处罚、提起诉讼的依法控辍保学 4 举措。

据了解，目前兰坪县小学在校学生 18,201 人，辍学 16 人，辍学率下降至 0.09%。初中在校学生 8731 人，辍学 76 人，辍学率下降至 0.87%。

采　访：

云南省教育厅政策法规处处长李光洪： 从南坪探索的 4 个步骤来看，这 4 个步骤是有理有据、有法依据的，是奏效的。

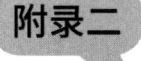附录二

海上丝路
——献给伟大的祖国和伟大的人类*
(大型音乐舞蹈史诗文学台本)

丘树宏

【序曲】天地开混沌

【朗诵】中国和古印度、古埃及、古巴比伦,是古代文明的发源地。四大文明古国,都以不同或相同的文明对人类世界的发展作出了重大的历史贡献。令人遗憾和费解的是,其他三个文明古国的文化先后在地球上消失了,只留下了一些历史痕迹。而中国,这个有着五千年历史的文明古国,却依然保留着她灿烂辉煌的传统文化,而且一派青春、生机盎然。古老而伟大的中华文明为丝绸之路的形成准备了充分的人文条件。

啊,啊,啊!
悠悠远古,
苍苍茫茫;
乾坤黯,
水汤汤。

盘古开天地,
女娲止洪荒;
结绳记日月,
龟甲驮阴阳。

---

* 丘树宏.海上丝路——献给伟大的祖国和伟大的人类[N].中国艺术报,2014-10-22.

大陆兴,
农耕忙;
木舟动,
向海洋。

啊,啊,啊!
三皇五帝铸华夏,
泱泱文明起东方!

【第一篇章】古之风
第一节　悠悠咸淡水

【朗诵】中国是江河最多的国家之一,也是海岸线和海域最丰富的国家。江河水是淡水,海水是咸水,两种水结合冲撞融合在一起叫咸淡水;江河水文化是大陆文化,海水文化是海洋文化,两种文化冲撞融合在一起叫咸淡水文化。咸淡水文化孕育出了一种特殊的文明,这种文明是形成海上丝绸之路的独特的自然地理条件。

小小的山溪长大后叫河,
小小的河水长大后叫江;
一条条弯弯曲曲的江水流啊流,
一直流向那浩浩渺渺的太平洋。

淡淡的江水流淌着大山森林的绿意,
咸咸的海水承载着蓝天白云的衷肠;
绿意和衷肠在长长的海岸线冲撞交汇,
融合出日月般的光辉天地蔚蓝的遐想。
悠悠咸淡水,是大陆不老的传说,
悠悠咸淡水,是大海永恒的希望。

第二节　大海的呼唤

【朗诵】中国素称丝绸之国。秦汉时期,中国的丝绸开始从海陆两路输出国外,最早形成的是海上丝绸之路。后来又有了陆上丝绸之路,是指西汉(公元前202年—公元8年)时,由张骞出使西域开辟的以长安(今西安)为起点,经甘肃、新疆,到中亚、西亚,并联结地中海各国包括时称大秦的罗马的陆上通道。由于各种原因,海上丝路最终替代了陆上丝路。

大漠孤烟直,
长河落日圆;

劝君更尽一杯酒,
西出阳关无故人。

伟哉汉武帝,
英名天下传;
张骞出使千万里,
丝绸之路开新天。

条条道路通罗马,
一条丝路到大秦;
延绵连起中亚欧,
中西交融颂文明。

安史之乱燃烽火,
丝绸之路叹烟尘;
茫茫荒漠何处去?
浩瀚海洋引新程。

第三节　神龙出东方

【朗诵】 中国是龙的国度,龙是中国最重要的图腾。水,包括江河、大海,都是龙的家乡。是龙,就注定要走向海洋。公元前219年盛夏,秦始皇派徐福带领三千童男童女,从渤海出发去寻找长生不老药。这正是中国海上丝绸之路的肇始。从此,与黄海、东海、南海相连的明州(今宁波)、杭州、苏州、上海、泉州、福州、湛江、合浦、北海、番禺、广州等地,都成为海上丝路的重要港口。

你是龙的国度,
龙是你的图腾;
你从渤海出发,
寻找龙的美梦;
三千童男童女,
伴随大海永生。

煌煌汉武大帝,
开辟海上航程;
汉唐宋元明清,

一路滔滔延绵；
徐闻广州泉州，
东海南海繁衍。

郑和七下西洋，
贯通中西人文；
丝绸茶叶陶瓷，
称雄世界千年；
更有四大发明，
创造人类先声。

第四节　驼峰与帆影

【朗诵】海上丝路稍先于陆上丝路，但陆上丝路却早于海上丝路兴盛，尤其是西汉使者张骞两次出使西域之后，陆上丝路更是风生水起。随着以骆驼为主要运输工具不堪重负等原因，尤其是随着造船、航海技术的突破，从唐朝中期开始，海上丝路替代陆上丝路而达至高峰。然而，无论是一片片帆影，还是一列列驼峰，都是丝绸之路最典型的象征。

苍茫大漠，
滚滚黄沙，
寂寞驼铃伴驼队，
绘出一幅壮美的画。

飘逸丝绸，
香香美茶，
五彩陶瓷映落日，
走出一个流动的家。

高高的驼峰载不动太多的重负，
无边的沙漠摧残了多少美丽的花；
待回首，在那太阳升起的地方，
好一片蔚蓝呼唤一片灿烂的红霞。

蓝蓝的大海接过了未来的使命，
大大的船舶承载起历史的重压；
看今朝，在那太阳升起的地方，

好一列帆影走出一个大写的中华。

【第二篇章】春之雨

第五节　Silk·丝来咯

【朗诵】顾名思义,丝路之名来自丝绸。中国是最早发明丝绸的国家,西方誉称中国为"丝国"。据说,英语单词的"Silk",是广州话"丝来咯"的音译。丝绸的交流,改变了一些国家和地区人民裸体的习惯,还改善了他们的服饰,丰富和美化了生活,欧洲地区甚至将丝绸作为最尊贵的奢侈品,以拥有优质的丝绸为荣。同时,丝绸的贸易,也极大地促进了中国丝织工业的发展,并由此产生了资本主义萌芽。

"丝来咯,Silk",
"Silk,丝来咯",
一束束轻曼柔和的绸缎,
飘逸成一首首七彩的歌。

五千年文明古国,
五千年丝绸繁奢;
繁荣了良渚,繁华了大唐,
霓裳羽衣舞出中华盛世风格。

一串串驼铃传扬着你惊世的美名,
一只只帆影抚平了你时空的坎坷;
有了你,世界从此多梦想,
有了你,人类天天添秀色。

啊,Silk,丝来咯,
你这美丽的使者;
啊,丝来咯,Silk,
你这永远的使者。

第六节　Tea·Cha·茶

【朗诵】中国是茶树的原产地,茶树最早出现于中国西南部的云贵高原、西双版纳地区。孙中山先生有"茶为国饮"一说。中国的茶叶随着丝绸之路传到海外,一时风靡,奉为时尚,以至成为世界三大饮料茶、可可、咖啡之首。因此丝绸之路也叫"茶叶之路"。茶的英语单词,最早是"Cha",后来为"Tea",均为中国语言的音译。

南方有嘉木,

雅名叫作茶；
始于神农氏，
陆羽育奇葩。
融合儒释道，
植物亦文化。

驼峰重，风帆满，
一路悠悠到欧亚；
平民爱，贵族迷，
蔚为风气人人夸；
今天称为"Tea"，
最初也叫"Cha"。
尊为国饮领时尚，
千年源源还是她。

一饮满口生香，
再饮精神焕发，
再饮生命升华；
小小一片绿叶，
成就中西神话。

第七节　瓷器·中国·China

【朗诵】 中国是最早发明瓷器的国家，许多国家尊称中国为"瓷国"。中国的瓷器由丝绸之路特别是由海上丝路大量传到日本、东南亚、中东和欧洲等，成为输入国重要的生活用具和重要的艺术品。瓷器的英语单词是"china"，其中第一个字母小写时是瓷器的意思，大写时则是中国的意思。丝绸之路也叫"瓷器之路"。

好特别的一个单词——
China，china，
小写是瓷器，
大写是中国。

泥做出身躯，
笔画出精神，
火烧出魂魄。

南方的青花瓷，
烧出了清新优雅，
烧出了繁星闪烁；
北方的唐三彩，
烧出了厚重惊艳，
烧出了旭日喷薄。
梦幻的光彩，
映照着华夏熊熊薪火；
典雅的神韵，
征服了欧亚宫廷普罗。

好迷人的东方魅力——
China，china，
好美的瓷器，
好美的中国。

第八节　芬芳的航程

【朗诵】丝绸之路除了将中国的产品带去海外,同时也将世界各地的产品带回中国,其中最大量和最重要的是香料。海上丝路也成为香料在中、非、欧大陆交流贸易的重要通道。因此,这条将香料从东南亚诸岛运往欧洲市场的海上丝绸之路也被称为"香料之路"。大量的香料多地域交流和贸易,极大地促进了世界各国的饮食文化和美容文化的发展。

西去，带满了东方的七彩，
东归，载满了异域的芬芳；
一路上风吹浪打，
水手总在放声歌唱。

天竺的胡椒沉香，
大秦的水仙木香，
伊朗的茉莉、非洲的丁香，
还有阿拉伯的花露水，
香满了舟船香满了海洋，
香醉了神州香醉了家乡，
香透了人间的美食，
香透了姑娘的美妆。

神奇的香料是月亮,

将回家的归程照得亮堂堂;

神奇的香料是太阳,

让思乡的心情充满了光芒。

【第三篇章】夏之阳

第九节　蔚蓝的梦幻

【朗诵】1987年,考古人员在广东阳江市南海海域发现一艘沉船,2009年底整体打捞出水。这艘被命名为"南海1号"的沉船,船体长30.4米,宽9.8米,高8米,排水量达600吨。经专家考证,这是一艘中国南宋初期,通过海上丝路向外运送瓷器,而失事沉没的沉船。目前该船已经被整体保护并建设成博物馆。

满船装着大宋瑰宝,

季风鼓起片片风帆;

出泉州,过东海,

蓝天绿水彩云间。

心中常想故乡嘱托,

双眼凝望远方期盼;

风暴狂,浪滔天,

海上丝路成梦幻。

沉舟侧畔万船飘过,

一梦醒来百年千年;

重抖擞,再起航,

云帆高挂写蔚蓝。

第十节　郑和下西洋

【朗诵】中国明成祖朱棣主政期间,大张旗鼓地开展海外邦交活动。永乐三年六月十五日,诏令三宝太监郑和率二万七千余人,驾着最大长44丈、宽18丈的数十艘宝船出发,开始了世界上最大规模的航行。从1405年到1433年,郑和七下西洋,其规模之庞大、航迹至之广远,称雄于古,萤声至今,成为中国和世界航海史上空前的壮举,为世界文明与和平发展作出了不可磨灭的贡献。

东北信风来苏州,

郑和起锚刘家港;

宝船威武列方阵，
五虎门外下西洋。

千船齐进发，
万军同起航；
出了东海过南海，
太平洋接印度洋；
东南通婚嫁，
中东会经商；
红海和为贵，
麦加亲交往；
美洲澳洲新大陆，
万国朝贺追汉唐。

三十年，三十国，
七下西洋成绝唱。
一曲郑和颂，
青史永流芳。

第十一节　永远的海仙

【朗诵】丝绸之路，也是"名人之路"。陆上丝路最著名的有张骞、班超这样的杰出使者，有唐玄奘这样的伟大僧侣，有为国远嫁的文成公主，还有艺术家、诗人和探险家……而海上丝路，更是各类名人一串串，他们伟大的生命奉献给了人类，奉献给了蔚蓝，成为万世景仰的海仙；他们的生命永远不老，他们的灵魂永远辉照大海。

有一种蔚蓝叫海，
有一种海叫蔚蓝；
有一种海仙叫纪念，
有一种纪念叫海仙。

我们纪念徐福，
纪念公元前二百年；
寻找不老药的道士啊，
是海上丝路最早的海仙。

我们纪念孙权,
纪念公元二二九年;
承先启后的仲谋啊,
是海上丝路最大的海仙。

我们纪念鉴真,
纪念公元七五三年;
沧桑东渡的大师啊,
是海上丝路最苦的海仙。

我们纪念妈祖,
纪念公元九八七年;
普度众生的圣女啊,
是海上丝路最美的海仙。

让我们感恩大海,
感恩大海的蔚蓝;
让我们永远纪念,
纪念永远的海仙。

第十二节 文明与和平

【朗诵】丝绸之路尤其是海上丝路,无私地将中国的四大发明带给了世界,对世界经济社会文化的发展作出了重要贡献。曾经领先世界文明几千年的经济强国,其强大的丝绸之路的队伍,给世界送去的是美丽而实用的丝绸、茶叶和瓷器,送去的是先进的指南针、造纸术、印刷术和火药制造术,送去的是文明与和平。所有这些,大大促进了输入国的发展进步,然而,西方列强却拿着这些成果来侵略欺辱中国人民,使中国长期沦为他们的殖民地半殖民地!

两千年风风浪浪,
一路上传播的都是文明;
千万里路云和月,
一路上不变的都是和平。

小小的指南针,
给世界送去了明亮的眼睛;

神奇的造纸术,
让世界的文字翅膀般飞行;
印刷改变了世界的命运,
世界从此多了聪明的毕昇;
火药推动了人类的进步,
世界从此多了动力的源泉。

啊,中国,中国,
你的名字叫文明,
你的名字叫和平。

【第四篇章】地之光

第十三节　异域风情画

【朗诵】海上丝绸之路,贯穿亚洲、非洲、欧洲,以至澳洲、美洲,路线如此深远,幅员如此广大,堪称人类奇迹。如果说每一个国家和地区都是舞台,舞台上不断上演各种风格和特色的戏剧,那么海上丝路就是一条线,就是将舞台和戏剧串联起来的脐带。这是一条人类文明的脐带,它从中国引发,贯穿了异域的风情、异域的历史、异域的文化、异域的梦幻。

一方方蔚蓝的海,
耕耘出一个个动人的神话;
一条条蔚蓝的路,
描绘出一幅幅美丽的彩画。

跳起求爱舞蹈,
来到槟榔树下,
我多么留恋东南亚;
请出神圣的佛陀,
给心爱的女人点上吉祥痣,
我一生一世都爱她;
中东的朋友最友好,
一个月的开斋节,
都让我住在他的家;
穿上红衣服戴上红帽子,
扮起可爱的圣诞老人,
最难忘美丽罗马;

我记下了波斯的传说,
带回了玛雅文化。

啦啦啦,啦啦啦,
一路的风光多神妙,
一路的风情好繁华。

第十四节　有朋远自西方来

【朗诵】海上丝路不仅仅是一条中国通向海外的单向的路,它是双向、多向的。中国除了输出,同时还在输入。除了中国走出去,外国人也在不断地走到中国来。有商人、探险家,还有僧侣、传教士,他们成为中国与世界交往的桥梁和纽带,也为人类的经济社会文化发展起了重要作用。因此,海上丝路也是友谊之路、使者之路。

凤也来,凰也来,
有朋远自西方来。

三年探险到大都,
马可波罗来朝拜,
敦煌海疆大游记,
颂扬中国好风采。

风雨兼程利玛窦,
澳门肇庆展头盖;
孜孜不倦传教士,
《几何原本》数理开。

德国来了汤若望,
经历明清两朝代;
耶稣儒家同研讨,
光禄大夫头上戴。

哥德堡号来远航,
三次来回到南海;
神庙烧起大高香,
康乾盛世历历在。

来来来,一起来,

有朋远自海上来,

有朋远自西方来。

第十五节 海禁酿国殇

【朗诵】海上丝路见证了中国的繁荣和强大,两三千年来,尤其是唐宋时期,中国如日中天,傲视全球。海上丝路的开放,就是强大的表现。海上丝路也促进了开放,增强了国力。海上丝路也见证了中国的沧桑和耻辱,明代实行了长达200年的海禁,清代更是实行广州一口通商,夜郎自大、腐朽无能、鸦片侵入,海上丝路戛然而止,赫赫中国走向沦丧。

因为害怕豺狼,

你关闭了自己的门窗;

因为害怕瘟疫,

你拒绝了清风和海浪。

自足千年的繁盛,

自傲千年的辉煌;

夜夜笙歌麻醉了心志,

灯红酒绿暗淡了目光;

朝廷乱了政纲,

官兵不擦刀枪;

海上丝路运来的鸦片,

带来了毒药,引来了列强。

五千年的文明古国,

走进百年耻辱,

走进百年国殇。

第十六节 变革大交响

【朗诵】清朝末年,中国沦为半殖民地半封建社会。1911年,孙中山推翻封建帝制,创建了共和,但因窃国大盗袁世凯,使中国长期处于内忧外患状态。1949年10月1日,中华人民共和国成立,中国进入和平时期;但十年"文革"的再一次封闭和混乱,又使中国停滞不前。1978年开始改革开放,东方巨龙终于醒来,中国凤凰涅槃,重焕生机、再次崛起。

还是那个可爱的国家,

还是那条蔚蓝的丝路;

一个风光明媚的春天,
阳光驱散了重重迷雾。

关闭的门窗重新打开,
麻木的双脚重新迈步;
发锈的轮船重新起锚,
沉睡的风帆重新起舞。

醒来的龙狮威风凛凛,
春天的故事奇迹处处;
千万条丝路海陆并发,
崛起的中国大展宏图。

【尾声】天下向蔚蓝

【朗诵】人们说:21世纪是海洋世纪;谁拥有了海洋,谁就拥有了世界。中国离海洋是那样地近:中国既是一个陆地大国,又是一个海洋大国;中国是世界上最早的海洋强国;两三千年前形成的海上丝绸之路,曾经创造多少辉煌,它不愧是人类的史诗。然而,中国离海洋又是那么地远:中国的海疆保护、海洋开发、海洋利用能力是那样地薄弱!中国需要海洋崛起,中国需要重振海上丝路雄风!中国,请与世界一起,走向蔚蓝!

走出了森林,
我们才知道山外有山;
走出了大洋,
我们才知道海外有海;
走出了苍穹,
我们才知道天外有天。

山外是蔚蓝,
海外是蔚蓝,
天外是蔚蓝。
蔚蓝是自然的原色,
蔚蓝是人类的家园。

蔚蓝的辽阔走着远大的理想,
蔚蓝的高深托起不老的梦幻;

蔚蓝的风浪响起生命的歌唱,
蔚蓝的阳光铺就永恒的彼岸。

海上丝路山海生,
海上丝路天地连;
山海天地向未来,
啊,天下向蔚蓝。

附录三

《美丽中国(第一集)·锦绣华南》解说词

这是一个充满生机的国度——中国,美丽的地貌景观、丰富的物种群落,一直以来令世人惊叹和神往。数千年来从未间断的文明,延续着民族的血脉。今天,13亿人口、56个民族在这里繁衍生息。

这里有世界上海拔最高的山峰,无边的沙海从大漠深处延伸到冰雪极地,水汽迷蒙的森林,守护着珍禽异兽的梦境。草原辽阔,一望无际。以绚丽的方式,海洋炫耀它无尽的宝藏。我们的旅程,从这些动人的细节开始,穿越无数造化的奇境、无数生命的过程,寻求震撼人心的答案,在这里生生不息的人们怎样与万物生灵相互依存,怎样创造生活的经典,带来天人合一的美丽中国。

(出片名)

中国南方的漓江,这样的场景已延续了上千年。新一天的劳作,总是伴着拂晓时的渔火。美如幻境般的山水,饱含着中国诗画中的意境。水流回畅,山似碧玉。

这是温润的南方,连绵的山脉与水系,谱写出庞大的自然乐章。

在南方一些地区,雨季成为一年中的主题。多达250天的降雨,延伸出无数湖沼和湿地。在长江冲积平原上,黑尾塍鹬正在泥里搜寻着食物。大量的禾本植物或许是此地更早的居民。稻米,这是当中的王者。

在中国,水稻种植的历史可以追溯到8000年前,这种作物的耕种带来地貌景观的改变。晚冬,在这里却是农民们最忙碌的季节。中国云南的南部地区,春天的脚步正悄然来临,下一次的耕种已在孕育之中。

云南元阳,绵延近2000米的陡坡,俯瞰着脚下的红河河谷。每一面山坡上,成千上万块梯田,仿佛是为天空准备的镜子。元阳的梯田,也许是世界上最古老的人造梯田。传统的农具、原始的耕种方式,更像是农民与祖先之间的一次通灵。

壮丽的人造景观源于千百年来的生存故事,这是中国漫长农耕文明的记忆标本。

夜幕降临,古老的仪式开始了。现在正是交配的季节,水田中蛙声一片,雄蛙开始争相鸣叫,以吸引雌蛙的注意。但是,太过招摇的举动后面时时潜藏着它们所不知晓的杀机。池鹭是一种毫不留情的掠食者。即便是在水田中央,池鹭也能凭着坚喙利爪,抢夺到食物。捕猎的场面很快就结束了,每只池鹭一次只能吞下一只青蛙,大多数青蛙化险为夷,第二天它们依旧在水田中鸣叫。

　　元阳梯田这样的景观在中国南部随处可见,这种地貌的形成和水稻耕种紧密相关。

　　在群峦叠嶂的贵州山区,当地的苗族延续着独特的稻作文化。苗族人把自己的木屋建在陡峭、贫瘠的山坡上,而将每一寸肥沃的土地都用来耕种水稻。

　　中午时分,宋家人正在吃午饭。饭菜的香味和家人的闲聊并不能引起爷爷的关注,他似乎在思考另一些重要的事。春天是种稻的季节,理想的播种时间取决于当年的气候,准确选择播种时间的诀窍是一个秘密。在宋家客厅的天花板上,有一对金丝雨燕,刚从越冬地回到这里,它们忙着修补去年的巢穴。在苗寨,燕子被赋予了独特的象征意义,当中也藏匿着种植的秘密。

　　早春伊始,宋家的这扇窗户就一直敞开,迎接燕子的归来。每年,爷爷都会记下燕子回来的准确日期。苗族人相信燕子的到来预示着播种季节的来临。今年,雨燕姗姗来迟,也许插秧的日子要推迟了。插秧前的准备工作如期进行,伴着水田中的忙碌,正在修补巢穴的燕子变得更加勤劳。翻耕后的水田中,丰富的食物带来令它们兴奋的大餐。

　　插秧的时间终于到来,从苗床中拔起的秧苗被捆扎成束,运往高山上的水田。宋家的水田里,所有热心的邻居都赶来帮忙。当地村民一直保持着这种纯朴的传统,如果其他村民家里人手不够时,宋家人也会去帮助他们。插秧时节,燕子们的新家仍在修筑中。在村民们的努力下,一个时辰后,水田里已站满了秧苗。收工后,村民们可以放松一下,至少在明天天亮之前,他们能好好地休息了。夜幕降临前,燕子仍然要为它们的新家奔忙。

　　在刚插完秧苗的田里,白鹭正在寻找食物,稻田是蝌蚪、鱼还有昆虫的乐园,而白鹭正需要用它们来喂养孩子。这片位于重庆的鹭鸟栖息地形成于1996年,当时只有十几只白鹭,栖息地的不断扩大意味着它们在这里受到了人为的良好保护。竹子上的巢穴是幼鸟安身立命的地方,当它们在云端休憩时,危险被留在了地面。这些幼鸟刚刚从妈妈那里得到了一条鳝鱼。对它们而言,享受美食也不是一件容易的事。白鹭是依赖稻田而生存的野生鸟类,只要栖息地不被破坏,它们就可以无忧无虑地生活。

　　水稻种植需要大量的水,但是即使是在多雨的南方,也有极度缺水的地方。在我国的西南部地区,锥形的山体构成群峰的家族,各个区域都被干涸的山谷分隔开来。这就是典型的喀斯特地貌,这种石灰岩的地质形态是我国西南部地貌的主要特征。喀斯特地貌带来大片坚硬的岩石地表,与岩石相间的狭小地块使耕种变得十分不易。

　　石灰岩地貌延续到与贵州相邻的云南。这就是著名的石林,无数年的侵蚀形成了这个深谷与尖峰的迷宫。雨水带来石灰岩的日渐溶解。漫长的时光中,雨水侵蚀到了岩床的核心。除了眼中的奇境,喀斯特地貌的神秘常常深藏在地下,这是一片隐秘的处女地。

至今,对于这些神秘地下世界的探索才刚刚开始。年轻的探险者在中国越来越多,对于他们来说,探索洞穴意味着向极限挑战。雨滴穿越时间的帷幕,凝固出永恒的美景。神秘的地下河谷脱胎于眼前这些水滴与水流的漫长雕琢。石灰岩是岩石中比较松软的部分,被水流冲刷后形成了陡峭的河道,造就出湍急的水流。对岩洞探险者来说,这是真正的挑战。奔涌而下的水流,汇入了洞穴底部的暗河,久而久之,形成了洞穴中的这条圆滑的隧道。

这里仍然有梦幻般的宁静,特殊的鱼类在此生活了很久,比如无眼金鲃。在中国,特殊洞穴生物的数量,至今仍是个谜。地下水位之上,一些古老洞穴中,亿万年造化的钟乳石与石笋,代替了幽暗的地下河。钟乳石是微量石灰岩溶解于水后,经过千万年的滴流而逐渐形成的。石笋也是由带有石灰物质的水滴造就出最初的生命。

时至今日,众多的洞穴都是隐秘的。探险者走过的洞穴已变成旅游观光的景点。光线渐渐渗入时,洞穴中的黑暗乐章也接近了尾声。实际上,这是一次时光之旅。

中国西南的喀斯特地貌中,人们赖以生存的水流源自黑暗的洞穴,以此为生的还有另一些生灵。在贵州麻阳石灰岩山区谷地中,生活着世界上最珍稀的灵长类动物黑叶猴。像多数猴子一样,它们是群居动物,喜欢花很多时间来相互梳理皮毛。黑叶猴是植食类灵长类动物,它们大多数以树芽、嫩树叶及水果为生。橘红色的皮毛是幼猴的童年标记。渐渐变黑的尾巴,则意味着它们的成长。随着年龄的增长,它们变得大胆起来,开始尝试更多的冒险。不断迁徙是家族存活的保障。在那些陡峭的地方,迁移需要出色的攀爬技巧,黑叶猴的技艺与生俱来。黑叶猴是绝对的母系社会,在猴群迁移的时候,母猴承担着领袖的角色。含有矿物质的水渗出岩壁,对猴子们而言,这是难以抗拒的诱惑。

在过去的几个世纪里,麻阳河自然保护区常有豹子、蟒蛇和老虎出没。如今,这里几乎没有什么猛兽能够威胁到幼小的黑叶猴了。夜幕下危机四伏,其他动物难以企及的洞穴成了猴群的温柔之乡。

这是在几乎完全黑暗的环境中,用红外摄像机拍摄到的画面。猴子们在这里显得轻车熟路,世代的攀爬使这里的石头变得非常光滑。寒冷的冬天,猴子们会待在洞穴更深的地方,那里有足够抵御寒冷的温暖。终于,它们到达了一个连最凶猛的天敌都无法到达的地方。

利用山洞作为庇护之地的不只有猴子,在山区,很多地方的孩子们上学都要经过长途跋涉,途中还会经过一些山洞。山洞是他们的路标。但并不是所有的学生都步行上学,还有一些孩子是住校生。当其他孩子们快到学校时,住校的学生们还在做早饭。学校的操场看起来光线很暗,原来这不是一个普通的操场,更不是一所普通的学校。这是一所建在山洞里的学校。天然的拱形洞穹代替了房顶，雨雪风霜被留在洞穴外的山谷中。中洞村小学一共有6个教室，200名学生就读。除了学校，洞里还居住着18户人家，以及各种牲畜。估计这是世界上唯一在洞穴中饲养的牛群了。

洞穴不仅是住所和学校，它还带给人们意想不到的惊喜。一代又一代的村民们都会到这个洞穴里来收集肥料。洞内的地面上覆盖着厚厚的一层粪便，往往十分钟就能装满一箩筐。这可是一种上等的天然有机肥料。嘈杂的声音带来与粪便有关的信息，山洞顶部的燕子是肥料的来源。燕子是一种群居的鸟类，在贵州南部的这个山洞里，居住着超过20万只燕子。中国最大的燕子聚集地，也许就在这里。

燕子栖息的岩穴中，黑暗笼罩了一切，寻求每一片光亮是燕子辨别方向的法宝。然而生活在洞穴深处的蝙蝠却是黑暗中的舞者。这一群蝙蝠刚刚苏醒，正利用超声波确定自己在黑暗中的位置。

夜晚是蝙蝠捕猎的时间。在亚洲，大足鼠耳蝠是唯一一种能捕鱼的蝙蝠，利用水面波纹反射的声波，它们能准确地发现猎物的踪迹。科学家在数年前才发现大足鼠耳蝠的这种奇特功能。我们的影像记录下它们捕猎的过程。在黑暗中捕鱼已经足够令人大开眼界，更加让人惊奇的是，大足鼠耳蝠还可以倒挂着身体，享用捕捉到的小鱼。

晨曦渐渐覆盖了桂林的这一片喀斯特山峦，这些形态各异的奇山怪石，是由酸性水质的漓江江水侵蚀而形成的。蜿蜒曲折的河流，亘古以来吞噬着山脚，如今只剩下耸立的山峰。

漓江，中国最清澈的河流，也延续着古老的图景。这些年迈的渔民们，来自同一个黄姓的村庄，他们一辈子都以捕鱼为生。在放开鸬鹚之前，他们会在鸟的脖子上用绳子松松地系上一个活结，以防止鸬鹚吞下捕到的鱼。为了激励鸬鹚去水中捕鱼，渔民们运用了神奇的声音与动作。一到水下，鸬鹚渔猎的天性就复活了，它们到处寻找鱼的踪迹。鸬鹚善于协同作战，一个上午就能捕到十多条大鱼。

虽经驯化，但鸬鹚仍然有着自己的生存原则。据说它们能记住自己抓了几条鱼，当它们捕抓到第7条左右的时候，就要喂食一次。所以捕鱼过程中，要经常给它们一些奖励，否则它们就会停止工作了。现代渔业技术的竞争，使渔民不能光靠传统的鸬鹚捕鱼为生。如今，这个已有1300年历史的捕鱼方式，成了吸引游客的娱乐项目之一。

在贵州的草海，我们还能看到一种沿袭至今的、更特别的捕鱼方式。今天，渔民老耿正要去草海中铺设渔网。这是一种特殊的渔网，管状、尾部封闭，当地人管这叫地笼。当地的上百名渔民，靠这片水域维生。丰富的水产，源于湖中含量极高的矿物质。所有这些，成就了渔民们的生计。第二天一早，老耿和儿子一起来收网，都是些小鱼小虾和虫子，收获似乎并不尽如人意。他们把大一点的鱼用水养起来，使鱼在炎热的天气下保持新鲜。奇怪的是，一些虫子也被单独挑了出来。原来这些是蜻蜓的幼虫，它们以小虫和蝌蚪为食。像捕鱼虾一样,捕捞蜻蜓幼虫和其他虫子,这是一种奇特的水上生活。

回到家里,老耿把打捞到的东西都晾在屋顶上。当地的人们都有这样的习惯,不浪费任何有价值的东西。几个小时后,晒干的虫子就可以打包拿到市场上去出售了,而最好卖的就是蜻蜓的幼虫。幸运的是,草海的蜻蜓很多,而且繁殖速度也非常快,所以老耿与其他渔民的这种小规模捕捞,对蜻蜓数量的影响并不大。

避免物种灭绝的唯一办法无疑来自人。在中国的南方,规模化的野生动物保护网络正在逐渐形成。在这些保护区中,张家界天子山可以算是最出色的保护区之一了。在此,沙石形成的尖峰直耸云天,令人惊叹的大自然奇观更是野生动物的温床。

来自白云深处的山间小溪,蜿蜒穿梭,溪流中生活着一种非常珍稀的动物。大鲵,蝾螈亚目的一个科类。在当地,人们也叫它娃娃鱼,因为它的叫声很像婴儿的啼哭。它能长到1.5米,是目前世界上体型最大的两栖动物。自然环境下,娃娃鱼的生命一般能延续数十年。大鲵被中国政府定为国家二级保护动物,它的生世与恐龙一样久远,只是它的家族一直繁衍到今天。

从张家界深处流出的这条河,在离开大鲵的家乡后,由东北方向一路蜿蜒进入了长江中下游平原。安徽宣城的一个湖中小岛,是中国体型最大、最珍稀的爬行动物扬子鳄的家。扬子鳄被世界公认为全球23种鳄类中最濒危的物种,不过,现在人工孵化扬子鳄的技术难题已被攻克了。扬子鳄的蛋已经成型了,小鳄鱼需要尽快地破壳而出。似乎有人正在寻找着什么。无助的小鳄鱼必须依靠自己的力量去弄碎坚硬的蛋壳,这可不是一件容易的事。

时间一分一分地过去了,小鳄鱼用了两个小时才把头伸出蛋壳,它现在需要积聚力量进行最后一搏。小鳄鱼终于完全从蛋壳中爬了出来,它奋力争先,对于外面的世界,小家伙已经迫不及待。

畲施珍和她的儿子是扬子鳄的邻居。畲施珍照顾这些扬子鳄已经有20年了,她对小鳄鱼孵化的时间掌握得非常准确。今年她将耗费半年的时间来照顾这些新生儿,直到它们可以独立去野外生活。过去的20年中,这样小规模的野生动物保护项目有很多,所以中国最后的仅存的150只野生扬子鳄,从灭绝的边缘幸存下来了。

从扬子鳄饲养村落往南,海拔1800米的黄山,正在迎接初升的太阳。这些黄山松有的已经上千岁,它们的坚韧和持久体现了一种大自然的力量。山峰之下,在森林覆盖的深谷里,生活着另一种神奇的动物——黄山短尾猴。这是中国西部藏猕猴稀有的后代,也是黄山特有的野生动物。它们受到当地政府严格的保护。

上午猴群在树顶休息过后,逐渐下到山谷的阴凉处。成年的猴子可以借机避开炎热的天气,或者还可以在溪水里找点零食。跟别的猴子一样,它们的交流方式主要是互相梳理毛发。梳理毛发看起来像是成年猴子的嗜好,这些精力旺盛的小猴子,可没那么安分。猴子就是猴子,起初只是开开玩笑,到最后却动手动脚闹成一团。猴王见多识广,对眼前的一幕毫不在意。

　　谁也没有注意到,此刻一个不怀好意的家伙正在旁边窥视。五步蛇往往能一口置人于死地,是中国最大、也最令人生畏的毒蛇之一。不过在这里,猴子和毒蛇已经共处了数千年的时间。一旦发现毒蛇,猴子就会发出这种特殊的叫声来提醒同伴。毒蛇的行动一旦被识破,对猴子来说危险也就解除了。现在它们安全地待在树顶上,很快,一切又恢复了平静。

　　夏末,南方的稻田一片金黄,收获的季节来到了。如今,高产杂交水稻已在中国南方大面积种植,并用联合收割机进行大规模收割。这里是中国最大的水稻产地,世界上四分之一的稻米产自这里。喧闹的机器惊扰起昆虫,成群的金腰燕扑上去猎食,就连几星期前才羽翼渐丰的小鸟也不嘴软。对于它们来说,这也许是冬季来临前的最后一顿大餐了。

　　继续往南,在梯田层叠的浙江山区,人们还延续着古朴简单的生活方式。早上七点,龙现村最能赚钱的男人开工了。今天老杨惦记的不光是稻子,他心里还有更重要的事。热火朝天的收割已经开始,老杨的稻子也成熟了,但是他并不急于收割,对他来说,水稻并不是唯一的经济来源。他的篮子里藏着一个秘密,开工之前他得放一些水。水位下降,秘密揭开了,原来是金色的鲤鱼。

　　早在七百多年前,龙现村的村民就发现能在水田里养野生鲤鱼。水位继续下降,竹制阀门挡住了鱼的去路。鲤鱼和稻子在水田中和谐相处——一种罕见的养殖方式。这是田园牧歌般的生态学,也是充满诗意的智慧。

　　回到村里,老杨把鱼在作坊里提前熏好,等着拿到市场上去卖。龙现村的鱼鱼鳞特别软,口感也非常好。这与当地优良的水质有关。

　　在作坊外面,一场庆典即将拉开序幕。龙现村小学的孩子们已经为这个晚会准备了很长时间。村里每个人都来为他们加油。

　　这一季的水稻种植结束了。

　　到了11月,相对于寒冷的北方,中国南部地区的气候依然比较温暖。宽广的鄱阳湖上,在此越冬的鸟类开始云集。小天鹅似乎忘记了自己的祖籍,它们来自遥远的西伯利亚。鄱阳湖自然保护区为上百种鸟类提供了理想的越冬之地,超过25万只的鸟类在此构成了一个巨大的群落。

　　有些鸟类甚至从西伯利亚靠近北极的海岸飞来,难以想象的距离使它们成为鄱阳湖的最后一批客人。这是西伯利亚鹤,它们又被称为白鹤。这种世界上濒临灭绝的鸟类,每年都要飞行9000公里来到鄱阳湖过冬。

　　和谐是自然界最初也将是最终的状态。理性反思带来了启示,在人们的呵护下,珍稀的种群正在逐渐恢复。纯朴生命观的回归,为大自然和人类找到共同的出路。

附录四

城市之音联合电台的定位与创意文案[*]

频道定位：

全新流行都会频率联播网

组　　成：

四川人民广播电台音乐频率 City FM 城市之音（FM 102.6）

长沙人民广播电台城市之声 City FM 城市之音（FM 101.7）

山东人民广播电台音乐频率 City FM 城市之音（FM 99.1）

江苏音乐台 City FM 城市之音（FM 89.7）

标　　语：

我的生活真精彩

具体描述：

都会第一台，生活新指标

受众分析：

年龄：20—40 岁（±5 岁）

目标受众：

觉得音乐可以让生命更有色彩的人；觉得生活要有自己的格调与品味的人；觉得既要努力工作，也要享受生活的人；觉得丰富的信息可以让心灵满足的人。学生、上班族、自由职业者等，时时刻刻感受生命、时时刻刻享受生活的人。

频道目标：

都会生活多彩多姿、变化万千，追求生活质量的都市人，不仅利用物质提高生活品质，更追求一种精神及心灵的满足。

---

[*] 本文系内部资料。

在不同的城市中，不论是什么人，都在追求生活的平稳、心灵的丰富。不管是学生、上班族、劳工朋友、家庭主妇或是自由职业人士，City FM 城市之音就是要让 20—40 岁的听众从中得到都会生活的各项信息，享受更丰富多彩的生活！

频道特色：

City 听见都会精彩指标

在纽约有纽约之音、在东京有 Tokyo Radio、在巴黎有 Montmartre Radio。而在中国的每个城市，几乎都有各具地方特色的交通台与音乐台；但是，交通台提供给听众的是路况信息与交通资源；音乐台提供给听众的是音乐信息及身心放松。作为生活在城市中的一员，当想了解城市的风情、流行的时尚、文化生活时，需要的是一个城市的都会台，而 City FM 城市之音就是补充都会生活空缺的电台。

Information 呈现流行多元生活

时时感受都市脉动，刻刻掌握生活信息。时尚流行、视听娱乐、旅游资讯、健康美容、外文学习、生活百科……丰富而多元化的都市生活信息以及各地都会生活的指标汇聚 City FM 城市之音，它带领听众完全融入城市节奏，活出精彩。

Taste 体验城市生活品位

关注城市动态、关注生活品位、关注消费信息、重视个性化的生活方式都是现代都市人的特点，City FM 城市之音带领都市人追求流行事物，重视生活态度，体验更都会化的生活，体验更多样化的生活，体验更精致的生活。City FM 城市之音让生活不再平淡。

Young 补充年轻动感活力

每天打开收音机听 City FM 城市之音，全天现场陪伴充满年轻活力的你！City FM 城市之音带来一整天用微笑去生活的动力，不管是学生、上班族还是自由职业人士，不管是什么年纪，都可以感觉到时时刻刻充满活力。

Fun 享受吃喝玩乐过程

生活可以是多彩多姿的。现代都市人不只要认真工作，更要享受生活！City FM 城市之音从深入各地都会生活开始，带领听众走向世界，探索世界。用耳朵享受吃喝玩乐，City FM 城市之音让你乐在生活，爱在生活。

Music 收听无限精彩音乐

悦耳顺畅的流行歌曲编排，让你完整收听每一首歌曲，不再有沉醉在旋律中却突然被打断的扼腕感受，无论是港台、内地、西洋、日韩、经典或最新流行，通过专业介绍及曲风一致的安排，让你的耳朵仿佛享受着舒适的按摩。收听 City FM 城市之音，让听觉永远处在舒适的角落。

第一版后记

本书是湖南大学广播电视编导专业的同仁们集体劳动的成果。

湖南大学影视艺术学科成立于2001年,2007年成为教育部艺术学科教学指导委员会戏剧影视广播类专业教学指导分委员会组成单位(委员:彭菊华),广播电视编导专业2009年获批湖南省普通高校第二批特色专业建设点。本专业的学科建设和人才培养,一直以来得到学院和学校的大力扶持,得到湖南广播影视集团及长沙广电集团的坚定支持,全体同仁一心一意谋发展,先后获得湖南大学教学成果奖一等奖、二等奖,湖南省普通高校省级教学成果奖三等奖,湖南省优秀教材奖,2010(首届)中国大学生电视节世博主题竞赛单元一等奖等奖项,获得全国业界、学界和广大学生及学生家长的肯定。

本书旨在坚持探索与创新,直面影视艺术教育教学和人才培养的实际,总结影视艺术教育教学改革与研究的新成果,建立具有湖南大学特色的广播影视编导学科和人才培养基地,并为建立中国特色影视艺术教育和影视艺术学科作出贡献。我们的追求如此,衷心期待真知灼见的批评。其实际效果如何,有待广大读者的评定。

全书由主编提出编写框架,并最后统稿。各章撰稿人是:第一章,彭菊华;第二章,谢莹、万丽、刘琛;第三章,张琦;第四章,杨莉;第五章,王笑笑;第六章,周清平、张琦;第七章,周清平;第八章,彭流萤;第九章,彭流萤;第十章,苏美妮。副主编苏美妮审读了全部稿件,肖芃为部分章节提供了资料。

彭菊华
2016 年 12 月

图书在版编目(CIP)数据

广播电视写作教程 / 彭菊华主编. --3 版. -- 北京：中国传媒大学出版社，2021.9（2024.1 重印）
影视传媒类专业"十四五"规划教材　21 世纪广播电视专业实用教材
ISBN 978-7-5657-2942-3

Ⅰ. ①广… Ⅱ. ①彭… Ⅲ. ①广播电视—应用文—写作—高等学校—教材 Ⅳ. ①G222

中国版本图书馆 CIP 数据核字（2021）第 091685 号

广播电视写作教程（第三版）
GUANGBO DIANSHI XIEZUO JIAOCHENG（DI-SAN BAN）

主　　编	彭菊华
策划编辑	张　笛
责任编辑	张　笛
责任印制	阳金洲
封面设计	拓美设计

出版发行	中国传媒大学出版社			
社　　址	北京市朝阳区定福庄东街 1 号	邮　　编	100024	
电　　话	86 - 10 - 65450528　65450532	传　　真	65779405	
网　　址	http://cucp.cuc.edu.cn			
经　　销	全国新华书店			
印　　刷	北京中科印刷有限公司			
开　　本	787mm×1092mm　1/16			
印　　张	17.75			
字　　数	400 千字			
版　　次	2021 年 9 月第 3 版			
印　　次	2024 年 1 月第 3 次印刷			
书　　号	ISBN 978-7-5657-2942-3/G · 2942	定　　价	59.80 元	

本社法律顾问：北京嘉润律师事务所　　郭建平